교육과정 바뀌면 길이 있다
다른학습이

초등교육에서 대학입시 전략까지

다문화가정의
교육전략은
따로 있다

• 김만호 지음 •

마음
서재

다문화는 미래의 전략 자산

선문대학교 총장 황선조

대한민국은 지난 세기를 보내며 산업화를 통한 눈부신 경제성장과 성숙한 시민의식으로 민주화라는 값진 결실을 일궈냈습니다. 하지만 지역·세대·이념 간 갈등은 아직도 지속되고 있으며, 남북한 평화체제 구축과 통일한국의 꿈은 여전히 멀게만 느껴집니다.

21세기를 맞아 인류의 공동 번영을 어떻게 만들어나갈 것인지 많은 학자들이 연구하면서 그 기록물을 내놓고 있습니다.《다문화가정의 교육전략은 따로 있다》라는 책은 강단에서 학생들을 지도하면서 특히, 다문화학생들과 대화하면서 느낀 경험과 소회 등을 오롯이 녹여낸 점이 매우 반가웠습니다. 여기에 그치지 않고 이 책은 어떻게 하면 그 부모와 학생들이 맞닥뜨린 다양한 어려움을 이겨낼 수 있을지 차분하게 제시합니다.

우리는 이미 다문화사회에 진입했습니다. 국내 외국인 거주자가 200만명을 넘어섰습니다. 따라서 이제 다문화사회로의 진입에 따른 사회경제적 시스템의 변화가 필요한 때를 맞았습니다. 이런 시스템이 제대로 갖춰지지 않을 경우 갈등과 혼란의 요소로 작용할 수 있다는 사실은 이미 예견되었고, 유럽의 일부 국가를 통해 확인하기도 했습니다.

필자는 김 교수와 오랜 세월 함께한 인연이 있습니다. 미국 유학 시절에 그는 학문에 대한 가없는 열정을 보였습니다. 도서관에서 항상 책을 접하며 묵묵히 미래를 준비하던 그의 모습이 생생합니다. 그런 흐름이 지금까지 이어지면서 알찬 결과물을 선보인 것입니다. 다문화가정의 부모들, 특히 한국의 문화와 정서를 잘 파악하지 못하는 외국 어머니들이 이 책을 책꽂이에 두고 수시로 꺼내 읽으며 체득하면 좋겠습니다.

이 책은 다문화가정이 사회통합에 강점이 되는 시대를 맞이하고 있다는 깨달음을 준 지혜서입니다. 더 나아가 이들의 미래를 생각하며 대안을 준비하는 정책 입안자들에게 소중한 자료로 활용되기를 바랍니다. 이 책이 다문화가정에 대한 편견을 바꾸고, 우리 사회의 문화를 성장시키는 마중물이 되기를 소망합니다.

다문화가정은 대한민국의 시민

국회의원 박주선

정치 선진화와 동북아 평화를 위해 함께 일했던 김만호 교수가 이번에 다문화가정 자녀들이 스스로 공부하고 미래를 향한 꿈을 꿀 수 있도록 신간을 출간했다는 소식을 전해 듣고 기쁘게 추천사를 쓰게 되었습니다.

한국 저소득층 다문화가정의 자녀들은 사교육 경쟁을 비롯한 다양한 상황에서 사각지대에 방치되기 쉬운 처지입니다. 이는 교육복지 차원에서도 반드시 보완해야 할 아픈 우리의 현실입니다. 이 책은 한국 다문화가정의 자녀양육 문제, 한국의 교육현실 속에서 다문화가정이 극복해야 할 어려움과 문제점을 사실적으로 설명하고 그 대안을 우리에게 친절히 알려 줍니다.

이 책은 다양한 교육정보, 입시정보의 홍수 속에서 혼란을 겪는 다문화가정 부모들에게 자녀양육과 자녀의 미래를 위한 대학입시 준비과정을 알려주고, 자녀 스스로 학습할 수 있도록 도와주는 맞춤형 '다문화가정 자녀교육 지침서'라고 생각합니다.

저의 신념은 시민의 행복을 실현하고, 대한민국에 소외된 계층이 없도록 입법활동을 통해서 국민들이 행복하게 살아가는 나라를 만드는 것입니다. 결혼이주민이든 귀화자든 간에 다문화가정의 구성원은 모두 대한민국의 시민이라고 생각합니다.

그러한 점에서 이제 다문화는 '개방'과 '변화'를 창조하는 문화적 코드가 될 수 있습니다. 정치인의 역할과 책임은 시민들 의견을 수렴하여 정책과 법률에 반영하고 교육평등, 교육복지를 실현해 사람답게 살 수 있는 멋진 선진국으로 도약하는 데 밑거름이 되는 것이라고 생각합니다.

이 책을 읽는 독자 여러분께서 다문화가정이 한국사회의 주요 구성원이라는 인식에 공감하고 다양성을 인정하게 되길 바랍니다. 그러면서 날로 변화하는 글로벌 시대에 우리 모두가 상생하고 발전하는 방안을 모색했으면 합니다. 또한 이 책이 이러한 바탕 위에서 모두가 번영하며 우리 문화의 우수성을 다시 한 번 세계에 알리는 좋은 계기가 되었으면 합니다.

다문화정책 입안의 지침서가 되길 바라며

국회의원 이명수

저의 지역구인 아산시는 외국인 노동자와 결혼이주민들이 많이
거주하는 산업도시입니다. 꿈과 희망을 찾아 일본, 중국, 동남아
시아 등지에서 온 외국인들과 결혼이주민들이 어우러져서 살아
가는 곳입니다.

오늘날 우리는 초국가적 네트워크 속에서 삶을 영위합니다. 교
통은 물론, 광통신 덕택에 타국에 있는 사람들과 손쉽게 전화하
고 메시지를 나누게 되었습니다. 더욱이 이주나 이민, 아울러 결
혼이주민의 이동이 더욱 가속화되고 세계화되는 추세입니다.

이로 인해 한 국가 내 종족과 문화가 점점 다양해지고, 그동안
자국민에 맞춰져 있던 사회복지나 교육 등이 다양성 쪽으로 방
향을 돌리는 것도 사실입니다. 이주민에게 어떤 지위와 권리를
부여할지, 이들의 영구 정착을 인정할지 등을 고민하지 않을 수
없는 시대적 상황에 접어들었습니다.

대표적 이민의 나라로는 미국을 들 수 있습니다. 미국은 이민

자들로 구성된 나라인 만큼 일찍이 문화의 다양성과 다원성을 인정하는 '샐러드 볼(salad bowl)' 정책이 등장해 현재까지 이어지고 있습니다. 이 정책은 이민자들을 기존 문화에 통합·흡수시키려는 게 아니라 다양한 문화들의 독립성과 공존을 중시합니다.

우리나라도 2000년대 이후 결혼이민자 수가 크게 늘어나면서 '다문화가족지원법' 등을 비롯해 다수의 정책들이 시행되고 있습니다. 현시점에서 사회통합정책에 불균형과 차별적 요소는 없는지 관심을 가지고 꼼꼼하게 검토할 필요가 있다고 생각합니다.

이번에 출간된 김만호 교수님의 《다문화가정의 교육전략은 따로 있다》를 접하면서 다문화가정의 자녀교육 문제에 더욱 깊은 관심을 가지고 정책적 입안을 하겠다고 다짐하게 되었습니다. 다문화 교육정책에 관한 다양한 해법을 제시한 김만호 교수님의 그간의 노력과 열정에 박수를 보냅니다.

학령기 다문화자녀의
학습 설계를 위해

필자는 10여 년 이상을 미국에서 일하다가 2006년 한국에 귀국했고, 대학강단과 학교법인, 그리고 교육 관련 단체에 근무하면서 자연스럽게 한국의 교육현실과 다문화가정 자녀교육에 관심을 갖게 되었습니다. 필자 주변의 다문화가정 지인들이 교육정보 부족으로 인해 자녀교육과 대학입시 준비에 골머리를 앓는 모습을 가까이에서 지켜보고 이들의 하소연을 직간접적으로 들으면서, 우리 사회에 다문화가정의 자녀양육과 교육에 필요한 가이드북이나 정보가 대단히 부족하다는 것을 알게 되었습니다. 대부분의 다문화가정 자녀들은 초등학교 시절부터 차근차근 자기주도학습에 익숙해지는 공부 습관이 들지 않아서인지 고등학교 3학년이 되어서야 '번갯불에 콩 볶듯' 대학입시를 치른 뒤 후회하는 모습을 많이 보였습니다. 현재 다문화가정 부모들은 어디서부터 자녀의 학습에 구멍이 났는지, 왜 자녀들이 학교생활에 적응을 못하는지, 왜 그들이 수학을 어렵게 느끼는지, 왜 성적이 오르지 않는지 등등 자녀들이 당면한 현실적 문제에 절실히 도움을 청합니다.

1980년대 후반부터 국제결혼을 통해 정착한 다문화가정 자녀들 중에는 대학을 졸업하고 사회에 진출한 1세대 다문화가정 자녀들이 많습니다. 그렇지만 공부를 특출하게 잘하거나 뛰어난 운동선수이거나 연예인으로 대성하지 않는 한, 다문화가정 자녀들이 한국사회의 주류에 편입되기란 녹록치 않은 상황입니다. 인구절벽을 향해 달려가는 한국사회에서 다문화가정만은 유일하게 출생률이 증가하는 추세이기에 초중고 학령기의 자녀들은 계속 늘어나고 있습니다. 그러나 미래의 인재이자 국가의 필수적인 인적 자원인 그들이 교육복지의 사각지대에 방치되고 있어 안타깝기 그지없습니다. 통계청의 통계수치와 교육 관련 자료 등을 검토해보면, 한결같이 흙수저가 금수저를 이길 수 없다는 씁쓸한 연구결과를 내놓습니다. 1997년 외환위기와 2008년 글로벌 금융위기 이후 빈부격차, 소득 양극화가 극심해지고 이에 따라 교육격차가 점점 벌어지는 상황에서 성실하게 노력하는 학생이 반드시 좋은 성적을 거둔다는 공식은 더 이상 유효하지 않습니다.

사교육이 기승을 부리는 한국의 현실에서 필자는 저소득층 다문화가정 자녀가 개천에서 용이 난다는 속담처럼 과연 승천할 수 있을까 하는 문제의식을 갖게 되었습니다. 기울어진 운동장에서 출발하는 저소득층 다문화가정 자녀들을 위해 그 부모와 우리 사회는 무엇을 도와야 할까, 공교육보다 사교육이 강력한 영향을 미치는 한국사회의 고질적 문제점을 그들이 어떻게 극복하고 아이를 제대로 기를 수 있을까 등에 대해 심각하게 고민하게 된 것입니다. 특히 다문화가정의 자녀교육에 관한 주제로 박사논문을 집필하는 과정에서, 필자는 현재 저소득층 다문화가정이 매우 심각한 고통을 짊어지고 살아간다는 사실을 깨달았습니다. 결혼이주 여성들 대다수는 한국어가 서툴고 전문적인 법률, 경제 관련 지식 등이 부족합니다. 다문화가정 여성들을 만나 직접 인터뷰를 진행하면서 깨달은 점은 한국어로 일상적 대화를 구사하는 수준인 결혼이주 여성들은 자녀교육이라는 험난한 파고를 헤쳐나갈 정보조차 지극히 부족하다는 사실입니다.

따라서 이 책의 집필 목적은 초등학령기부터 중등학령기 자녀의 학습문제에 초점을 맞추어 자녀의 특성을 이해하고, 자녀를 양육할 때 부모로서 기본적으로 알고 노력해야 할 부분, 심리정서적인 문제, 자녀의 학습결손 문제와 대학입시에 관한 정보, 과목별 자기주도학습법, 진로 선택과 직업교육, 그리고 다문화교육 정책을 비교적 쉽게 이해하게끔 하는 것입니다. 중간중간 도표와 그래프가 나와서 다소 딱딱하게 느껴질 수도 있으나 이러한 실증적 자료를 바탕으로 한 주제들이 다문화가정의 자녀양육과 초중등 교육과정에 큰 도움이 되기를 바라는 마음을 담았습니다.

　우리 사회에서 자녀들이 잘 적응하기를 희망하는 다문화가정 부모님들에게, 혹은 다문화가정의 자녀교육을 연구하고 정책을 수립하는 분들에게 이 책이 미력하나마 도움이 되면 좋겠습니다. 아울러 교육 전문가들이 현장에서 치열하게 고민하고 토론하는 과정에서 이 책이 대안을 발굴하고 좋은 정책으로 결실 맺는 데 도움이 되기를 소망해봅니다.

　세상 앞에 이 책을 내면서 감사드리고 싶은 몇몇 분들이 있습니다. 먼저 특별히 원모평애장학재단을 설립하여 다문화가정의 자녀교육에 지대한 관심과 지원을 해오신 한학자 총재님께 받은 모성에 의한 영감이 이 책의 집필동기였음을 밝힙니다. 시대를 앞서가는 혜안으로 새길을 개척해주신 총재님의 격려에 깊은 은사를 느낍니다. 그리고 이 책이 나오기까지 후원해주신 글로벌교육재단 송용천 이사장님과 다문화종합복지센터 손병호 이사장님, 베트남 유한회사 Saigon star bus 이동철 회장님께 감사를 드립니다. 끝으로, 마음서재 정성욱 대표님과 수고하신 출판사 가족들께 고마운 마음을 전합니다.

2020년 새해 벽두

김만호

차례

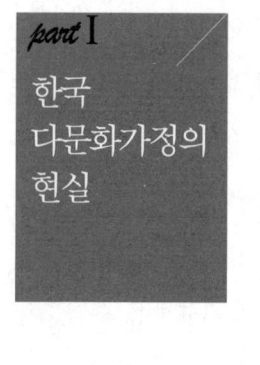

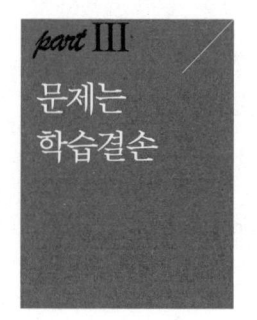

part

I

한국 다문화가정의
현실

다문화에
주목해야 하는 이유

—— 해외 유학생이 급증하면서 한국의 대학 캠퍼스는 다양한 국가의 문화와 언어, 풍습, 종교, 생활방식을 이해하고 체험하는 소통의 장이 되고 있다. 마치 글로벌 사회를 축소한 듯한 다양성과 개방성이 넘치는 공간이 된 것이다. 이러한 세계화의 공간에서 많은 학생들이 전 세계 여러 나라의 문화적 특성을 확인한다. 대학에서 인종, 문화, 종교, 이념의 배경이 다른 해외 유학생들을 가르쳐온 필자 역시 이러한 문화적 다양성을 접할 수 있었다.

해외 유학생들은 국가적 특성에 따라 여러 가지 문화적 차이를 보인다. 일본인 유학생들은 예의 바르고 질서를 잘 지키는 것이 장점이다. 하지만 개인주의적 성향도 강해서 대체로 냉정하고 융통성이 없으며 원칙대로 일을 처리하는데 이는 한국의 관습적 정서와는 다소 차이가 있다. 특히 남에게 폐 끼치는 것을 싫어하고 지나치게 타인과 선을 긋는 메이와쿠(めいわく) 문화, 윗사람의 기분이나 명령에 철저히 순종하고 알아서 처신하는 손타쿠(そんたく) 문화, 그리고 일본이 아시아의 맹주라고 자부하는 뿌리 깊은 선민의식은 일본 유학생들이 지닌 독특한 특징이라 할 수 있다.

중국인 유학생들의 특징은 1970년대 한국인들처럼 성공에 대한 욕망을 지니면서도 전통의 대륙적 기질을 과시하려 하고, 자기 집단의 가치를 추종하는 집단주의 문화라 할 수 있다.

미국이나 서구권 유학생들은 대체로 약간은 이기적이면서도 개인주의적이지만 가치판단과 삶의 방식이 확고하고 자신의 삶에 강한 책임감을 갖는 것이 특징이다. 아프리카 유학생들은 프랑스, 영국 등의 식민지를 경험한 때문인지 여전히 유럽의 문화에 강하게 영향을 받은 흔적을 내보이면서도 아프리카 특유의 낙천성을 보이며, 순수하고 따뜻한 정서가 기저에 흐르는 문화적 기질을 보인다.

필자에게 깊은 인상을 준 아프리카 콩고 출신 유학생 꿈무는 졸업 후에 자기 나라로 돌아가 국회의원에 당선되었다. 모국의 빈곤 문제 해결에 관심이 많았던 아프리카 콩고 출신의 이 유학생은 한국의 경제성장에 관심을 갖고 연구하던 중 새마을운동을 접했고, 이것이 아프리카 빈곤 문제 해결에 큰 비전을 제시하리라 기대했다. 그는 결국 새마을운동을 아프리카에 맞는 방식으로 변화시켜 해당 지역사회의 빈곤 문제 개선에 도움을 주었다.

한국에서 유학할 때 이 학생은 풍부한 자원을 가진 아프리카가 구조적으로 빈곤한 것은 특권층의 광범위한 부정부패 때문이라고 필자에게 한탄한 적이 있다. 그는 대표적 사례로 37년간 짐바브웨를 철권통치한 독재자 무가베와 41세 연하인 그의 아내 그레이스 무가베를 들었다. 탐욕과 권력욕에 물든 그레이스 무가베는 국가경제가 파탄이 나고 대다수 국민이 절대 빈곤에 시달리는 상황에서도 사치스러운 생활과 명품 쇼핑을 일삼아 '구찌 그레이스'라는 별명으로 불릴 정도였다. 이처럼 유독 아프리카는 대통령과 일가족, 그 최측근들의 부정부패 현상이 만연해 있다. 이는 제도적으로 부정부패를 방지할 장치가 없고 국민들이 개혁에 적극적이지 못하기 때문이다. 이 학생은 그러한 정치적 부패 현상을 크게 염려하면서 특유의 문제인식을 보인 뛰어난 인재였다. 그는 또한 대규모로 경제적 물량공세를 쏟아부어 아프리카의 자원을 독식한 중국의 팽창정책에도 깊은 반감을 느꼈다.

정치적으로 민주화되지 못해 경제적으로 빈곤할 수밖에 없었던 모국의 여러 국가적 문제를 민감하게 인식하고 독특한 반응을 보였던 이 콩고 유학생은, 아프리카 사람들 스스로 자립해 성장하도록 돕는 한국의 국제개발 NGO활동에 깊이 감명받았다고 했다. 특히 남수단에서 의술을 펼치며 봉사하다 돌아가신 이태석 신부의 삶에서 아프리카의 지속 가능한 발전을 위해 가장 중요한 요소인 사랑, 나눔, 섬김의 리더십을 배울 수 있었다고 한다.

이처럼 필자가 그동안 가르친 해외 유학생들 중에서도 콩고나 중국 유학생들은 다른 OECD 국가와 차별화된 한국의 장점으로 한국 국민의 정치적 자유와 참여민주주의, 독특한 민주화 과정, 광범위하게 조직화된 시민운동, 자본주의의 혜택을 받은 기업의 급격한 경제적 성장, 국민들의 높은 교육열과 선진적 제도, 수준 높은 국민의식 등에 큰 부러움을 느꼈다는 속내를 전하곤 했다.

　이제 한국은 한국전쟁의 폐허를 딛고 국제사회의 도움을 받는 원조 대상 국가에서 유일하게 원조를 제공하는 나라로 성장해 세계 10위권 경제대국에 올라섰다. 아프리카, 동남아시아, 중앙아시아 출신 유학생들에게 한국은 자신들의 국가가 앞으로 지향할 롤 모델 국가가 된 것이다. 이는 우리의 영향력이 세계화될 발판이 마련되었음을 시사한다.

　글로벌 시대에 다양한 국가들의 문화는 국적, 종교, 이념, 정치 성향, 인종을 초월하는 소프트파워를 갖는다. 한국의 경우도 예외가 아니다. 이러한 국제적 추세에 발맞추어 현재 한류문화는 동남아시아 국가뿐만 아니라 서구 유럽을 비롯한 전 세계에서 한국의 대중문화에 열광하는 강력한 팬덤을 형성하게 되었다. 그동안 변방 동호인 모임이 추종하는 제3세계 음악으로 취급받던 한류문화가 이제는 전 세계 10대들과 20대들의 신선하고 세련된 문화로 각광받게 된 것이다.

　한때 혐한 시위로 타격을 입었던 일본 도쿄의 신오쿠보나 신

　　　　다문화가정의 교육전략은 따로 있다

주쿠에 가면 한류 열풍이 휩쓸고 난 뒤 일본의 10대, 20대 청소년과 젊은 층이 한국의 음식과 대중음악을 즐기면서 동방신기, 엑소, BTS, 트와이스 같은 한국 유명 아이돌 가수의 CD를 구입하는 모습을 자주 볼 수 있다. 일본인 10대 청소년과 20대 청년 세대들은 한국인이나 한국문화를 거부감 없이 받아들이는 경향이 두드러진다. K-POP은 HOT에서 시작되어 슈퍼주니어에서 꽃을 피우고, EXO에서 한류문화적 형태를 갖춘 후, 가장 핫한 글로벌 아이돌 밴드로 성장하며 3연속 그래미상을 수상한 BTS에 이르러 글로벌 음악시장에서 확실히 자리 잡은 청춘의 아이콘이 되었다. 동아시아 변방에서 J-POP에 밀리던 K-POP이 밀레니얼 세대에 어필하면서 청소년들의 정서를 대변하는 문화적 아이콘이 되었다. 그러하기에 일본의 젊은 세대 또한 예외 없이 열광하게 된 것이다.

1990년대엔 팬층의 형성을 감히 생각도 할 수 없었던 한국 드라마의 경우도 마찬가지다. 필자의 일본인 지인들은 한류문화의 한 부분으로 한국 드라마를 좋아하게 되었고, 한국 드라마에서 잃어버린 인간미와 따뜻한 감성을 느꼈다며 그 감동을 가감 없이 전한다. 한국에 온 중국 유학생들 중에는 특히 한국 영화와 드라마 광팬들이 많았다. 배우들을 좋아하면서 한국에 대한 동경이 싹터 결국 유학을 결심했다는 말을 듣고는 새삼 문화가 가진 소프트파워에 놀라기도 했다. 시진핑 주석조차 왜 중국의 드라마 제작업계는 〈별에서 온 그대〉 같은 작품을 만들지 못하느냐고 말할 정도였다. 사드 배치 문제로 중국의 한류 규제가 거셌을 때도 중국 유학생들은 유쿠(Youkoo) 같은 동영상 서비스를 통해 실시간으로 한류방송을 시청했다. 이들은 청춘을 대변하는 세련된 문화코드로서 한류문화를 받아들이며 정치이념을 초월해 즐기는 모습을 보였다.

한국인은 근본적으로 인간미가 풍부하며 나눔과 베풂을 좋아한다. 그리하여 해외 어디서나 이러한 능력을 발휘해 무에서 유를 창조하고 도전한다. 즉 한국인의 정서에는 변화와 시대의 흐름에 민감한 노마드족 특유의 역동적 DNA가 흐른다는 것이 필자의 판단이다. 이러한 한국인의 역동성이 디지털 시대에 IT기술, 정보통신기술과 융합되어 글로벌 시대에 한국의 위상 변화를 이끈다고 해도 과언이 아니다. 한국인 특유의 장점을 글로벌 시대에 맞게 더욱더 발전시키고 혁신해 나아간다면, 21세기 디지털 노마드족으로서 세계를 리드하는 창조적 인재들을 배출하리라 기대한다.

그러한 점에서 글로벌 시대의 다문화가정은 단점보다는 오히려 장점이 많다. 다문화가정 자녀들은 다른 문화에 대한 개방적 태도, 포용성, 다양성이 일반 한국인 가정보다 훨씬 높아 글로벌 시대에 걸맞기 때문이다. 인종의 용광로라 불리는 미국에서도 외국인과 결혼한 한국 동포들은 자신의 정체성을 한국인과 미국인이 혼합된 '세계인(cosmopolitan)'이라고 생각하는 모습을 보이곤 한다. 미국인들은 어떤 사람을 만나든 편견이나 선입견이 그다지 없는 것이 장점이다. 문화적 다양성에 바탕을 둔 제도 속에서 자연스럽게 새로운 문화를 배우고 다문화에 익숙해져 더욱 그런 듯하다. 그래서인지 동포들에게서도 그들과 비슷한 문화적 개념을 확인할 수 있다.

필자는 그동안 각 분야의 글로벌 리더들과 소통하면서, 오늘의 그들을 만들어낸 원동력이 무엇인지 구체적으로 살펴보고 이를 체계적으로 배워야 한다고 생각했다. 특히 글로벌적인 변화의 시대에 무엇이 우리 아이들에게 좋은 교육 방법인지 관심을 갖게 되었다. 다문화가정의 이중언어, 그리고 타문화에 대한 높은 이해는 디지털 시대에 그들만의 생존무기가 될 수 있다. 변화에 거리낌없이 적응하는 능동적 마인드와 문화적 개방성, 아울러 모험을 즐기려는 디지털 노마드적 기질이 한국 특유의 IT 문화적 코드와 융합할 때 다문화가정 자녀들이 그들만의 새로운 장르의 세계관을 창조하는 데 변화의 원동력이 되리라 기대한다.

우리도
이주민의 후손이었다

—— 얼마 전 《중앙일보》는 토종 한국인의 뿌리에 관한 매우 흥미로운 기사를 보도했다. 지금까지도 국제외교 문제에서 독도, 위안부, 한일군사정보보호협정(지소미아GSOMIA) 문제와 고고도 미사일방어(사드THAAD) 이슈 등으로 한·일, 한·중 간 현실 갈등이 각각 이어지고 있지만, 실제 한국인·중국인·일본인의 혈통은 단일민족과는 거리가 먼 한국·중국·일본, 그리고 제3국과 몽골의 혼혈로 나타났다는 것이다. 해당 기사에 따르면 신라의 대학자 최치원의 32대손으로서 경주 최씨 가문인 기자의 DNA에는 '한국 47.89%, 일본 25.14%, 중국 26.97%'가 존재했다.[1] 결론적으로 이 기사는 일반적 인식과 달리 한국인의 DNA를 분석하면 거의 예외 없이 한·중·일 3개국의 유전자가 들어 있다는 점을 강조

---

1 〈침 뱉고 찾은 뿌리…토종 경주 최씨는 한·중·일 혼혈이었다〉, 《중앙일보》(2019. 11. 19).

다문화가정의 교육전략은 따로 있다

한다.

한국인의 DNA를 분석하면 대부분 한국을 중심으로 중국과 일본 혈통이 섞여 있고, 구성비가 적기는 하지만 몽골 등 북방민족 혈통도 들어 있다. 결국 한국·중국·일본인들의 조상을 거슬러 올라가다 보면 큰 줄기에서 만난다. 고려 시대 몽골의 침입과 조선 시대 임진왜란의 영향도 일부 존재할 것이다. 세포 속 미토콘드리아 DNA는 모계를 통해서만 유전되고, Y염색체는 그 특성상 부계로만 유전되기 때문에 이 두 가지를 분석하면 모계와 부계 조상이 어디인지 알 수 있다. 타고난 유전자는 실제 성장과정에서 30% 정도만 영향을 미치며, 나머지는 자라온 환경이나 식습관 등에 의해 얼마든지 바뀔 수 있다. 기존의 통념이었던 단일민족주의는 현대과학의 미토콘드리아, 유전자 분석을 통해 산산이 부서지고 말았다. 단일민족주의는 일제강점기 동안 민족의 정체성을 수립하고 국론을 통합하는 과정에서 만들어졌다는 것이 학계의 정설이다. 이러한 단일민족주의는, 일제에 대항하기 위한 한국인의 정신적 지주로서의 민족 정체성을 강화하는 원동력으로 활용된 정치적 이데올로기였다고 보는 편이 합리적일 것이다.

한국 최초의 국가인 고조선의 건국신화는 단군신화이며, 국조 단군은 한국인의 시조다. 한국인이라는 순혈주의와 민족주의의 뿌리에는 단군신화가 있다. 환인의 아들이자 단군의 아버지 환웅은 웅녀와 결혼해 단군을 낳았다. 국사편찬위원장을 역임한 이태진 교수는 환웅과 천부인 3개를 가지고 온 풍백, 우사, 운사를 '이주민 집단'으로, 웅녀를 고조선 지역의 '토착민'으로 보았다. 그러한 관점에 기대어 필자는 '환웅'이 '한민족 최초의 결혼이민자'일 수도 있다는 다소 발칙한 상상을 해보았다.

현재 한반도의 원주민은 고조선 유민들이 세운 고구려, 신라, 백제, 가야의 후손이다. 이는 한민족을 하나로 묶는 민족 동질성 형성의 뿌리가 되어준 사실이다. 뒤이어 등장한 고려는 글로벌 무역강국으로서 폐쇄적 사회가 아니라 대단히 개방된 사회였다. 고려 왕 중에서 몽골 간섭기에 통치했던 왕들은 몽골(원나라)의 사위가 되어 각각 충선왕, 충혜왕, 공민왕이라는 시호를 받았다. 고려 왕과 몽골 출신 왕비 사이에서 출생한 왕들의 혼혈 자손들이 고려의 지배자였던 것이다. 몽골이 침략한 나라 중에서 유일하게 고려만이 국가의 주권을 뺏기지 않고 살아남았다. 뿐만 아니라 고려의 여인들이 몽골에 시집가서 살기도 했다. 공녀로 끌려갔던 기황후는 고려인 출신으로는 최초로 원나라 황후가 되었으며 그 아들은 원나라 황제가 되었을 정도로 고려와 몽골의 다문화는 동아시아의 역사 지형을 바꾸었다.

그러나 조선 중기 이후 유교적 가치관으로 인해 경직된 시기가 찾아왔고 일제강점기와 해방, 미군정기를 거치면서 한국사회는 급격한 세계화의 흐름 속에서 발전한다. 1980년대 후반 이후 한국사회는 빠른 속도로 다인종·다문화사회(multiracial and multicultural society)로 변모하는 중이다. 다문화가정과 그 후손들이 증가하면서 이제는 단일민족의 후손이라는 한국인의 관념은 점차 희박해지고 있다. 지금의 젊은이들은 단군 할아버지의 자손이라는 단일민족주의를 진부하고 고루한 관념으로 치부한다.

한국사에서 이주민이 한국인에 동화되어 우리나라에 뿌리를 내린 사례는 수없이 많다. 그중에서 조선인 김충선(金忠善, 1571~1642년)으로 귀화한 왜장 사야가(沙也可, さやか)의 경우는 독특하다. 그는 1592년(선조 25년) 임진왜란 때 가토 기요마사의 우선봉장으로 군사 3,000명을 이끌고 조선에 쳐들어왔다가 송상현이 지키던 동래성에 상륙한 바로 다음 날 경상도 병마절도사 박진에게 항복했다. 사야가는 도요토미 히데요시의 강압으로 전쟁에 참여했으나 왜군에 처참히 살해당하는 조선인 모녀를 보며 환멸을 느끼고 부하들과 함께 조선으로 귀화했다. 사야가는 강력한 철포대(왜군 조총대의 호칭)의 대장으로 어떤 영주의 간섭도 받지 않는 독립된 군사집단을 이끄는 수장이었다. 조선에 투항한 후에는 조총 제작기술을 조선군에 전수해 공방에서 조총을 생산케 했고, 화약 제조법을 알려줌으로써 조선군이 조총대를 조직하는 데 커다란 역할을 했다. 이순신 장군과 주고받은 편지에서 "이미 조총을 개발해 훈련하고 있다"고 직접 기록하는 등 그가 조선군 조총대를 조련했다는 사실은 역사적 자료에서 드러난다. 사야가

는 임진왜란과 정유재란 당시 곽재우 등의 의병과 함께 왜군에 맞서 싸웠으며 울산성 전투에서는 경상우병사 김응서 휘하 장수로 직접 부대를 통솔해 울산성을 지켰다. 그 공으로 선조에게 사성 김해 김씨라는 성과 충선이라는 이름, 자헌대부(資憲大夫)라는 벼슬을 받았다.

이 같은 역사적 사실에서 알 수 있듯이 이주민이 국내에 동화되어 한국인으로 활약한 예는 무수히 많다. 사료에서 확인할 수 있는 이러한 예들로 미루어보아 실질적으로 한국사회는 오랜 기간 다문화주의로 점철되었던 사회였다. 하지만 집권층은 이를 인정하지 않았고 정치적 시류에 따라 이데올로기적으로 축소하려는 측면이 강했다.

근래 들어 공식적으로 개념화된 '다문화가정'이라는 용어는 내국인과 외국인의 국제결혼을 통해 생겨났다. 다문화가정에는 한국인 남성과 결혼한 외국 여성 가정, 한국인 여성과 결혼한 외국 남성 가정이 포함된다. 그러한 관점에서 2003년, 30여 개 시민단체로 구성된 건강가정시민연대는 '국제결혼 가정', '혼혈아' 등 기존의 차별적 용어를 '다문화가족'이나 '다문화가족 2세' 등으로 대체할 것을 제안한 바 있다. 한국사회에 들어온 여성 결혼이주자 대부분이 아시아계 여성이며, 2005년 이후부터 국제결혼을 통해 본격 형성된 다문화가정 여성 중 아시아계가 전체 95.8%를 차지한다. 이들은 주로 개발도상국 출신인데 이러한 경향은 점차 강해지고 국적도 다변화되는 추세다.

한국전쟁 후 한국사회에 국제결혼이 증가하는 시기는 1990년
대 중반으로 거슬러 올라간다. 1990년대에는 농업에 종사하는 한
국인 미혼 남성, 사회경제적으로 저소득층이면서 도시 자영업에
종사하는 한국인 미혼 남성과 외국인 여성의 국제결혼이 증가했
다. 경제적으로 빈곤하거나 소득이 최저생계비에도 못 미치는
도시 거주 한국 남성들과 국제결혼을 함으로써 한국에 정착한
결혼이주 여성들은 그 사이에서 태어난 자녀들과 함께 열악한
경제 상황에 처한다. 결혼소개소를 통한 준비되지 않은 국제결
혼이 증가하면서 사회적으로 많은 문제들이 부각되었고 이에 대
한 왜곡된 시각도 생겨났다. 그러나 다문화가정에 문제와 단점
만이 존재하는 것은 아니다. 다문화가정이 국제화 시대에 여러
긍정적 측면과 더불어 한국사회의 구조적 사회문제를 단숨에 해
결할 강한 동력을 지닌 것 또한 결코 지나칠 수 없는 장점이다.
이는 현재 한국사회의 고질적 사회문제인 저출산 현상과 관련되
어 있다.

한국의 청년층이 출산을 기피하는 현상은 이미 심각한 사회문
제로 등장한 지 오래다. '인구절벽'이란 출생률 감소로 인구가 급
격하게 줄면서 인구 분포가 마치 절벽이 깎인 것처럼 변화하는
것을 설명하는 개념이다. '지방소멸지수'에 따라 20~39세 여성인
구가 65세 이상 고령인구보다 얼마나 많고 적은지 계산한 결과,

인구소멸위험 지역과 인구소멸주의 지역이 전체 지방자치단체의 62.8%에 달하는 것으로 나타났다. 특히 경상남도 남해군부터 전라남도 고흥군까지 7개 지자체는 두 그룹의 차이가 5배 이상 벌어져 있는 '고위험' 지역이다. 소멸위험 지역 초등학교 중 절반이 넘는 58%가 학생 수 60명 이하의 작은 학교들이다. 이에 각 지자체마다 대책을 내놓지만 출생률은 도무지 증가하지 않는다.

젊은 세대가 출산을 기피하는 주된 이유는 양질의 정규직 취업에 어려움을 겪는 등 청년실업 문제와 경제적 곤란, 높은 주택 구입 자금, 자녀양육의 어려움, 자녀에게 투자하는 높은 사교육비와 노후비용 때문인 것으로 파악된다. 한국의 인구절벽 현상은 오래전부터 이 문제에 직면해온 일본보다 더욱 심각한 상황이다. 우리 사회의 인구 감소는 결국 최종적으로는 생산인구 감소로 직결되어 국가 존립 문제가 된다. 현재 성장하는 아이들이 노후 세대를 책임져야 하는데도 노령인구, 고령인구, 초고령인구의 기대수명은 연장되고, 향후 경제적으로 국가의 생산성을 책임질 유아와 청소년인구가 급격히 감소하면서, 생산성이나 사회문화적 활력도가 크게 떨어지고 사회보장 비용 등이 국가재정으로는 감당할 수 없을 정도로 증가해 한국사회에 각종 문제를 발생시킨다. 찬밥 더운밥을 가릴 상황이 아닐 정도로 현재 한국사회의 인구절벽 현상은 매년 더욱더 심각해진다. 다문화가구의 확대는 이러한 문제점을 극복할 대안으로 간주될 수 있다.

다문화가구란 귀화의 방법으로 국적을 취득한 내국인(귀화) 및 외국인(결혼이민자)과 한국인(귀화자 포함) 배우자의 혼인으로 이루어진 가구 또는 그 자녀가 포함된 가구를 말한다. 2017년 통계청 인구주택통계에 따르면 한국의 순수 다문화가족은 31만 8,917가구, 한국의 다문화가구원(결혼이민자+귀화자+외국인 체류자)은 96만 3,801명으로 파악되었다.[2] 이 중 순수 결혼이민자는 15만 9,958명, 다문화가구 중에서 내국인(귀화자)은 16만 8,519명, 다문화가구 중에서 내국인(출생자)은 58만 8,968명, 다문화가구 중 외국인(기타)은 4만 6,356명이다.[3] 이들 중 내국인(출생)+외국인(결혼이민자)으로 이뤄진 가구는 11만 6,000가구이며, 다문화가구원은 38만 7,000명으로 가장 많고, 내국인(출생)+내국인(귀화)으로 이뤄진 가구는 7만 6,000가구, 그 가구원은 28만 3,000명으로 나타났다. 다문화가구원 중 다문화 대상자(결혼이민자, 귀화자)는 2017년 기준 32만 8,477명으로 2016년(31만 7,118명)에 비해 1만 1,359명(3.6%) 증가했다. 국적별로는 한국계 중국인이 33.6%(49만 8,000명)로 국내에 가장 많이 거주하며, 중국인(한족 출신)은 14.3%(21만 2,000명), 베트남 10.0%(14만 8,000명), 필리핀 3.2%(4만 8,000명), 일본인 1.2%(1만 2,000명)로 나타났다. 지역별로는 경기(30.4%)와 서울(22.3%)에 주로 거주하는 것으로 나타났다.

---

2 통계청, 〈다문화가구 및 가구원-시군구: 2015~2017〉(세종: 통계청, 2018. 8. 27).

3 통계청 조사관리국 인구총조사과, 〈2017 인구주택 총조사〉, 《보도자료》(세종: 통계청, 2018. 8. 27).

순수 한국인 청년층의 출생률은 감소하는 추세지만 다문화가정 출생률은 증가 추세다. 매년 출생률이 하락하는 추세 속에서도 2017년도에 출생한 신생아의 5%가 다문화가정 자녀였다는 사실은 매우 의미심장하다. 이러한 출생률 증가 속도 때문에 여성가족부(2013)는 한국의 다문화가정이 매년 지속적으로 증가해 2020년에는 100만명에 도달할 것으로 예상하며, 결혼이민자와 후손을 포함한 결혼이민인구가 2050년 무렵이면 총인구의 5%를 상회할 것으로 보았다.[4] 이에 따라 한국사회의 인구절벽 현상을 우려하는 전문가들은 다문화가정 출신 자녀들의 교육과 양육 문제에 커다란 관심을 기울인다. 여하튼 한국사회 일각에서 여전히 근절되지 않는 다문화가정 자녀에 대한 차별이나 편견은 갈수록 부질없는 일이 될 것으로 생각된다.

4　이삼식·최효진·박성재, 《다문화가족의 증가가 인구의 양적 질적 수준에 미치는 영향 : 연구 보고서 2009-34-1》(세종 : 보건사회연구원, 2009), 97.

차별 그리고
한국인의 DNA

── 금융인 짐 로저스는 "이민자를 받아들이는 나라는 번영하고 거부하는 나라는 망한다"고 했다. 건강한 미래는 그들만의 리그가 아닌, 함께하는 생태계를 만들 때 가능해진다는 의미다. 역사적으로 볼 때도 개방성과 다양성을 가진 사회는 발전할 수밖에 없지만 폐쇄주의와 선민우월주의로 똘똘 뭉친 나라는 패망의 길을 걸었다. 인류 역사가 남긴 실증적 자료들은 이처럼 단순하면서도 자명한 이치를 방증한다. 필자는 순혈주의, 단일민족주의에 기초한 인종차별 관념은 이제 그만이라고 선언하는 변화된 한국사회를 소망한다. 필자는 소수민족 출신 외국인으로서 미국생활 동안 보이지 않는 차별, 보이지 않는 진입장벽이 얼마나 거대한 벽인지를 실감했기 때문이다.

전후 일본사회의 경우 미국의 영향으로 자본주의 첨단국가로 발전했지만 일본사회 특유의 시스템 속에서 재일 한국인들은 경계인, 이방인에 불과할 정도로 차별의 대상이었다. 패전 후에는 미국의 영향을 받은 일본에 국제결혼을 통해 출생한 다문화가정 자녀들이 증가했다. 당시 일본인들은 다문화가정 자녀를 '하프'라고 불렀는데 이는 혼혈아라는 의미로 편견과 차별이 담긴 용어다. 그러나 요즈음에는 일본에서도 차별의식을 조장한다고 해서 이런 표현을 잘 사용하지 않는다. 일본의 스포츠계, 엔터테인먼트 산업에 다문화가정 자녀들이 진출해 성공하면서 혼혈 2세에 대한 차별이나 편견은 많이 줄어들었다.

그에 비해 한국사회는 아직도 단군 할아버지의 자손이라는 단일민족주의를 토대로 형성된 뿌리 깊은 혈통의식, 유교문화의 잔재에서 자유롭지 못하다. 애지중지 키운 딸이 어느 날 갑자기 흑인과 결혼하겠다고 하면 결사반대하면서 드러누울 부모들이 여전히 많다. 아직까지도 한국사회가 다양성, 다문화를 수용하는 데 소극적이고 폐쇄적이기 때문이다. 다문화가정 자녀에 대한 이러한 사회적 편견이나 차별은 시간이 지나면 차츰 개선되리라 기대한다.

필자는 널리 알려진 다문화가정 자녀 가운데 한현민이라는 나이지리아-한국 혼혈 2세 모델을 좋아한다. 그는 훤칠하게 큰 키와 패셔너블한 이미지로 패션쇼 런웨이에 등장하는 것은 물론, 순수하고 따뜻한 인간미 덕분에 각종 예능 프로그램에 자주 얼굴을 비추는 유명인이 되었다. 서울시 해방촌 달동네에 살던 그의 가족은 그가 모델로 유명해지고 광고에 출연하면서 번 돈으로 이태원에 전셋집을 얻어 이사를 갔다. 한현민이 실질적 소년 가장 노릇을 하는 셈이다. 그는 한국인에게 각인된 뿌리 깊은 단일민족주의 관념과 유색인종에 대한 차별의식 때문에 그동안 정서적으로 힘든 경우가 많았다고 말한다. 백인 혼혈아는 관대하게 평가하는 한국사회가 유독 동남아시아와 흑인 혼혈아에게는 차가운 반응을 보이기 때문이다.

TV 프로그램에 출연한 한현민을 보면 그 꾸밈없는 성격과 선함에 왠지 모르게 정이 간다. 방송에서 가슴에 와 닿는 말을 하니 더욱 그런 듯하다.

"전 순대국밥을 제일 좋아하는 뼛속 깊이 한국사람인데 저를 한국사람으로 생각하지 않는 것 같아요. 아이들이 제 얼굴이 까맣다고 차별하는 게 가장 슬퍼요."

뼛속 깊이 한국인의 정서와 생활방식, 가치관, 가족애를 보이는 그의 천진난만하고 순수한 이미지는 한국대중의 마음을 움직였다. 결혼이주 남성과 한국인 어머니 사이에 출생한 저소득층 다문화가정의 자녀라는 점, 공부를 잘하지 못해도 특별한 재능이 있다는 점, 어린 동생을 알뜰하게 살피는 인간미가 있다는 점, 어린 나이에 가장 노릇을 해도 부끄럽게 여기지 않는 당당함 등은 다문화가정 자녀의 다양성과 특수성을 수용하도록 대중들 마음의 문을 열었다.

인종의 용광로인 미국사회에서조차 차별은 존재한다. 흑백차별 문제는 아직도 현재진행형이다. 이처럼 차별은 선진국에서도 비일비재하지만 근본 해결책은 없다. 차별의식은 우월심리, 선민의식에 그 뿌리를 둔다. 차별은 어느 사회, 어느 국가, 어느 민족에도 존재하는 고질병이다. 미국 동부 명문대에서 경영학 석사학위(MBA)를 취득하고 고액 연봉을 받으며 월가의 투자회사에 입사할 정도로 뛰어난 한국계 미국인들도 앵글로색슨계 백인들의 왕따와 고약한 차별에 적응하지 못해 퇴사하는 경우가 많다. 소수민족 출신이 미국 주류사회에 진입하기란 하늘의 별따기나 마찬가지다. 오죽하면 글로벌 투자회사에 입사하는 흑인, 아시아계 일본인, 아시아계 중국인, 한국인이 오르는 최고위직이 국장급이라는 말이 나오겠는가? 이처럼 미국사회에도 눈에 보이지 않는 차별이 존재하는 것이 현실이다.

한국사회에서 다문화가정 아동과 청소년들이 학교생활에 적응하지 못하는 주된 원인 가운데 하나는 차별이나 왕따 등 또래관계, 친구관계에서 발생하는 심리적·정서적 스트레스와 갈등이다. 다문화가정 자녀로서 차별당한 사람들을 조사하니 친구에게 차별당한 비율이 64.0%로 가장 높게 나타났다.[1] 그다음은 일터의 고용주 또는 직장동료 28.1%, 이웃 12.8%, 모르는 사람 11.3% 순

---

[1] 최윤정 외, 《2018년 전국 다문화가족 실태조사 연구: 연구 보고 2019-01》(세종: 여성가족부, 2019), 582.

서였다. 다문화가정 아동과 청소년들은 성장하면서 부모의 이중 문화로 인해 문화적 갈등과 정체성 혼란을 체감하고, 부모가 한국어를 제대로 구사하지 못해서 적절한 언어 습득에 어려움을 느끼며, 생김새나 피부색이 다르다는 이유로 주변인들에게 차별받거나 집단따돌림을 당하는 등 학교 적응과 또래관계 형성에 많은 어려움을 겪고 사회적 편견과 차별을 경험한다(교육인적자원부, 2018:7). 같은 반 친구들의 폐쇄적 태도로 따돌림을 당하거나 놀림의 대상이 된 다문화가정 아동은 친구들과 말하기를 꺼리고 어울리기를 싫어하는 등 사회 부적응 현상을 보인다.[2]

한국여성정책연구원(2018:579) 조사에서도 비슷한 결과가 나오는데, 연령별로는 18세 이상에서 차별 경험이 있다는 응답이 10.1%로 가장 높았고, 그다음으로는 9~11세 9.7%, 12~14세 8.8%, 15~17세 7.7%의 순서였다(최윤정 외, 2018:580). 학교 재학 여부별로는 학교에 다니는 경우(8.9%)보다는 다니지 않는 경우(13.9%)가 차별을 경험한 비율이 더 높은 것으로 나타났다. 결혼 이민자 가족(9.6%) 자녀는 기타 귀화자 가족(5.3%) 자녀보다도 차별을 더욱 많이 경험한다. 특히 남부아시아 출신 부모를 둔 자녀의 차별 경험 비율이 21.1%로 가장 높게 나타났다. 그 외 기타 국가 16.7%, 러시아·중앙아시아 13.9%, 그 외 동남아시아 13.6%,

---

2 오성배, 〈코시안(Kosian) 아동의 성장과 환경에 관한 사례연구〉, 《한국교육》 32(3)(2005), 61~83.

몽골 12.7%의 순서였다(최윤정 외, 2018:581~582). 가구 소득별로는 대체로 저소득 가구 자녀가 차별을 경험한 비율이 더 높다. 가족 특성별로 보면, 양친 모두 외국 출신인 자녀의 차별 경험률이 10.9%로 가장 높게 나타나고, 이와 비슷하게 외국 출신 아버지를 둔 자녀의 차별률이 비슷하게 나타나며(10.2%), 외국 출신 어머니를 둔 자녀는 좀 더 낮게 나타나는(8.6%) 양상을 보인다(최윤정 외, 2018:583).

이러한 사회적 차별과 심리적 적응의 어려움은 다문화가정 청소년의 자아존중감과 사회적 정체성 형성에도 중요한 요인으로 작용한다.[3] 부모 중에서 한쪽이 외국인 출신이라는 이유만으로 어린 나이에 주변인들에게 이유 없이 차별을 받는다면 얼마나 슬프고 서러울지 가히 짐작할 수 있다. 아이들이 따돌리거나 놀이나 모임에 끼워주지 않으면 어린 나이에는 심리적 위축을 크게 겪을 수밖에 없다. 사회적 차별과 고정관념으로 인해 심리적 어려움을 겪을 가능성이 높은 다문화가정 자녀들의 부모와의 관계는 자아존중감에 더 많은 영향을 미친다.[4] 차별을 경험해도 참거나 그냥 넘어가는 다문화가정 자녀의 비율이 72.5%에 달해 대부분의 다문화가정 자녀들이 소극적 대응을 하는 것으로 나타났다.

---

3 통계청, 〈다문화가족 자녀의 자아존중감〉(2016. 8. 17).

4 최효식, 〈다문화가정 자녀의 부모와의 관계만족도, 자아존중감, 학교생활 적응 간의 관계 : 학교급, 성별, 사회적 차별 경험에 따른 다집단 분석〉, 《학습자 중심 교과교육학회지》 17(2)(2017), 195~217.

사람의 가치는 돈으로도, 사회적 지위로도, 학벌로도 평가할 수 없다. 이 세상에서 인간의 존엄성만큼 소중한 건 없다. 사람이 하늘이라는 120년 전 민초들의 외침은 아직도 유효하다고 생각한다. 물론 사람 사는 세상에 차별이 100% 없기를 바란다면 무리다. 그러나 다문화가정 자녀에게 억울한 차별대우에 무조건 승복하라고 가르칠 수만은 없다. 차별과 관련된 뿌리 깊은 의식은 인간의 존엄성과 평등한 가치를 스스로 자각하지 못해서 발생하는 고질병이다. 차별 문제와 관련해 사회적 의식이 성숙해질 때 인간의 존엄성은 보편적인 사회적 가치로 자리 잡을 것이다.

부모의 역할은 차별에 당당하게 맞서도록 자신감을 북돋고 자녀만의 독특한 능력과 재능, 가능성을 찾아 길러주는 것이다. 자녀가 스스로의 능력으로 정당한 평가를 받게끔 격려해야 한다.

첨단 정보통신을 갖춘 풍요로운 자본주의 시대에도 나 자신을 사랑하듯 친구를 사랑하고 아끼고 서로 돌보는, 인간다움이 철철 넘쳐흐르는 세상은 아직도 실현되지 않고 있다. 슬픈 일이다. 인간과 생명의 존엄성에 대한 가치관을 가르치는 것이 학교교육에 반영되지 않는다면, 우리의 아이들은 인간미 없이 공부만 하는 기계 같은 인간, 돈과 출세, 성공을 제1의 가치로 생각하는 기형적 인간으로 성장할지도 모른다.

외국인 부모에게서 출생한 다문화가정 자녀들이 한국사회에 정착할 경우 그들이 경험하고 극복해야 할 사회 정체성 문제는 청소년기의 심리적·정서적 측면에 지대한 영향을 미친다. 한현민의 경우처럼 결혼이주 남성과 한국인 여성 사이에 출생한 다문화가정 자녀들은 한국에 대해 조국이라는 이미지를 가질까? 그 아이들이 한국사회의 구성원이라는 자긍심을 가질 때, 그들이 강력한 동질의식과 연대의식을 가질 때 우리 모두 한국인이라는 공동체의식이 자연스럽게 형성될 것이다. 무엇보다도 한국사회의 자랑스러운 구성원이라는 연대의식, 그리고 자긍심을 갖도록 사회가 격려하는 풍토가 되어야 한다. 그래서 필자는 한현민의 성장을 응원한다.

그동안 많은 교육 전문가들이 학교 현장에서 다문화교육을 실시하자고 제안했다. 그보다 먼저 가정에서 부모가 자녀에게 사람의 존엄성에 대한 가치를 알려주고, 생명과 인간의 존엄성을 자각하도록 교육하는 것이 중요하다고 생각한다. 즉 '모든 사람은 귀하다'는 관점에서 출발해 생명과 인간의 존엄성을 교육하는 것이 근본 대책이다. 생명과 인간의 존엄성에 대한 교육을 교과과정에 반영해 인성교육의 축으로 삼아야 한다. 사람을 차별하지 않도록 유치원부터 차별 예방교육을 실시하고 차별금지법, 차별에 대한 사회적 캠페인을 전개하면서 점차 사회적 인식이 바뀌도록 만들어야 할 것이다.

그러한 점에서 필자는 차별주의, 차별의식, 순혈주의에 대항해 19세기 구한말 "사람을 하늘처럼 모시고 섬기라"는 기치를 들고 출발한 최제우와 최시형의 혜안을 소개하고 싶다. 구한말까지도

조선사회는 노비를 사람으로 취급하지 않았다. 노비는 양반 주인의 재산이었다. 조선 시대에는 땅과 노비를 많이 소유한 지주일수록 부자였다. 최제우와 최시형은 당시의 시대관념에서 천대받던 노비를 해방시켜 동등하게 대하고자 했고, 여자의 인권이 밑바닥이던 시대에 가부장적 관념을 타파하고 여자를 한울님으로 모시라고 설파했다.

필자의 고향 고흥에는 장흥 동학혁명에 합류해 일본군과 싸운 내력을 가진 어르신들이 많다. 그 어려웠던 구한말에도 사람의 인권과 존엄성을 가장 소중한 가치로 섬기고 고민했던 분들이 있었다. 그런데 근대 들어 한국사회는 일제강점기, 미군정기, 경제개발기를 거치면서 자본과 돈만을 최고의 가치로 여기는 물질적 가치관이 지배하는 세상으로 변질되었다. 돈이면 무엇이든지 된다, 돈을 벌기 위해서라면 무엇이든 할 수 있다는 천민자본주의가 사람의 존엄성과 가치를 훼손한 것이다. 아직 생각이나 가치관이 완전히 발달하지 않은 청소년기에 학교교육을 통해 성숙한 가치관을 지닌 청소년으로 성장하도록 인성교육을 강조해야할 이유가 바로 이것이다. 학교가 먼저 차별을 금지하는 인격교육을 해나간다면 성장하는 아이들의 가치관도 바뀔 것이다.

닭살 부부가 만드는
스위트홈

—— 가정은 청소년이 출생하면서부터 접하는 1차적 환경이며, 부모, 형제 같은 애착의 대상이 함께하는 일상생활의 기본 단위다. 또한 가정은 아이들이 성인으로 성장해 자립할 때까지 성격, 가치관, 생활습관, 윤리와 도덕을 배우는 인큐베이터와도 같다. 청소년은 가족과 생활하면서 학습과 모방을 통해 자아를 형성하고 문제 해결 능력 등을 습득한다. 이처럼 가족은 청소년의 발달에 영향을 미치는 중요한 환경이다.

그렇다면 어떤 가정환경에서 어떻게 자녀를 양육해야 할까? 이는 부모가 평생 짊어질 숙명 같은 문제다. 아버지는 자녀가 충분히 부성애를 느끼도록 방향성을 잡고, 어머니는 자녀가 충분히 모성애를 느끼면서 성장하도록 양육 역할을 분담하는 것이 좋다. 만족감과 충만감을 느끼고 정서적으로 행복한 아이는 비행 청소년이 되지 않는다. 부모에게 넘치도록 사랑받고 정서적

다문화가정의 교육전략은 따로 있다

으로 풍요롭게 성장한 자녀는 밝고 명랑하다. 대인관계와 사회성이 좋을뿐더러 긍정적·적극적 사고방식을 지니고 진취적이다. 따라서 회복탄력성(resilience)이 좋으며 상처를 입어도 훌훌 털고 일어난다.

반면 부모에게 체벌을 많이 받거나 잦은 언어폭력을 당하면서 성장한 자녀는 부정적 정서를 갖게 되고 사람을 믿지 못하는 등 정신세계가 황폐화되기 십상이다. 자녀에게 지나치게 잔소리를 하면 아이들은 더 고집을 부리거나 말을 듣지 않는다. 지나치게 엄격하게 대하면 자녀들은 부모를 무서워하고 대화를 꺼린다. 학교에서의 일과를 자연스레 털어놓고 재잘재잘 이야기하는 아이라면 정서가 건강하다고 볼 수 있다. 작은 실수에도 화를 내고 욕설을 하면 아이는 부모에게 사실대로 말하지 않고 숨기게 된다. 그리고 성장할수록 부모와의 대화가 단절된다. 이는 많은 가정이 안고 있는 문제다.

대부분의 한국인 부부 가정처럼 다문화가정 부부도 갈등을 겪는다. 이질적 환경, 경제력, 교육 수준, 문화와 언어, 역사와 전통, 성장 배경 등의 차이가 크다는 점을 전제로 하고, 한국인 부부보다 더 많은 노력을 투입해 서로 다른 생각과 문화적 갈등의 차이를 극복하려고 노력해야 한다.

이러한 점을 반영하듯 한국여성정책연구원(2018: 101)의 조사에서도 61.8%가 부부 갈등을 경험했다고 응답했다. 부부 갈등은 누구나 경험하는 문제이다. 남녀 간의 사랑은 옥시토신이 분비되면서 생기는 화학적 반응으로 3년간 지속된다고 한다. 그 이후는 부부간의 신의, 부부간의 대화와 소통, 부부간의 약속으로 이어지는 것이기 때문에 부부간의 사랑과 헌신, 화합이라는 두 사람의 노력으로 화목한 가정이 만들어지는 것이다.[1]

　다문화가정 부부의 현실적 어려움이나 갈등은 크게 개선되거나 달라진 것이 없다. 2018년 여성가족부 조사에서 부부싸움의 가장 큰 원인은 성격 차이(54.8%)라는 응답이 있었고, 자녀교육이나 행동 문제는 24.1%, 생활비 등 경제 문제는 22%, 한국어를 잘 못해서 생기는 언어 소통의 어려움은 21%로 조사되었다(최윤정 외, 2018: 101). 문화·종교 등 가치관의 차이로 인한 부부 갈등은 18.1%, 음주 문제로 발생하는 부부 갈등은 10.1%, 배우자 가족(시댁, 처가)과의 갈등은 8.9%였다. 배우자와 다툰 적이 있다는 응답도 비교적 높다. 2005년도 보건복지부 조사에서 다문화가정 부부싸움의 주요 원인으로 지적되어왔던 성격 차이와 경제 문제, 자녀교육 문제는 2배 가까이 증가한 것으로 나타났다. 결혼 기간, 국내 거주 기간이 짧을수록, 연령이 낮을수록 문화적 차이를 느끼는 정도가 더 높아지며, 부부간 연령 차이가 벌어질수록 문화적 차이를 더 자주 경험하는 것으로 나타났다(최윤정 외, 2018:95).

---

1 박태영·은선경, 〈다문화가족의 가족치료 사례연구 : 일본인 아내와 한국인 남편의 부부치료〉, 《한국가족복지학》 30(2010), 167~196.

　　　　　　　　다문화가정의 교육전략은 따로 있다

그 밖에도 결혼이민자 가족과의 갈등은 3%, 폭언이나 신체적 폭력 문제는 2%, 외도 문제는 0.5%, 의처증이나 외출 제한은 0.6%로 나타났다.

나아가 한국생활을 시작한 지 얼마 되지 않은 초기에 부부관계에서도 문화적 차이를 더 많이 느끼는 경향이 높게 나타났다(최윤정 외, 2018:95). 다문화가정 부부가 문화적 차이를 느끼는 정도는 결혼 기간과 국내 거주 기간이 짧을수록, 연령이 낮을수록 더 높아진다. 부부간 연령 차이가 벌어질수록 문화적 차이를 더 자주 경험하는 것으로 나타났다. 다문화가정 부부가 "문화적 차이를 경험한 적이 있다"는 포인트는 "한국인만의 독특한 식습관의 차이"(50.7%), "자녀양육 방식에서 오는 문화적 차이를 느낀다"(28.2%)는 것이며, "가족행사 등 가족의례에서 차이를 경험했다"는 응답은 28%를 차지했다(최윤정 외, 2018:97). 설날, 추석, 제사 같은 한국인의 조상숭배 풍습은 서구권 결혼이민자들에게는 매우 이질적 문화다. 한국의 문화와 생활방식에 스며든 유교적 가부장 문화와 풍습, 관습도 서구권 결혼이민자들이 적응하기 어려운 부분이다.

성별에 따라서는 식습관, 가사분담, 의사소통에서 여성들이 부부간 문화 차이를 더 많이 경험하는 경향이 나타났다. 남성들은 가족행사 등 가족의례(제사), 경제생활 면에서 부부간 문화 차이를 경험한다는 응답이 여성보다 더 높게 나타난다. 연령별로는

30대(66.0%), 국내 거주 기간별로는 5～10년 미만 체류자(64.4%)가 부부간 다툰 경험이 비교적 많고, 그 이후 나이가 들고 체류 기간이 길어질수록 부부간 다툼은 줄어드는 양상을 보였다.

결혼이민자, 귀화자들의 경우 전반적으로 한국 거주 기간이 길어질수록 대화시간은 줄어드는 경향을 보였다. 혼인 기간이 5년 미만인 경우의 다문화가정 중에서 "2시간 이상 대화한다"는 응답(46.4%)이 상당히 높은 것으로 보아 결혼 초기에는 부부간 대화가 활발한 것처럼 보인다(최윤정 외, 2018: 93). 그런데 연령별로는 30대, 40대, 50대에 비해 20대와 60대 이상에서 "2시간 이상 대화한다"는 응답이 더 높게 나타났다. 노년기에도 부부간 대화시간이 늘어나는 경향이 관찰되었다. 이 조사결과가 의미하는 것은 행복한 부부생활의 관건은 부부간의 대화와 소통, 상대방의 입장에 대한 배려라는 것이다. 행복한 부부일수록 대화를 통해 문제를 해결하며, 부부싸움을 하더라도 금방 화해하고 서로를 이해한다. 대화를 위해서는 영화 보기, 여행 가기, 데이트하기 등 부부만의 친밀한 시간을 갖는 것이 중요하다.

우리는 좋은 주택(house)에서 살지만 좋은 가정은 갖지 못해서 홈(home)은 병든 상태다. 평안이 없고, 행복도 없다. 따라서 우리 삶의 공간을 '정글'이 아닌 '정원'으로 만들어보자는 것이 필자의 주장이다.

문제 부모가
문제아를 만든다

—— 가정폭력은 다문화가정뿐만 아니라 한국인 가정에서도 심각한 가정 문제다. 얼마 전에는 한국인 남성이 한국어가 서툴다는 이유로 베트남 아내를 때리는 장면이 SNS에 공개되어 많은 사람들이 큰 충격을 받기도 했다. 국가인권위원회가 2017년 결혼이주 여성 920명을 대상으로 조사한 결과에 따르면, 그 절반에 가까운 387명(42.1%)이 가정폭력을 경험한 것으로 나타났다.[1] 가정폭력 피해자 중 81.1%는 심한 욕설 같은 언어적 학대를 당했다고 한다. 한국식 생활방식을 강요당한 비율은 41.3%, 성행위를 강요당한 비율도 27.9%에 달했다. 이 같은 가정폭력은 결혼이주 여성을 '동등한 인격체'로 생각하지 않기 때문에 발생한다. 사랑해서 결혼했다기보다는 결혼 적령기가 지난 나이에 배우자를 구하지

---

1 〈"돈만 보고 왔으니 시키는 대로 해"…가정폭력에 우는 이주 여성〉, 《서울신문》(2019. 7. 7).

못해서 외국 여성과 결혼중개업소를 통해 국제결혼을 한 경우에
많이 나타났던 사회문제다.

가정폭력은 다른 유형의 폭력과는 달리 폭력이 발생한 후에도
가해자와 피해자가 함께 생활해야 하는 경우가 대다수이기 때문
에 폭력이 반복된다는 특징이 있고 오랜 기간 지속되는 경우가
많다. 가정폭력 범죄의 처벌 등에 관한 특례법 제2조 제1항에 따
르면, 가정폭력은 가정 구성원 사이의 신체적, 정신적, 재산상의
피해를 수반하는 행위라고 정의하고 있다.[2] 가정폭력을 방치하면
부부의 별거, 아내나 자녀의 가출, 이혼과 가족 해체 등으로 연
계된다. 해체되지 않고 가족이라는 형식적 울타리를 유지하더라
도 피해자들은 신체적 고통과 우울증, 무기력증, 자학과 죄책감,
고립감과 분노 등 정신적 고통과 후유증을 겪게 된다(박태영·박소
영, 2010 : 75~88).

특히 가정폭력 가정에서 성장하는 자녀 중 40~70%가 아동학
대를 당한다는 보고를 주목할 필요가 있다.[3] 가정이나 사회에서
폭력을 경험한 빈도가 높은 자녀는 성인이 되어서도 폭력을 행
사할 가능성이 높아진다는 것이 가족치료 이론의 핵심이다.[4] 한

---

2 박태영·박소영, 〈가정폭력에 대한 부부치료 사례 분석 : 가정폭력 쉼터에 거주하는 부인을 대상으로〉, 《한국
  가정관리학회지》 28(5)(2010), 75~88.

3 Emery, R., L.&L. Laumann-Billing, "An Overview of the nature, causes and consequences of
  abusive family relationship," *American Psychologist* 53(1998), 121~135.

4 A. W. Burges, C. R. Hartman&A. McComack, "Abused to abuser: Antecedents of socially deviant
  behaviors," *American Journal of Psychiatry* 144(11)(1987), 1431~1436.

　　　　　　　　　　　　　　다문화가정의 교육전략은 따로 있다

국사회가 가정폭력에 대해 문제의식을 가져야 할 이유는 가정폭력을 목격하고 성장한 자녀들이 폭력을 학습해 성인이 된 후에는 똑같이 가정폭력의 가해자가 될 수 있기 때문이다.[5] 가정폭력 피해자 여성처럼 자녀들도 우울감과 죄책감을 느끼고, 불안해하거나 심리적 위축감을 느끼며, 겉으로 드러내진 않아도 언제 터질지 모르는 심리적 문제점을 갖고 성장하게 된다. 다수의 가족치료 연구결과에 따르면, 아버지가 어머니를 구타하는 장면을 목격하거나 부모에게 신체적으로 학대받은 자녀는 폭력에 대한 트라우마(trauma)가 생기기 쉽고, 인성 형성에 부정적 영향을 받으며, 신체적 학대 수준이 높을수록 부적응 현상이 높게 나타난다. 특히 가정폭력을 경험한 아동은 불안감과 초조감을 일반 아동보다 자주 겪는다.[6] 아버지가 어머니를 학대하는 장면을 목격한 경험이 많은 자녀는 우울, 불안, 공격 등 부정적 감정이 많아지고 사회 적응과 대인관계에 많은 문제를 갖는다.[7]

이렇듯 가정폭력은 모든 가족 구성원을 피해자로 만들고, 심리적·정신적 후유증을 남기며, 가족 해체로까지 이어질 수 있다. 또 자녀에게도 폭력을 대물림하거나 자녀를 피해자로 만드는 등

---

5 신선인, 〈가정폭력 노출 경험이 아동 청소년 비행에 미치는 영향에 대한 메타분석〉, 《한국가족복지학》 23(2008), 163~182.

6 김근정, 《빈곤 지역 가정폭력 경험 아동의 적응행동에 관한 연구: 아동이 지각한 사회적 지지를 중심으로》 (성공회대학교 대학원 석사학위논문, 2004), 52~53, 67~68.

7 김정란, 〈가족폭력 노출실태 분석을 통한 피해아동의 심리사회적 적응력 향상 방안 연구〉, 《한국가족관계학회지》 8(2)(2003), 1~23.

2차 피해가 생긴다. 폭력을 목격하면서 성장한 자녀들은 가정폭력을 증오하면서도 자신이 결혼한 후에 폭력을 대물림하는 등 악순환이 반복되는 경향이 크기 때문에 가정폭력은 반드시 중단되어야 한다.

하지만 아직까지도 대한민국은 가정폭력 피해자를 위한 의료지원, 법률구조, 상담과 심리치료, 쉼터 제공 등 일시적 보호에 중점을 두고 서비스를 제공하는 수준이다. 가정폭력 중단과 예방을 위한 근본 대책 마련은 공론화되지 않고 있다. 가정폭력을 경험한 여성들이 별거나 쉼터 거주 이후 다시 가정으로 돌아가는 비율이 과반수가 넘는다. 그러므로 가정에 돌아간 후에 가정폭력이 재발하지 않도록 다문화가족센터와 읍·면·동 주민센터, 상담 기관이 관심을 갖고 지속적 모니터링을 통해 관리해야 한다. 또한 한국사회에서는 가정폭력 신고를 해도 경찰이 가정 문제로 치부하고 적극적 개입을 꺼리는 경향이 크다.

이 같은 여러 문제를 해결한 후에는 생명이 위험하거나 심각한 가정폭력 상황에 처한 피해자들을 남편과 분리하고, 그들의 경제적 자립을 위한 일자리를 제공하며, 심리치료와 상담을 제공하는 등 다양한 대책을 강구해야 한다.

가정폭력을 스스로 중단하기란 쉽지 않다. 그러므로 부부 갈등을 줄이고 가정폭력을 해결할 수 있도록 전문 심리치료 기관의 개입이 필요하다.[8] 다문화가정의 부부 갈등이 심각할 경우 다문화가족센터를 중심으로 부부가 함께 참여하는 상담이나 교육, 부부 집단상담 프로그램이 활성화되도록 복지 차원에서도 적극 개입할 필요가 있다.

심각한 알코올중독 또한 가정 불안의 원인이 되고, 자녀의 심리·정서를 파괴한다. 아버지의 알코올중독 증세로 인한 심리적 불안감은 정서적으로 민감한 사춘기의 인성 형성에 악영향을 끼친다. 아울러 알코올중독 가정에서 성장한 자녀도 나중에는 알코올중독 현상을 겪을 가능성이 크다.

물론 한국인 부부의 가정 내에도 이 같은 갈등은 많다. 부부란 성격, 환경, 종교 등 이질적 문화와 성격 차이를 극복하고 행복한 가정 만들기라는 공동목표를 향해 달려가는 운전사들이다. 부부 갈등이 깊어지면 자녀들도 영향을 받을 수밖에 없다. 알코올중독, 가정폭력, 경제적 빈곤, 시댁이나 처가와의 갈등 등 부부 갈등을 만드는 요소는 많다. 부모의 삶은 자녀 삶의 거울이 되기에 아이들이 안정된 정서를 갖게 하려면 부부관계부터 좋아야 한다. 자녀는 부모의 생각, 생활습관, 음주, 흡연, 사고방식을 그대로 닮기 때문이다.

가능하면 '닭살 부부', '닭살 커플'이라는 소리를 들을 정도로 부

---

8 장희숙·김예성, 〈가정폭력 행위자의 유형: 이론에 따른 세 하위 유형의 검증〉, 《한국사회복지학》 56(3) (2004), 303~325.

부는 호흡이 잘 맞아야 한다. 부부가 서로 사랑하는 모습을 보고 성장한 자녀는 정서적 안정감이 높다. 부부간에 의견이 충돌하면 대화로 조곤조곤 배우자에게 생각을 전달하고 서로 타협할 방법을 모색하는 것이 좋다. 아이들에게 부모는 우주이고 안식처이기 때문에 부부끼리 말을 하지 않으면 부부간에, 부모 자식 간에 오해가 쌓이고, 이러한 오해는 서로가 마음의 문을 닫게 한다. 부부 갈등은 사전에 충분히 차단할 수 있는 작은 것에서 시작되는 경우가 대부분이다. 부부 먼저 서로서로 노력한다면 아이들을 정서적으로 안정된 환경에서 키울 수 있다. 훗날 자녀가 성장해 독립하거나 결혼해 자기네 삶을 살아갈 때가 되면 최종적으로 남는 것은 부부밖에 없다. 생각이 통하고, 가치관이 맞고, 생활습관이 잘 맞는 부부는 흔하지 않다. 따라서 서로 다른 부분을 타협하고 맞추어가기 위해 서로 노력하는 모습은 매우 중요하다.

부모 노릇은 처음이라
서툴러서 미안해

—— 다문화가정은 여러 가지 현실적 문제를 안고 있다. 다문화
가정이 겪는 다양한 갈등 중에서 자녀교육과 관련해 가장 심각
한 것은 빈곤 문제다. 이는 다문화가정 자녀교육의 질적 문제에
직접 영향을 미친다. 여성 결혼이민자들이 한국생활에서 경험하
는 가장 큰 어려움이 경제적 빈곤 문제와 취업 욕구라는 사실에
대다수 학자들이 동의한다.

아울러 다문화교육 연구자들은 이구동성으로 다문화가정 아
이들의 학교생활 부적응에 가장 많이 작용하는 요인이 '가족'이
라는 생각에 동의한다. 안정적 가정환경만이 정서적 문제가 없
는 정상적 인성을 형성한다. 언론보도를 통해 우리는 공부를 잘
해서 출세해도 화이트칼라 범죄자로 전락하는 경우를 많이 접했
다. 이러한 점에서 특히 다문화가정 부모들은 건강하고 행복한
가족을 만들기 위해서 한국인 가정보다 더 많이 노력할 필요가

있다. 자녀의 정서 발달, 심리 발달, 인성 발달, 학교생활 적응, 대인관계와 사회성 발달, 사회적 정체성 문제 때문이다. 그러므로 자녀의 성장주기에 맞추어 어떻게 자녀를 잘 양육할지 부부간에 세심하게 대화하면서 공동으로 양육하려는 노력과 의지가 필요하다.

말기암 환자로 투병 중인 우리 시대의 석학 이어령 박사의 인터뷰 한 토막을 소개한다.

"내 유니크함의 80%는 어머니가 주셨어요. 내가 돌상에서 돌잡이로 책을 잡은 걸, 어머니는 두고두고 기뻐하셨어요. 그때는 쌀이나 돈을 잡아야 좋아했는데, 어머니는 그 당시의 보편적인 한국의 어머니와는 좀 다른 분이셨어요. '우리 애는 돌상에서 책을 잡고 붓을 잡았다'고 내내 자랑을 하셨어요. 내가 앓아누워도 어머니는 머리맡에서 책을 읽어주셨어요. 그런 어머니 밑에서 자라서 나는 책을 읽고 상상력을 키우는 인간이 됐어요."

이어령 박사의 소회는 어머니의 사랑과 자녀교육에 대한 관심이 자녀의 미래에 지대한 영향을 미친다는 점을 확인해준다.

내 주변에도 책을 몇천 권이나 읽은 고등학생 독서왕이 있다. 이 학생의 어머니는 대학원에서 공부하면서 임신하고 박사학위를 받은 케이스다. 항상 어머니가 공부하는 모습을 보면서 자라서인지 학생은 어린 시절부터 수많은 책을 읽어 사고력이 풍부하다. 그러한 독서력과 사고력은 자연스럽게 책을 읽고 대화하는 가족의 문화에서 싹이 텄을 것이다. 이 학생이 성장하면 어떤 인재가 될지 항상 궁금하다. 가족치료 전문가들이 상담을 하다 보면 자녀 문제에는 부모에게 물려받은 정서적 영향이 크게 영향을 미친다는 점을 발견한다고 말한다.[1] 불안심리를 가진 부모는 정서적으로 부정적 양육태도를 갖기 때문에 자녀의 정서 발달에 악영향을 미친다. 긍정적·능동적 정서를 가진 부모는 자녀에게도 긍정적·능동적 가치관과 정서를 물려준다. 긍정적·능동적 정서를 가진 부모는 위기나 어려움이 닥쳤을 때 씩씩하게 긍정적으로 대처하는 모습을 보여주고, 그런 부모의 모습을 보면서 성장한 자녀들은 자신도 모르게 긍정적 마인드를 갖게 되어 어려움 극복에 도움이 되는 회복탄력성이 높아진다.

가족치료 연구자들은 아이가 성인이 되어서도 문제가 있는 경우는 원가족(부모)과의 생활환경에서 정서적 대물림 현상을 경험하기 때문이라고 보았다.[2] 부모에게서 지능과 질병이 유전된다고 생각하면서도 부모의 정서와 심리적 문제점, 기질, 성격, 생활방식, 사고방식 같은 정서적 측면까지 유전된다는 사실을 아는 사람은 드물다. 정서적으로 불안한 생활을 하거나 가정폭력으로 고통받으며 성장하다가도 성인이 되면 그 트라우마와 상처가 자

---

1 김태현·김경자, 〈기혼 남녀의 원가족 경험과 자아분화가 가족체계 기능에 미치는 영향〉, 《가족과 문화》 16(1)(2004), 3~35.

2 박태영·신원정, 〈음주 문제를 가진 성인 자녀에 대한 가족치료 사례연구〉, 《한국가족치료학회지》 19(2)(2012), 63~92.

연스레 치유된다는 식으로 가볍게 생각해서는 안 된다. 성인이 된 자녀가 어린 시절 겪었던 트라우마와 상처를 극복하고 살아 가려면 회복을 위한 계기가 필요하고 엄청난 노력을 해야 한다. 심리적 고통이나 상처는 심리상담과 심리치료를 받아도 쉽게 극복하기 어렵다는 점을 반드시 기억해야 한다.

필자가 다문화가정 자녀의 학업 문제에 관심을 가진 것도 주변 지인들에게서 접한 자녀교육 문제 때문이었다. 한국여성정책연구원 조사(2018)에 따르면, 만 6~24세 자녀를 양육하는 데 어려움이 있다는 결혼이민 여성(배우자)의 응답은 84.4%였으며, 어려움이 없다고 응답한 경우는 15.6%에 불과했다. 한국인 배우자들이 느끼는 어려움의 내용으로는 학업·진로 등 정보 부족(40.6%)과 자녀에게 들어가는 교육비·용돈 등 경제적 비용 부담(40.5%)이 가장 높게 나타났다(최윤정 외, 2018: 397). 그다음으로 배우자가 자녀양육에 느끼는 어려움은 스마트폰·인터넷 관련 자녀와의 갈등(26.7%)이라고 답변했고, 자녀와의 대화 부족(19.9%), 학부모활동 어려움(13.5%) 등의 순서로 나타났다.

그런데 결혼이민자들은 한국인 배우자보다 자녀양육에 더 많은 어려움을 느끼는 것으로 나타났다. 결혼이민자들 47.1%는 "자녀의 학업·진로 관련 정보 부족이 가장 어렵다"고 답변했으며, 40.9%는 "교육비 부담 등 경제적 문제가 어렵다"고 답변했다(최윤정 외, 2018: 398). 그다음으로 결혼이민자의 25.1%는 "자녀의 인터넷이나 핸드폰 사용으로 갈등을 겪는다"고 응답했다. 결혼이민자의 16.3%는 "자녀와의 대화 부족을 가장 어렵게 느꼈다"고 답변했고, "학부모활동이 어렵다"는 응답은 14.9%였다.

다른 단체에서도 조사했지만 통계수치는 거의 비슷했다. 이러한 결과는 어찌 보면 너무나 당연하다. 한국인 수준으로 고급 한국어를 완벽하게 구사하기 힘든 결혼이민 여성들이 어떻게 한국사회의 문화, 자녀양육 방식, 교육정책, 교육정보, 입시정책, 입시정보, 경제사회에 대한 정보를 깊숙이 알 수 있겠는가?

동남아시아 출신 결혼이주여성들은 대부분 한국어학당에 다니지 않았다. 결혼 후 남편, 시댁과의 관계에서 배운 서툰 한국어로는 심층적 대화를 하거나 전문용어를 이해하고 구사하는 데 어려움을 겪는다. 동남아시아에서 온 결혼이주 여성들은 맞벌이를 하는 경우가 많고 특히 농촌 지역이나 지방에서는 공장에 다

【그림 1-1】 만 6~24세 자녀양육의 어려움

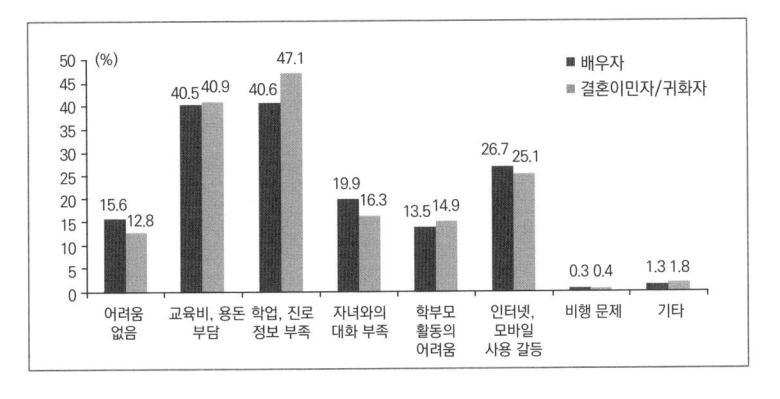

니거나 식당에서 일하는 사례가 흔하다. 이에 따라 자연스럽게 시어머니가 애들을 봐주게 된다. 아이들이 학교에서 어떻게 지내는지, 학교 공부는 어떻게 하는지, 예습과 복습은 잘하는지 확인하기 어렵고, 학교생활에 필요한 준비물을 챙기거나 점검할 시간도 부족하다. 돈벌이에 집중하다 보면 자녀교육에 무관심해질 수밖에 없다. 동남아시아 출신 결혼이주 여성들은 제대로 교육받지 못한 경우가 많아서 대부분 자녀들을 적극적으로 보살피기 어렵다.

우리나라에서는 '방임'을 자녀의 건강이나 발달에 중대한 영향을 초래하는 것(추위, 기아 등의 위험에 직면하는 것, 양육의 포기)으로 판단한다. 부모나 보호자가 충분한 음식과 의복, 거처 또는 관리를 불이행하는 것, 강력하게 추천되거나 처방되어온 의학적 정신건강 치료를 지연하거나 하지 않는 것, 만성적 무단결석에 특별한 조치를 하지 않고 소홀한 것, 약물과 알코올을 아동에게 허용하는 것 등이 방임의 예다. 방임당한 아이들의 특징은 사회적 환경에는 둔감한 반면 활동적·공격적이고 폭력에 쉽게 접근한다는 것이다. 이들은 행동 통제력이나 자존감이 낮고, 쉽게 억울한 기분을 느끼며, 충동적 행동을 하고, 학교생활에 적응하지 못하며, 약물남용, 비행, 범죄를 일으키는 경향이 있다.

따라서 자녀를 방임하는 것은 자녀를 학대하는 것과 동일하다고 인식해야 한다. 다문화가정 부모가 맞벌이를 할 경우 초중고등학교 자녀들은 학원에 다니지 않는 한 부모가 귀가할 때까지 집에서 방치되는 경우가 많다. 아이들이 수업 후에도 집에 혼자 있어야 한다면 방과후학교나 지역아동학습센터에 보내어 공부 습관을 기르고 친구들과 같이 공부하도록 유도하는 것도 좋은 대안이다. 아이들이 누구와 어울리는지, 친구관계는 원만한지, 하고 싶은 것과 하기 싫은 것은 무엇인지, 무엇을 해주면 좋아하는지를 잘 파악하는 것이 중요하다. 엄마와 아빠가 아무렇지도 않게 내뱉는 단어 하나, 문장 하나에도 아이들은 쉽게 상처를 받는다. 청소년기는 인격적으로 미성숙한 상태고, 질풍노도의 시기이며, 사춘기에 접어들면 민감한 심리적·정서적 변화를 경험한다. 따라서 부모의 역할이 대단히 중요하다.

부모가 사랑과 관심을 기울이고, 심리적·정서적으로 지원하며, 올바른 방식으로 양육하고, 경제적 뒷받침을 해야 자녀의 건강한 성장이 가능하다. 그것이 부모의 책임이고 역할이다. 자녀가 성인이 되어 독립할 때까지 부모는 자녀의 정서적 측면을 관리하고 학업, 사회성, 인성을 잘 교육해야 한다. 경제적 이유 때문에, 또는 자녀를 대신 양육할 사람이 없다는 환경적 이유 때문에 자녀를 방치하는 경우가 가장 심각한 방임 케이스다. 자녀를 방임하면 학업 성적이 떨어지고 학교 부적응 현상이 나타난다. 다문화 가정 부모들은 자녀를 방임하지 않고 부모 갈등이 적을수록 자녀의 자아존중감이 높아진다는 사실을 반드시 기억해야 한다.

어떻게
가정교육을 할 것인가

—— 요즈음 하루가 멀다 하고 쏟아져 나오는 뉴스를 보면 인간의 생명을 경시하는 중범죄가 대폭 증가했음을 알 수 있다. 끔찍한 살인, 폭행, 학교폭력 같은 강력범죄 외에도 대형 사기 사건이 지면을 장식한다. 얼마 전에는 사이버폭력과 댓글에 시달리던 20대 유명 여자 아이돌 가수가 비극적 선택을 했고 그 소식이 CNN에 보도될 정도였다. 우리는 인간성 파괴의 현실, 생명 경시 풍조, 부정부패를 거의 날마다 목격한다. 어디서부터 잘못되었을까? 초고속으로 경제성장을 하는 가운데 한국인들은 물질주의와 황금만능주의에 물들었고, 소중했던 공동체 정신과 인간성을 상실했다. 한국사회의 부패지수가 높은 데는 출세주의, 개인주의, 기회주의, 물질주의, 성공과 욕망에 함몰되어 돈이 사람의 가치보다 더 우선시되는 천민자본주의적 사회 분위기도 한몫했을 것이다.

이처럼 혼란스러운 사회 분위기에서 우리 모두에게 부모의 역할과 책임에 대한 진지한 성찰과 반성이 필요하다. 부모가 양육자로서 올바른 가치관, 삶의 방식, 양육방식을 고민하고 노력할 때만이 우리의 자녀가 균형 잡힌 인성을 갖춘 인격체로 성장할 수 있기 때문이다. 양육자로서 부모가 가져야 할 기본적 마음자세는 지진에도 흔들리지 않을 만큼 자녀에 대한 단단한 믿음과 사랑으로 자녀가 성장할 때까지 기다리는 인내심이다. 아이의 미래를 어른의 시각과 잣대로 결정하고 선입견을 갖는 것은 자녀의 정서에 치명적 독이 된다. 끊임없이 격려하고, 상처를 감싸 안고, 용기를 북돋고, 희망을 주어야 한다. 이렇게 듬뿍 사랑을 쏟았을 때 아이는 성인이 되어서도 배우자와 자녀에게 사랑을 주고 원만한 인간관계를 형성한다는 것이 정설이다.

부모가 사랑하는 모습을 보면서 성장한 자녀들은 당연히 정서적으로 안정된다. 엄마와 아빠는 잉태 전부터 가족계획, 경제계획, 양육계획을 세우고 준비해야 한다. 아이를 임신하고 출산해 양육하는 것은 어찌 보면 이 세상에서 사람이 하는 일 가운데 가장 중요한 것인지도 모른다. 한 생명이 태어나 사람으로서 살아가기 위한 윤리와 인성을 배우고 사회인으로 성장하려면 부모는 만능이 되어야 한다. 임신을 준비할 때는 남편도 최소한 1개월 전부터 음주와 흡연, 기타 부정적 행동을 중단해야 한다. 아내가 임신한 후에는 태교에 협조하고, 임산부가 정신적으로 안정되고 영양이 풍부한 음식을 섭취하도록 보살피는 것은 남편의 몫이다.

세계적 소프라노 조수미는 가족 중에 음악가가 없었는데도 천부적으로 음악적 재능을 타고난 뛰어난 성악가다. 임신 중 조수미의 어머니가 음악을 많이 듣고 좋은 노래를 자주 따라 부른 것이 그 비결로 보인다.

태아의 뇌는 임신 후 3개월이 되기 전에 이미 완성되기 때문에 임신 초기에는 안정을 취하고 엽산 등의 영양보조제를 섭취해야 한다. 아이가 가장 많이 성장하는 시기는 출생 직후부터 한 살이 될 때까지다. 이 기간 아이의 두뇌는 스펀지처럼 흡수하고 성장한다. 최소한 다섯 살 때까지는 정서 안정을 위해서 엄마가 직접 양육하는 것이 바람직하지만 경제적 여건이 좋지 않거나 맞벌이를 할 경우에는 보육시설에 맡기거나 시부모 혹은 친정 부모가 양육을 대신하지 않을 수 없다. 대한민국 청년들이 결혼을 꺼리는 이유는 바로 이렇게 자녀양육에 질적으로 집중할 수 있는 사회적 환경이 조성되지 않았기 때문이다. 한국사회는 청년 세대가 양질의 정규직과 자녀양육, 자녀교육비, 주택 문제에서 많은 부분을 포기하도록 강요한다. 이러한 상황을 극복하고 자녀를 출산했다면 부모는 공동양육자라는 생각을 갖고 남편도 육아에 적극적으로 참여하는 것이 바람직하다. 목욕시키기, 유아식 만들기, 우유 먹이기, 기저귀 갈기, 놀아주기 등등 남편이 아내의 육아 수고를 덜어줄 일들은 많다.

다문화가정의 교육전략은 따로 있다

주지하다시피 올바른 인격 형성은 가정교육에서 출발한다. 어린이는 가정에서 기초적인 것부터 배우고 익힌다. 인사하는 일, 옷을 입고 벗는 일, 규칙적으로 잠자고 일어나는 일, 음식을 골고루 먹는 일, 각종 용품을 정리정돈하는 일 등 일상생활을 하는 데 꼭 필요한 습관이 모두 가정에서부터 이루어진다. 익히 알려진 프로이트 같은 심리학자들은 사람의 성격이 대부분 5세 이전에 형성된다고 주장했다. 이 시기를 전후해 성격의 기초가 형성되며, 그 후로는 재학습에 불과하다는 것이다. 성격뿐 아니라 정서의 풍부함이나 빈약함, 학습능력의 많고 적음도 결국은 인간의 초기 경험이 상당 부분 결정한다는 의미다.

자녀가 유치원이나 초등학교에 입학하면 부모의 할일은 더 늘어난다. 작은 것도 대화하고 의논하며 자녀의 의견을 물어보는 부모는 자녀와의 관계도 원만하다. 그럴 때 아이는 가정을 행복한 천국으로 느낄 수밖에 없다. 시간 여유가 있을 때마다 아이 손을 잡고 박물관, 미술관, 천문대, 과학교실에 다녀야 한다. 기차 안에서 아이들과 두런두런 대화도 하고, 삶은 달걀도 소금에 찍어 먹고, 여기저기 사진도 찍어보자. 초등학생 때 가족여행을 많이 다니면 아이의 정서 발달에 큰 도움이 된다.

이처럼 가정은 신뢰, 정직, 책임감 같은 미덕을 가르치고 배우는, 인성의 가장 근원적 요람이다. 가정은 사랑을 주고받는 기초적 능력과 관계의 기술을 학습하는 곳이다. 올바르게 사회생활을 할 수 있는 인간이 되려면 이 가정이라는 울타리 안에서 제대로 된 훈련을 받아야 한다. 이런 의미에서 볼 때 가정은 한 인간이 사회로 진출하기 위한 디딤돌이라 할 수 있다. 가정은 인간이 최초로 사회화를 경험하는 장이며, 인격 형성의 기틀을 마련하는 곳이다. 어린이는 가정에서 부모의 언행을 모방한다. 어린이는 가정에서 말을 배우고 인간관계를 배운다. 그러므로 가정은 어린이들에게 최초의 학교인 셈이다.

이혼, 별거, 사별, 질병 등의 위기 상황으로 가정이 붕괴되면 가장 큰 타격을 받는 것은 자녀들이다. 위기 가정에서 문제아가 성장한다. 부모의 이혼이나 사망, 가정불화, 가정폭력, 알코올중독으로 자녀가 경험하는 상처는 청소년기에 부정적 영향을 미칠 수밖에 없다. 결손가정, 한부모가정, 이혼 가정의 부모는 정상적 가정보다 10배 이상 자녀의 정서 발달과 인성 발달에 신경을 써야 한다. 가족치료 전문가들은 자녀의 방황은 결과적으로 부모의 책임이라고 강조한다. 애정결핍, 우울감, 불안정, 무기력증 같은 부정적 정서는 잠재되어 있다가 특정 사건이나 문제가 발생하면 성인이 된 후 갑자기 돌발적 행동으로 나타날 수 있다.

무엇보다 중요한 부모의 책임은 좋은 부부관계를 보여주는 것이다. 부모의 삶은 자녀의 거울이 된다. 자녀들은 부모의 지능, 성격, 외모, 기질뿐 아니라 생활방식, 가치관, 세계관 같은 정서적 요소도 고스란히 닮는다. 가끔씩 부부간에 의견이 충돌하면 대화로 조곤조곤 배우자에게 생각을 전달하고 서로 타협할 줄 알아야 한다. 당사자끼리 대화하지 않으면 오해가 쌓인다. 이러한 오해는 마음의 문을 닫게 하고, 서로의 신뢰를 무너뜨린다. 생각이 통하고, 가치관이 맞고, 생활습관이 맞는 부부는 흔하지 않기에 서로 다른 부분을 타협하고 맞추어가려고 노력하는 모습이 중요하다.

아이들에게 부모는 우주이고 안식처다. 서울대에 백번 합격하는 것보다 더 큰 행운은 좋은 양육태도와 양육방식을 가진 부모에게 양육받고 평탄하게 성장해 자신의 적성과 재능에 맞추어 미래의 직업과 꿈을 찾아가는 삶이다. 어떻게 하면 자녀를 잘 양육할 수 있을까? 이는 부모가 평생 짊어지고 갈 숙명이다. 아버지는 자녀가 부성애를 느끼도록 방향성을 잡고, 어머니는 모성애를 느끼면서 성장하도록 양육의 역할을 분담하는 것이 좋다. 부모 외에 자녀교육을 대신할 수 있는 존재는 지구상에 아무도 없다. 어린 시절 아버지가 엄마에게 소리를 지르고 공포 분위기를 조성하는 모습을 보면서 성장한 지인은 성인이 되어서도 아버지와 용모가 비슷한 어른을 보는 순간 가슴이 쪼그라들 정도로 놀란다고 한다. 어린 시절 기억이 성인이 되어서도 머릿속에 부정적 이미지로 박혀 트라우마로 남는 것이다.

자녀들과 대화할 때 소리지르고 화를 내지는 않았는지, 남과 비교하며 구박하고 꾸짖진 않았는지 무심결에 내뱉는 언어 습관부터 스스로 점검해야 한다. 부모로서 내가 아이들에게 미친 부정적 영향이 무엇이었는지 성찰하고 개선해야 자녀의 상태도 변화된다. 자연스럽게 학교에서 겪었던 일을 털어놓고 재잘재잘 이야기하는 아이가 정서가 건강한 아이다.

필자는 '밥상머리교육'을 권유하고 싶다. 이는 식사시간에 온 가족이 모여 대화하며 하루 일과를 묻고, 부모는 자녀의 이야기를 재미있게 듣는 교육방식이다. 즐거운 가족식사는 부모와 자녀가 유대감을 형성할 기회를 제공하며, 자녀는 그 속에서 진정한 배움을 얻을 수 있다.

조선 시대에도 사대부들은 밥상에서 자녀교육을 했다. 《규합총서》에는 상을 차린 정성을 헤아려야 한다, 음식을 좋은 약으로 여기고 섭취해야 한다, 과하게 먹고 싶은 마음을 절제해야 한다 등의 내용이 실려 있다. 어른이 수저를 들기 전에 먼저 먹지 않기, 식사하며 딴짓하지 않기, 반찬 투정 하지 않기 등 기본 예절을 자연스럽게 체득했던 것이다. 이처럼 가정에서는 식사시간이 대화를 통해 바른 인성을 지도하고, 식사 예절을 배우고 가르치며, 가족 간에 서로를 위하고 덕담을 나누면서 정을 쌓는 시간이 되어야 한다.

이러한 밥상머리교육은 식사 예절을 부활시키고 가족 간의 유대감을 확인하는 인성교육의 장이 되어야 한다. 정상적 가정에서 부모에게 인성교육을 잘 받아야 사회에 진출해도 책임감 있는 구성원으로서 인정받는다. 부모는 자녀에게 도덕적 가치관, 균형 잡힌 사고력과 판단력, 양심과 준법의식, 올바른 생활방식을 전수해서 건강한 사회인으로 배출해야 할 의무와 책임이 있다. 건강한 가정에서 건강한 사회가 만들어지고, 건강한 사회가 존재해야 건강한 국가가 만들어지기 때문이다.

어떻게 해야 자녀와 더 가깝고 친밀한 관계가 될 수 있을까? 자녀가 학교에서 일어난 일이나 같은 반 친구들과 있었던 소소한 일들을 저녁 식사 자리에서 얘기하게끔 만들어야 한다. 부모가 자녀와 개방적 의사소통을 하는 다문화가정 자녀들은 당연히 친구관계에서도 갈등이 적고 만족감이 높다. 자녀와 아버지의 대화시간이 많고 학부모 역할이 긍정적인 다문화가정일수록 자녀의 자아존중감이 높아지고, 매개변수인 자아존중감이 높아질수록 학교에 잘 적응한다. 부모와 자녀의 대화가 많고 친밀성이 높으면 자녀들도 환경적 결핍이나 역경 속에서도 돌파력과 적응력이 높아진다.

경제적으로 어려운 저소득층 다문화가정이라도 부모가 자녀에게 많은 관심을 갖고 잘 양육하려 노력한다면 자녀의 심리적 안정 수준은 높아진다. 돈이 없어서 자녀와 대화하지 못하는 것이 아니다. 관심이 없어서 자녀와 대화하지 않는 생활방식이 문제인 것이다. 자녀가 문제를 일으키고 나서는 후회해도 이미 늦었다. 비뚤어진 자녀를 정상 상태로 변화시키려면 부모의 피눈

물과 사랑으로 다시 회복시키려는 노력이 필요하다. 아이들에게 부모는 자신의 모습이 투영된 거울이다. 부모의 생각, 생활 방식, 가치관, 정서와 심리까지 아이들은 부모를 쏙 빼닮는다.

자녀의 우울증과
무기력증을 치유하라

—— 가정은 성장기 청소년에게 아주 중요하고 사회화의 1차적 기능을 담당하는 환경이다. 따라서 가정에서는 부모의 역할이 매우 크다. 건강하고 행복한 가정에서 성장한 청소년들은 혼란과 변화의 시기인 청소년기를 잘 극복할 가능성이 높다. 그러나 가정폭력, 알코올중독, 도박, 빈곤 등에 둘러싸인 역기능적 환경에서 성장한 청소년들은 청소년기의 위기에 바람직하게 대처하지 못하고 약물중독을 비롯한 부적응적 행동에 빠져들기 쉽다. 청소년기는 어느 때보다 스트레스를 경험할 가능성이 높은 독특한 성격을 지닌 시기다. 아동기에서 성인기로 넘어가는 과도기에 청소년들은 심리적·신체적·생리적·인지적 변화를 경험하면서 '나는 누구인가?' 하는 식으로 자아 정체감을 고민하게 된다.

이때 자칫 빠지기 쉬운 우울증과 무기력증은 영혼을 갉아먹는 무서운 질병이다. 통계에 따르면 일반고에서 부적응으로 자퇴하는 전체 학생(4,140명) 중 학습부진, 무동기, 무의욕적 태도 등 학업 관련 부적응으로 자퇴하는 학생은 1,973명인데 이는 전체 학생의 약 47.7%를 차지할 정도로 심각한 문제다. 특히 학교생활에 적응하지 못하고 자퇴하는 학생들 가운데는 부모의 재혼으로 엄마를 따라 한국에 입국한 중도 입학 다문화가정 학생들이 많은 편이다. 중도 입학 학생들은 모국에서 사용하던 언어 대신 한국어를 익혀야 하는데, 한국 학생들의 수준을 따라잡기 어려워서 방황하다가 도중에 중고등학교 학업을 포기하는 것이다.

필자의 지인을 통해서 접한 다문화가정 자녀의 이야기 중에서 가장 가슴이 아팠던 일화를 소개하고자 한다. 전남 농촌 지역에 사는 한국-베트남 가정 이야기다. 아이의 아버지는 가난 때문에 초등학교만 졸업했다. 그는 소작농을 해서 번 돈으로 땅을 사서 벼농사를 짓고, 농촌진흥청의 연수를 받아 특용작물을 심어 자수성가했다. 워낙 성실하고 검소했기에 소작농에서 혼자 힘으로 대규모 농업을 이루고 성공한 농부가 된 것이다.

돈을 버느라 결혼 시기를 놓친 그는 베트남 처녀와 중매로 결혼해 아들 둘을 낳았다. 항상 학벌 콤플렉스에 시달린 그는 자녀 교육에 매우 열성적이었다. 문제는 아버지의 기대와는 달리 공부에 흥미와 소질이 없는 큰아들과 아버지의 갈등이 매우 심했다는 것이다. 아들이 대학입시에 실패하자 그는 서울의 유명 재수학원에 보내 수능시험을 준비시켰다. 그러던 어느 날 학원 스케줄대로 열심히 공부하리라 믿었던 아들이 고시원에서 싸늘한 시신으로 발견되었다는 경찰의 연락을 받았다. 그의 아들은 "공부만 강요하는 세상이 싫다"는 유서를 남기고 세상을 떠난 것이다. 아들의 죽음에 큰 충격을 받은 그는 식음을 전폐하고 모든 일에 손을 놓은 채 시름시름 앓다가 암에 걸렸다.

부부간 갈등의 골은 깊어져서 아이의 엄마는 작은아들을 데리고 베트남에 있는 친정에 가서 고등학교에 입학시켰다. 한국의 입시경쟁 속에서 아이를 기를 수 없다고 생각하고 결단을 내린 것이다. 부모의 지나친 학벌 콤플렉스와 공부 강요, 자식의 반항이 해결책을 찾지 못해서 벌어진 비극이었던 셈이다. 부모와 자식이 흉금을 터놓고 대화하며 서로를 이해하려고 노력했다면 이런 비극은 발생하지 않았을 것이다. 공부 외에 운동이든, 컴퓨터든, 농사일이든 아이가 재미있게 할 수 있는 일이나 재능을 찾아주려고 했다면 이런 비극은 발생하지 않았을지도 모른다.

부모가 생각을 바꾸면 아이가 원하는 길, 재능을 발휘할 길은 얼마든지 찾을 수 있다. 그 재능에 맞춰 진로를 찾아주려고 노력하는 것도 부모의 몫이다. 자녀를 기르면서 부모는 많은 것을 내려놓고 포기해야 한다. 공부에 한이 맺혀 달달 볶아도 아이에게 공부하려는 동기, 의지, 결단이 없다면 사교육으로 뒷바라지를 해봤자 소용이 없다. 한국처럼 다양성과 선택이 결여된 사회에서 쉽지는 않겠지만 필자는 아이의 인생을, 아이의 선택을 존중하라고 권유하고 싶다.

자녀가 심리적으로 급변하는 사춘기 시기는 초등학교 4학년부터 시작되어 중학교 2학년 때 정점을 기록하고 고등학교 때까지 이어진다. 특히 중학교 2학년 시기에 몰아치는 '중2병'은 어느 누구나 예외 없이 넘어야 할 관문이다. 중학생이 되면 아이들은 심리적으로 급격하게 변한다. 평소에 순하던 아이도 갑자기 성격이 바뀐다. 오죽하면 질풍노도의 사춘기를 풍자해 김정은이 대한민국 중학교 2학년 때문에 쳐들어오지 못한다는 우스갯소리까지 나왔겠는가? 청소년기에 방황하지 않도록, 방황을 해도 잘 극복하도록 부모는 섬세하게 심리적·정서적·환경적 부분을 살펴야 한다. 중2병 시기를 잘 넘기지 못하면 공부의 끈을 놓은 채 심한 방황을 하고, 학습결손이 나타나는 것은 물론 부모와의 관계도 악화된다. 그러므로 평소에 자녀와 많이 대화하고 소통하는 습관을 만들어야 한다.

특히 다문화가정 청소년의 심리사회적 부적응에 영향을 미치는 요인은 부모의 양육행동, 경제 수준, 차별 경험이다.[1] 심리적 측면에서 청소년의 자아존중감에 가장 중요한 영향을 미치는 가족관계 요인은 부모다.[2] 부모의 사랑과 관심을 많이 받으며 성장

---

[1] 신지혜, 〈국제결혼이주여성 자녀와 일반 아동의 심리사회적 적응 비교연구〉(이화여자대학교 석사학위논문, 2008), 42~45.

[2] 김지혜, 〈중고등학령기의 다문화가정 청소년의 자아존중감 연구〉, 《한국글로벌문화학회지》 2(2)(2012), 72~100.

한 아이들은 자아존중감이 높게 발달한다. 다문화가정 청소년의 자아존중감과 심리적 안정에 직접적 영향을 미치는 요인도 부모다. 부모가 자녀에 무관심했을 때 자녀들은 낮은 수준의 자아존중감을 보인다. 아버지와 밀접한 관계인 청소년은 일반적 관계인 청소년보다 자아존중감이 높다. 부모, 가족과 개방적 의사소통을 하는 청소년은 친구관계에서 갈등이 적고 만족감이 높다.[3] 자아존중감을 경험한 사람은 타인과 공동체의식을 갖게 되고 사랑을 나눌 수 있다. 또한 서로 관심을 갖고 상호 의존적 관계를 형성한다. 더 나아가 이들은 자신이 가치 있고 장점이 많다는 사실을 바탕으로 남에게 도움을 줄 수 있다.

다문화가정 청소년들이 다양한 문제점에 노출되거나 학교생활에 부적응 증세를 보이는 것은 자녀 자신의 문제가 아니라 부모에게서 파생된 문제라는 점을 기억하자.

연령별로 구분하면, 고등학교 학령기인 15~17세 다문화가정 자녀들이 가장 높게(26.3%) 우울감을 느끼는 것으로 나타났다(최윤정 외, 2018:567). 학교 재학 여부별로는 재학 중인 다문화가정 자녀보다 학교에 다니지 않는 자녀의 경우 일상의 슬픔이나 절망감 지속을 경험한 비율이 21.4%였는데, 학교에 다니는 다문화가정 자녀(18.6%)보다 2.8%p 더 높은 비율이다. 성장 배경별로

---

3 하지원, 〈아동이 지각한 가족관계 및 정서 조절 능력이 친구 간 갈등 해결 전략에 미치는 영향〉(숙명여자대학교 석사학위논문, 2004), 16.

는 외국에서 주로 성장한(25.7%) 자녀가 2주 이상 슬픔이나 절망을 경험한 경우가 가장 많고, 그다음은 외국 거주 경험이 있는 (21.4%) 자녀, 국내 성장(17.9%) 자녀 순서였다. 연령별로는 9∼11세부터 자아존중감이 낮아지기 시작해서 15∼17세 무렵 다문화가정 아동과 청소년의 자아존중감은 가장 낮은 상태를 보인다. 가구 소득이 높을수록 자아존중감은 높게 나타난다(최윤정 외, 2018: 570). 이처럼 경제 소득과 다문화가정 자녀의 자아존중감은 상호 연관성이 높다.

그렇다면 다문화가정 청소년들의 자아존중감을 향상시킬 방법은 무엇일까? 첫째, 낮은 자아존중감의 원인을 정확하게 파악하는 것이다. 막연히 자신감을 가지라고 격려하는 것은 효율적이지 못하므로 원인을 이해하도록 도와야 한다. 둘째, 되도록이면 많은 정서적 지지와 사회적 인정을 제공해야 한다. 셋째, 성취동기와 자기효능감을 자극해야 한다. 어렵고 힘든 과제를 성실하게 수행하고자 하는 열망이나 의지가 충족될 때 자연스럽게 자신감이 향상되며, 자신이 어떤 일을 훌륭하게 해낼 수 있다는 개인적 신념이 강화될 때 자아존중감을 높일 수 있다. 넷째, 곤란한 문제에 직면했을 때 자신에 대해 좋은 느낌을 가지면 현실적으로 대응하는 데 도움이 된다.

문제아는 대부분 문제 부모, 문제 가정에서 만들어진다. 부부 갈등에서 파생된 정서적 파괴는 자녀의 영혼을 파괴한다는 사실을 기억해야 한다. 그만큼 부모의 역할과 책임은 막중하다. 문제아가 된 자녀를 탓하기 전에 부모로서 올바른 양육자로 살았는지 되돌아보고, 진심으로 마음의 문을 열어 자녀와 대화하고 그 상처를 보듬어야 한다. 가정에서 엇나간 자녀를 부모와 형제가 품지 못하면 문제아로 돌변한 자녀를 되돌릴 방법이 없다. 요즘 아이들은 부모 세대보다 상대적 불평등, 경제적 불평등, 사회적 양극화 때문에 더 많은 결핍감을 느낀다. 결핍을 채울 수 있는 것은 오로지 부모의 사랑 그리고 선생님, 친구, 주변 사람들, 교육복지단체로 대표되는 사회적 자본의 관심과 사랑, 격려뿐이다.

회복탄력성이 높은 자녀가
위기에도 강하다

—— 다문화가정 청소년과 일반 청소년을 비교하면 '자아탄력성' 수준에 차이가 있다는 관점이 우세하다. 역경을 겪고 밑바닥까지 떨어졌다가 살아남은 사람들의 공통점을 살펴보면 그들이 원래보다 더 높은 곳까지 올라갔다는 점을 발견할 수 있다. 지속적 발전을 달성하거나 커다란 성취를 이룬 개인이나 조직은 반드시 실패나 역경을 딛고 일어섰다는 공통점이 있다. 각자는 자신이 경험한 불행한 사건이나 역경에 어떤 의미를 부여하느냐에 따라 불행해지기도, 행복해지기도 한다. 따라서 자녀에게 세상일을 긍정적 방식으로 받아들이도록 사고하는 습관을 길러주면 회복탄력성이 놀랍도록 향상된다.

회복탄력성이란 크고 작은 다양한 역경이나 시련과 실패를 오히려 도약의 발판으로 삼아 더 높이 튀어 오르도록 하는 마음의 근력을 말한다. 즉 인생의 바닥에서 치고 올라오는 힘, 밑바닥까지 떨어져도 꿋꿋하게 다시 스프링처럼 튀어 오르려는 마음의 근력을 뜻한다. 회복탄력성이 높은 청소년은 더 적극적으로 문제에 접근해 해결하려는 경향이 있다.[1]

회복탄력성이 높을수록 학교생활에 관심이 높고 학업능력이 뛰어나며 학교 규칙을 잘 지킨다. 회복탄력성과 또래관계가 증가할수록 교사와 학생 간의 긍정적인 관계가 증가하고 회복탄력성의 하위 요소인 사회성은 유의한 영향을 미친다.[2] 회복탄력성이 높을수록 문제행동은 적어지고 불안에 대한 민감성은 낮아지며 삶에 긍정적 참여를 가능하게 한다.[3] 극소수이기는 하나 환경적 결핍이나 역경에 노출된 청소년들 중에서 정서적 문제나 심리적 장애를 겪지 않고 불굴의 의지로 역경을 극복해 인재로 성장한 청소년들이 있다. 그 이유는 회복탄력성이 높으면 우울증이 낮게 나타나기 때문이다.[4] 자아탄력성은 맞벌이, 빈곤 가정, 결손가정, 다문화가정 등 열악한 주거환경과 주변환경의 스트레스를 받는 아동과 청소년의 적응을 위한 보호 요인이다. 관건은 다문화가정의 부모가 자녀를 사랑하고 자존감을 키워주는 것이

---

1 권지은, 《부모 및 또래애착, 문제 해결방식과 자아탄력성의 관계》(상지대학교 석사학위논문, 2002), 13, 27.

2 권양현, 《고등학생이 지각하는 회복탄력성과 또래관계가 교사관계에 미치는 영향》(국민대학교 석사학위논문, 2018), 14.

3 박새와, 《청소년의 문제행동에 영향을 미치는 일상적 스트레스와 자아탄력성, 희망감 및 사회적 지지의 관계》(이화여자대학교 석사학위논문, 2012), 21.

4 회복탄력성에는 자기 조절 능력, 대인관계 능력, 증정성이 있다. 현은민·박혜영, 〈시설 보호 아동, 청소년의 자아탄력성과 사회적 적응에 관한 연구〉, 《한국가정관리학회지》 23(1)(2003), 19~29.

다. 무한한 사랑으로 자녀를 길러야 자녀가 자존감과 자신감을 갖고 성장한다. 문제 있는 자녀를 살펴보면, 반드시 심리적·정서적 요인이 있다.

다문화가정 청소년의 고민은 무엇일까? 한국여성정책연구원 (2018: 578)의 조사에 따르면, "고민이 있다"고 응답한 86.1%의 다문화가족 자녀 중에서 13세 이상 다문화가족 자녀가 가진 가장 큰 고민은 진로(48.2%)와 관련된 것으로, 학업 성적과 진로 문제는 한국의 모든 청소년의 공통된 고민거리다(최윤정 외, 2018: 577). 흥미로운 부분은 다문화가정 청소년의 고민 4순위가 용돈 부족이란 점이다. 이는 다문화 청소년들의 고민이 경제 문제와 맞물려 있음을 의미한다.

연령별로 보면 초등학교 고학년 학령기인 9~11세 다문화가

【그림 1-2】 13세 이상 다문화가족 자녀의 고민 유형(복수 응답)

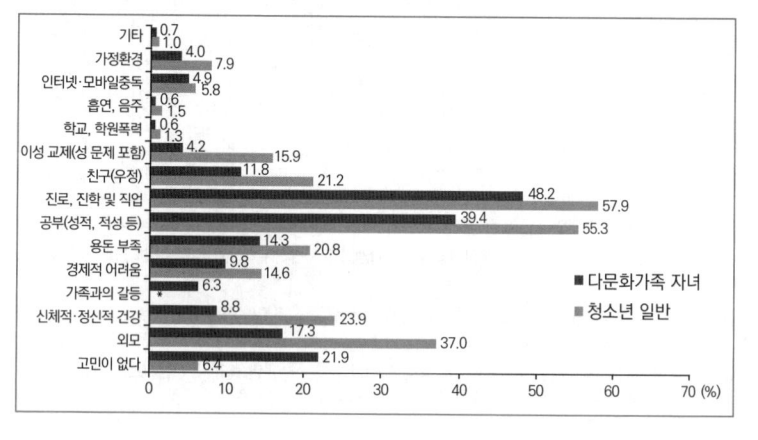

　　　　　　　　　　　다문화가정의 교육전략은 따로 있다

정 청소년의 가장 큰 고민은 친구관계나 우정 문제라는 응답이 32.0%, 가정환경(부모의 싸움 등)이라는 응답이 15.3%, 인터넷, 모바일중독(채팅, 게임)이라는 응답이 13.9%였다. 중학교 학령기인 12~14세의 가장 큰 고민은 공부와 성적, 적성 등(58.5%)이었고, 외모(34.9%)와 부모, 형제 등 가족과의 갈등(22.2%)에 대한 고민도 컸다. 고등학교 학령기인 15~17세 다문화가정 자녀의 가장 큰 고민은 진로, 진학 및 직업, 직업 선택, 보수 등(62.6%)이 가장 많았고, 공부, 성적, 적성 등의 고민(55.4%)이 나타났다. 18세 이상 다문화가정 자녀에게 가장 큰 고민은 진로, 진학 및 직업 문제(66.1%)였고, 학비 납부 같은 경제적 어려움(31.2%)도 비교적 높았다(최윤정 외, 2018: 572).

13세 이상 다문화가족 자녀들에게 고민이 있을 때 주로 누구와 상담하거나 대화하는지 살펴보면 친구와 대화하는 비율이 33.2%로 가장 높았고, 그다음은 어머니(30.1%), 스스로 해결하는 경우 15.0%, 아버지와 대화해서 해결하는 경우 8.2% 순서였다(최윤정 외, 2018:579). 일반 청소년은 고민이 있을 때 주로 대화하는 상대가 친구라고 응답한 비율이 절반에 가까운 49.1%에 달하는 데 비해서 다문화가족 자녀는 33.2%에 불과하다는 점이 특이하다.

다문화가정의 부모는 쓰러져도 오뚝이처럼 다시 일어나는 마음의 근력을 자녀들에게 키워주어야 한다. 다시 말해 실패를 두려워하지 않는 근성, 모험을 두려워하지 않는 도전정신을 길러주라는 의미다. 그러려면 자녀가 불안심리와 공포심리를 벗어던지고 항상 평정심을 잃지 않도록 중심을 잡아주며, 속마음을 털어놓고 자녀와 허심탄회하게 대화하는 습관을 가져야 한다. 부모와 많은 대화를 하는 자녀는 성숙해진다. 부모와 자녀가 서로 대화를 기피하고 냉랭하게 살아가면 성인기가 되어도 부모와 자녀 사이에 정이 없고 관계성이 약하다.

필자는 현대사회처럼 급격한 환경 변화 속에서 다문화가정 자녀들이 사회에 잘 적응하고, 조화와 균형을 이루어 자신의 능력을 발휘하려면 개인적 변인인 자아탄력성을 길러야 한다는 점을 강조하고 싶다. 자아탄력성은 학교생활 적응에 더 영향을 미친다는 사실을 기억하자(이신숙, 2013: 88~93). 부부 갈등, 학대, 빈곤이나 결손가정 등 열악한 가정환경이 자아탄력성에 부정적 영향을 준다는 사실[5] 또한 기억하자. 다문화가정의 부모는 아이가 자신을 사랑하고, 자신의 인생을 긍정적으로 바라보며 미래를 준비하도록 용기와 희망을 주어야 한다. 다문화가정 부모들은 자녀들이 차별, 심리적 위축감, 우울감, 무기력증을 극복할 수 있도록 무한긍정의 마음과 자신감을 부여하고, 무엇을 하든지 지켜보면서 응원하는 마인드를 가져야 한다. 아울러 사회제도적으로는 다문화가정 자녀의 심리적 측면에 대한 세심한 멘토링

---

5 한현아, 《가정의 위험 요인, 청소년의 자아탄력성 및 또래관계의 질이 청소년 문제행동에 미치는 영향》(이화여자대학교 석사학위논문, 2007), 9.

다문화가정의 교육전략은 따로 있다

과 상담, 치료가 필요하다. 멘토링 프로그램을 통해 멘티는 멘토
와 건전한 만남을 갖고, 함께하는 문화활동을 통해 한국어와 한
국문화에 긍정적으로 적응할 수 있으며, 자아존중감과 대인관계
능력을 향상시킬 수 있을 것이다.

part

II

사교육과 교육격차,
그리고 사회적 불평등

한국의
사교육 현황

—— 한국전쟁 후 경제개발 과정에서 한국사회를 이끈 장년 세대, 베이비붐으로 출생한 58년 개띠 세대들은 헝그리 정신이 통용되던 시대를 살았다. 그러나 1988년 서울올림픽 이후 출생한 사람들은 경제성장의 과실을 먹고 풍요롭게 성장한 세대다. 이들은 부모 세대의 경제력과 입시정보를 바탕으로 자녀의 사교육에 집중 투자한다. 한국인의 삶과 생애주기에서 가장 중요한 시점은 자녀교육기일 것이다. 한국은 1990년대까지는 소득 불평등이 심하지 않은 편이었다. 1990년대에 중고등교육을 받은 아들 세대들(2015년 현재 평균 40세)에게는 아버지 소득의 영향력도 낮았다.[1] 1997년 외환위기를 기점으로 한국사회의 교육격차가 심각해졌고, 이후부터 소득 불평등 문제는 더욱 심화되었다. 2008

---

1 김희삼, 〈사회이동성 복원을 위한 교육정책의 방향〉, 《KDI Focus》 통권 제54호(서울 : KDI, 2015), 4.

년 글로벌 금융위기를 경험하면서 출산 기피의 한 원인이 될 정도로 사교육 경쟁이 극심해졌다.

한국의 교육 시스템은 공교육과 사교육으로 구분된다. 특히 한국은 다른 OECD 국가에 비해 사교육 의존도가 매우 높은 나라다. 한국 부모의 교육열은 전 세계에서도 유명하다. 자녀를 명문대에 보내려면 세 가지가 필수라는 우스갯소리가 있다. 바로 할아버지의 재력, 엄마의 정보력, 아빠의 무관심이다. 그만큼 경제력과 정보력이 자녀의 명문대 진학에 필수 요소라는 의미다. 한국인 특유의 자식 사랑에 모든 것을 퍼붓는 부모의 심리를 영악하게 활용하는 신종산업이 한국의 입시교육 시장이다.

한국은 지구촌에서 유래를 찾아볼 수 없을 만큼 거대한 사교육 왕국이다. 한국의 학원 1번지 강남구 대치동은 기초부터 최상위층 과정까지 맞춤형 사교육을 제공한다. 진보든, 보수든 진영을 막론하고 자녀의 교육 문제에는 배운 부모, 부자 부모, 사회적 지도층이 더 몰입하는 경향이 높다. 강남 3구의 학부모들은 자녀의 SKY 진학, 양질의 정규직 취업으로 간주되는 대기업 취직, 고시 합격, 의대 진학 등을 목표로 대학입시에 집중한다. 그러다 보니 한국의 사교육 시장은 날로 팽창만 할 뿐 도무지 줄어들 기미가 보이지 않는다. 한국의 사교육 시장은 이미 끝을 모른 채 '황금알을 낳는 거위'가 되었다.

사교육은 부모의 경제력이 자녀의 학력과 경제력으로 세습되는 핵심 통로라는 비판을 받는다.[2] 사교육이 문제가 되는 이유는 가정의 사회경제적 지위가 높을수록 더 많은 사교육비 지출을 통해 교육기회 획득에 유리한 위치를 점하고, 결과적으로 가정의 사회경제적 지위가 낮을수록 피해를 볼 수밖에 없기 때문이다.[3] 사교육비란 초중고 학생들이 학교의 정규교육 과정 이외에 학교 밖에서 보충교육을 받기 위해 개인적으로 부담하는 개인·그룹 과외비, 학원비, 학습지, 인터넷·통신강좌비를 통칭한다.

2017년 〈청소년 종합 실태조사〉에 따르면, 한국 청소년 일반의 사교육 경험률은 82.9%로 다문화가정 자녀보다 10%p가량 높은 것으로 나타났으며, 연령층이 높아질수록 사교육 경험률에서의 격차가 커지는 양상을 보인다(최윤정 외, 2018: 553). 표 2-1에서 2018년 사교육비 총액은 약 19조 5,000억원으로 전년도 사교육비 총액 18조 7,000억원에 비해 8,000억원(4.4%) 증가했다.[4] 전체 학생 수가 2.5%나 감소했음에도 사교육 참여율 및 참여시간(주당 6.2시간)은 증가한 것이다. 사교육을 거부하는 소신파 학부모, 스스로 자기주도학습을 하는 학생, 경제적으로 어려워서 사교육을 받을 수 없는 저소득층 가정의 자녀를 제외하고 대한민국 초중고생의

2 박현정·상경아·강주연, 〈사교육이 중학생의 학업성취에 미치는 효과〉, 《교육평가연구》 제21집 제4호(2008), 107~127.

3 류정순, 〈계층 간 사교육비 지출 불평등의 시계열 분석〉, 《한국사회정책》 제5집 제1호(1998), 194~229.

4 통계청 사회통계국 사회기획과, 〈2018년 초중고 사교육비 조사결과〉, 《보도자료》(대전 : 통계청, 2019. 3. 11), 1; 교육인적자원부, 〈2018년 초중고 사교육비 조사결과 발표〉, 《보도자료》(세종 : 교육인적자원부, 2019. 3. 13), 4.

72.8%가 평균 6.2시간의 사교육을 받고 있다.

학교급별로 사교육비 총액을 살펴보면, 초등학교 8조 6,000억 원, 중학교 5조원, 고등학교 5조 9,000억원을 사교육비로 쏟아부은 셈이다. 2018년 초중고 학생 사교육 참여율은 72.8%로 전년 (71.2%) 대비 1.6%p 상승했다. 사교육비는 매년 지속적으로 증가 추세지만, 사교육 참여율은 초등학교 82.5%→중학교 69.6%→고등학교 58.5%로 낮아지고 있다. 학교급별로 보면 초등학생 26만 3,000원(↑1만원, 3.7%), 중학생 31만 2,000원(↑2만 1,000원, 7.1%), 고등학생 32만원(↑3만 6,000원, 12.8%)이었다.

[표 2-1] 학교급별 사교육비 총액

(통계청 사회통계국 사회기획과, 2019: 8)   단위: 조원, %

구분	2017년	2018년	전년 대비 증감률
전체	18조 6,703억원	19조 4,852억원	4.4%
초등학교	8조 1,311억원	8조 5,531억원	5.2%
중학교	4조 8,297억원	4조 9,972억원	3.5%
고등학교	5조 7,095억원	5조 9,348억원	3.9%

2019년도 교육부 통계를 근거로 사교육 참여 학생을 살펴보면, 학생 1인당 월평균 사교육비는 39만 9,000원으로 전년 38만 2,000원에 비해 1만 7,000원(4.6%) 증가했다(교육인적자원부, 2019. 3. 13:2). 학교급별로 사교육비 지출을 살펴보면, 고등학생 54만 9,000원, 중학생 44만 8,000원, 초등학생 31만 9,000원을 지출하고 있다. 초등학생이 사교육에 가장 많이 참여하는 이유는 자녀의 교육에 대한 부

모의 기대심리가 반영되어 학습의 기초를 다지고자 재능교육이
나 예체능교육에 집중 투자하기 때문이다. 고소득 부모는 외고·
국제고, 과학·영재고, 자사고 입학을 위해서 초등학교 상위반부
터 선행학습에 시간과 노력, 경제력을 투자한다. 그러나 통계청
의 조사결과는 공식적 수치에 불과할 뿐, 실제 서울 강남 3구(강
남구, 서초구, 송파구) 출신 학생들의 사교육비는 월 1,000만원을 넘
는 경우도 있다. 모의고사에서 고득점하고, 수능 성적 1등급을
받기 위해서는 완벽할 정도로 교과목을 공부해야 하고 특목고,
자사고, 일반고 상위권의 내신경쟁도 치열하기 때문이다.

표 2-2에 나타난 것처럼 전체 학생의 일반 교과 과목별 사교육
비를 살펴보면, 국어는 2만 1,000원, 영어는 8만 5,000원, 수학은
8만 3,000원을 지출했다.

[표 2-2] 과목별 학생 1인당 월평균 사교육비

(통계청 사회통계국 사회기획과, 2019 : 10) 단위: 만원, %

구분	전체 학생							사교육 참여 학생						
	전체	일반교과	국어	영어	수학	사회·과학	예체능및취미·교양	전체	일반교과	국어	영어	수학	사회·과학	예체능및취미·교양
2017년	27.2	19.8	1.8	7.9	7.8	1.1	7.2	38.2	37.9	9.7	19.9	18.1	9.6	17.4
2018년	29.1	21.3	2.1	8.5	8.3	1.2	7.6	39.9	39.8	10.4	20.7	18.7	10.3	17.8
전년대비	7.0	7.6	12.9	7.2	5.5	7.0	5.8	4.6	5.1	7.7	4.2	3.3	7.0	2.3
초등학교	26.3	15.5	1.5	7.0	4.5	0.8	10.8	31.9	28.1	5.9	17.3	10.4	6.3	16.2
중학교	31.2	27.4	1.6	11.2	12.0	1.5	3.7	44.8	46.2	11.3	21.8	22.1	11.4	15.1
고등학교	32.1	26.2	3.5	8.7	11.8	1.5	5.2	54.9	57.6	21.9	26.7	31.0	20.2	33.1

이와는 달리 사교육에 참여하는 학생의 일반 교과 과목별 사교육비는 국어 10만 4,000원을 지출해 전년 대비 7천원(7.7%) 증가했지만, 영어는 20만 7,000원을 지출해 8,000원(4.2%) 증가했고, 수학은 18만 7,000원을 지출해 6,000원(3.3%) 증가했다. 예체능 및 취미·교양은 17만 8,000원(↑4,000원, 2.3%)을 지출했으며, 음악 2만 4,000원(전년 수준), 미술 1만 3,000원(↑2,000천원, 13.3%), 체육 3만 1,000원(↑2천원, 8.3%)을 지출한 것으로 나타났다.

통계청(2019: 11)이 사교육에 참여한 학생을 조사한 결과에 따르면, 학원 수강(38만 5천원)이 가장 많고, 개인 과외(32만 8,000원), 그룹 과외(23만 5,000원), 인터넷 및 통신강좌(9만 7,000원) 순서로 나타났다. 주당 사교육 참여시간은 6.2시간으로 전년(6.1시간) 대비 0.1시간 증가했다. 학교급별로 사교육 참여시간을 살펴본 결과 초등학생 6.5시간(↓0.2시간), 중학생 6.5시간(↑0.2시간), 고등학생 5.3시간(↑0.4시간)으로 나타났다. 일반 교과는 4시간(↑0.1시간), 예체능 및 취미·교양은 2.2시간(↑0.1시간)으로 조사되었다.

한국사회에서 부모의 소득 수준이 높을수록 사교육비 지출이 증가하고 사교육 참여율도 증가한다는 사실은 이미 상식이 되었다. 학생 1인당 사교육비가 모든 소득계층에서 매년 증가하고 있다는 점을 통해 사교육비 비중이 가정경제에 큰 부담으로 작용하는 것을 알 수 있다. 교육인적자원부 조사(2019)에 따르면, 월평균 소득 수준의 차이에 따라 사교육비 지출 규모는 5배 정도

차이가 난다. 표 2-3을 살펴보면, 월평균 소득 800만원 이상 가
구는 월평균 사교육비로 50만 5천원을, 200만원 미만 가구는 9만
9천원을 지출하는 것으로 나타났다(교육인적자원부, 2019. 3. 13:6).

[표 2-3] 2018년 가구의 월평균 소득별 학생 1인당 월평균 사교육비(통계청)

단위: 만원

과목 및 유형	평균	200만원 미만	200~300만원 미만	300~400만원 미만	400~500만원 미만	500~600만원 미만	600~700만원 미만	700~800만원 미만	800만원 이상
대상 분포(%)	100.0	8.1	13.3	18.1	17.6	15.3	8.9	6.3	12.4
사교육비	29.1	9.9	15.6	22.2	27.9	32.9	37.3	42.2	50.5
일반 교과 사교육	21.3	6.1	10.4	15.2	20.4	24.6	27.7	32.0	38.9
국어	2.1	0.7	1.2	1.6	1.8	2.3	2.5	3.0	4.0
영어	8.5	2.3	3.9	6.2	8.5	9.9	11.1	12.8	14.8
수학	8.3	2.4	4.3	5.9	8.0	9.7	10.8	12.3	14.8
사회·과학	1.2	0.3	0.5	0.8	1.0	1.2	1.4	1.8	2.5
한문·컴퓨터	0.4	0.2	0.2	0.3	0.4	0.4	0.5	0.5	0.9
논술	0.9	0.1	0.3	0.6	0.8	1.0	1.4	1.7	1.9
예체능 취미·교양 사교육	7.6	3.6	5.1	6.8	7.2	8.1	9.4	9.9	11.4
음악	2.4	1.0	1.5	1.9	2.3	2.6	3.2	3.7	4.0
미술	1.3	0.4	0.7	1.3	1.2	1.5	1.7	1.7	2.0
체육	3.1	1.7	2.2	3.0	3.0	3.2	3.6	3.7	4.3

월평균 소득 800만원 이상 가구의 사교육 참여율은 84.0%인 데
비해 월평균 소득 200만원 미만 가구의 참여율은 47.3%에 불과하
다는 점에서 부모의 월평균 소득이 높을수록 자녀의 사교육 참
여율이 높고, 부모의 소득 수준이 낮아질수록 자녀의 사교육 참

여율 또한 낮다는 사실을 확인할 수 있다. 이 조사결과는 부모의 소득과 자녀 사교육비의 상관관계를 극명하게 보여준다는 점에서 한국사회의 교육격차를 방증한다. 실제로 대치동 학원가에서 수강하거나 개인 과외를 받는 가정을 인터뷰하면, 서울 강남지역 고소득층과 지방 읍·면·동 지역 저소득층의 사교육비 지출규모는 10배 이상 차이가 날 것으로 보인다.

【그림 2-1】가구 소득 수준별 학생 1인당 월평균 사교육비 및 참여율

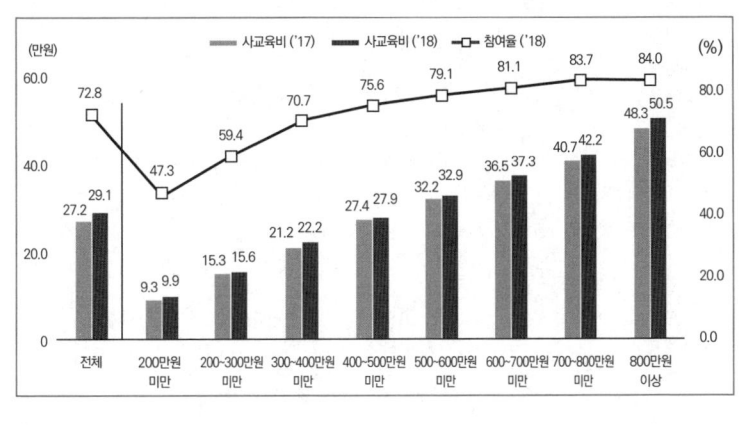

통계청(2019) 조사에서도 월평균 70만원 이상 지출한 학생 비중이 전년 대비 1.6%p 증가해 가장 큰 폭으로 증가했고, 월평균 60~70만원 미만은 0.6%p, 월평균 40~50만원 미만 및 월평균 50~60만원 미만은 0.3%p 순서로 나타났다(통계청 사회통계국, 2019: 12). 월평균 50만원 미만을 사교육비로 지출하는 학생은 전체 79%

를 차지하지만, 월평균 60만원 이상을 사교육비로 지출하는 경우
는 21%였다. 이같이 가구의 월평균 소득 수준이 높을수록 사교
육비 지출과 참여율이 높다. 이는 부모의 경제 수준에 따라 자녀
의 사교육에 대한 투자도 높아지고 대학 진학률에 영향을 미친
다는 사실을 의미한다.

　현재 한국사회에서 이 같은 사교육의 질주 광풍 현상은 도무지
가라앉을 기미가 보이지 않는다. 이러한 사교육 집중 현상은 전
세계에서 유례가 없을 정도다. 1997년 외환위기와 2008년 금융
위기를 경험한 한국의 부모들이 자녀에게 사교육을 시키는 데는
부모와 같은 소득 수준, 직업, 삶의 질을 물려주려는 목적이 강
하다. 그러나 사회적으로는 공교육의 역할과 기능이 이제 한계
에 다다른 것인지, 사교육이 학습성취에 어느 정도 기여하는지,
과연 사교육이 효과가 있는지 등 여러 부문에서 의문이 제기되
며 부모의 경제력과 사교육의 상관관계, 교육격차, 소득격차에
대해 많은 비판이 제기된다. 2019년을 살아가는 한국인들은 교육
격차에서 촉발된 불평등을 참을 수 없어 한다. 금수저 등의 말이
뜻하는 세습자본주의와 사회 양극화 현상에 대단히 비판적 관점
이 대두하는 현실이다.

사교육이 학업성취에
도움이 될까

—— 공부를 잘하고 싶다는 것은 한국 모든 청소년의 희망이다. 대한민국 모든 청소년이 가장 고민하는 부분은 학업 성적을 향상시킬 방법일 것이다. 한국 학부모들은 자녀교육, 특히 대학 진학에 지대한 관심을 갖고 사교육에 투자한다. 경제 소득 수준과 사교육 정도는 비례하며 고소득층 자녀일수록 사교육에 많이 투자한다는 것이 정설이다. 대한민국 학부모들이 자녀의 대학 진학에 열을 올리는 이유는 양질의 일자리, 즉 정규직 취업을 통해 자녀들이 중산층의 풍요로운 삶을 누리기 원하기 때문이다.

사교육이 학업성취에 기여하는지 여부는 중요한 사회적 쟁점이다.[1] 매년 증가하는 사교육비와 사교육 시장의 규모를 고려할 때 사교육이 학생의 학업 성적 향상에 과연 기여하는지 합리적

---

1 정익중, 〈초중고 사교육비의 사회계층적 예측 요인과 성적에 미치는 영향〉, 《한국아동복지학》 35(2011), 73~99.

다문화가정의 교육전략은 따로 있다

의문을 가져볼 만하다. 경기교육연구원(2017)은 우리나라 학생들의 학습시간이 사회경제적 배경에 따라 크게 차이가 나는 이유는 가계 소득과 사교육 시간이 비례하기 때문이라고 분석했다.[2]

학업에 투자하는 시간이 학업성취에 큰 영향을 끼친다는 연구 결과에 비추어볼 때, 사교육 학습시간이 학업성취에 영향을 줄 개연성은 충분하다.[3] 이와는 달리 사교육과 학업성취 사이에는 아무런 상관관계가 없거나 미미한 것으로 나타난다는 반론도 만만치 않다.[4] 다문화가정의 부모로서 사교육과 학업 성적의 상관관계는 관심의 대상이 될 수밖에 없다. 한국의 사교육은 대부분 가정형편이 좋거나 성적이 우수한 학생을 강화(enrichment)하는 방식이지만, 다른 나라 사교육은 성적이 낮은 학생들을 보강(remedial)하는 방식이라는 점에서 한국의 사교육은 변별성을 지닌다.

표 2-4를 살펴보면, 상위 10% 이내 학생의 사교육 참여율은 65.8%이고, 하위 20% 이내 학생의 사교육 참여율은 47.4%였다. 학교 성적 상위 10% 이내 고등학생의 1인당 월평균 사교육비는 38만 4,000원, 하위 20% 이내 학생은 21만 1,000원으로 나타났다. 자녀의 사교육에 관심을 가지고 꾸준히 사교육에 지출해본 한국인 누구라도 통계청의 조사결과가 사교육의 현실과는 거리가 멀

2 경기교육연구원, 《통계로 보는 오늘의 교육》 (수원 : 경기교육연구원, 2017).

3 김경근, 〈한국사회 교육격차의 실태 및 결정 요인〉, 《교육사회학연구》 15(3)(2005), 1~27.

4 김기헌, 〈청소년 사교육 이용실태 및 효과에 대한 종단 분석〉, 《한국청소년개발원 연구보고서》 (2007), 1~101.

고, 빙산의 일각을 보여주는 데 불과하다는 사실을 인식할 것이다. 사교육 천국인 한국에서 교육빈민으로 가장 소외된 계층은 저소득층, 한부모가정, 이혼이나 사별로 인한 결손가정, 저소득층 다문화가정 자녀들이다. 한국어가 서툴거나 교육정보에 소외된 결혼이주 여성과 남성의 자녀, 외국인 가정 자녀, 중도 입학 자녀, 탈북민은 한국 특유의 입시경쟁 시스템에서 철저하게 배제될 수밖에 없다. 다문화가정 자녀 역시 부모처럼 여러 가지 현실적 어려움을 극복해야 하는 상황이다.

【표 2-4】 성적 구간별 고등학생 1인당 월평균 사교육비 및 참여율

(통계청 사회통계국, 2019:15)

구분	사교육비			참여율		
	2017년	2018년	전년 대비 증감률	2017년	2018년	전년 대비 증감률
전체	28.5	32.1	12.8	55.9	58.5	2.6
상위 10% 이내	34.6	38.4	11.1	63.4	65.8	2.4
11~30%	33.4	38.7	15.9	62.3	64.9	2.6
31~60%	30.0	34.8	15.9	57.1	61.0	3.9
61~80%	26.2	29.0	10.6	53.1	55.5	2.3
81~100%	20.3	21.1	4.2	46.4	47.4	1.0

* 고등학생의 사교육비 및 참여율만 집계함(2018년부터 고등학생만 성적 조사)

사교육비는 가계경제에 큰 부담을 주고 노후 대비를 막는 주요 원인이다. 2019년 교육부는 학원 및 보습교육 물가 상승률(2.0%)이 전체 소비자물가 상승률(1.5%)을 넘는다고 발표했다. 이에 따라 서울·경기 지역을 중심으로 입시 컨설팅 업체 특별 점검을 함께 실시하고 과도한 컨설팅 비용 문제를 해소할 수 있도록 연내에 진로·진학 학습상담 학원의 분당 교습비 조정 기준을 마련할 방침이라고 한다. 그러나 사교육 부담을 줄이기 위해 전두환 정권 때처럼 과외금지법을 시행한다면 과외를 생계 수단으로 삼는 저소득층 대학생들, 청년층의 주요 수입원이 사라지므로 사교육비 경감 방안은 조심스럽게 마련할 필요가 있다. 최선의 대안은 공교육이 정상화되고 지나친 입시경쟁이 줄어들도록 정교한 교육개혁안을 만드는 것이다. 한국사회에서 교육은 상위층으로 가는 계층 사다리라는 부모들의 믿음과 한국사회의 기형적 입시 시스템이 '입시산업'='사교육'이라는 괴물을 탄생시켰다고 해도 과언이 아니다.

수많은 청소년들이 왜 공부를 해야 하는가, 미래에 어떤 직업을 갖고 싶은가, 나의 꿈은 무엇인가 하는 가장 기본적 질문에도 답하지 못한다. 심지어 수능 1등급 학생도 자신의 미래, 희망, 직업에 대한 구체적 비전이나 계획이 없다. 상위권 대학에 진학하려고 그저 기계처럼 공부만 할 따름이다. 공부에 대한 학생 스스로의 강력한 동기, 학습목표 없이 사교육에 내몰려 공부기계가 되는 아이들은 정신상태가 심각하기 마련이다. 그들은 암기하고 또 암기하고, 문제 풀이를 하고, 오답을 체크하고, 틀린 부분을 또다시 암기하는 다람쥐 쳇바퀴 같은 일상을 반복한다. 상위권 대학의 간판을 원할 뿐 자신의 적성과 미래의 직업, 꿈에 대한 진지한 성찰은

해보지도 못한 채 2년 6개월간 내신 공부에 매달리고, 6년간 수능을 향해 길고 긴 레이스를 달려야 하는 것이다.

통계청(2019)이 사교육을 받는 이유를 조사한 결과에 따르면 일반 교과 관련 수강 목적은 학교수업 보충 49.0%, 선행학습 21.3%, 진학 준비 17.5% 순서로 나타났다. 초등학생들이 사교육을 받는 목적은 학교수업 보충, 선행학습, 보육 및 불안심리 때문이다. 중학생이 사교육을 받는 목적은 학교수업 보충, 선행학습, 진학 준비 때문이다. 고등학생이 사교육을 받는 목적은 학교수업 보충, 진학 준비, 선행학습 때문이다.

표 2-5 통계청(2019)의 진로·진학 학습상담 사교육비 및 참여율 조사에 따르면 다문화가정 청소년의 진로·진학 학습상담 참여율은 3.6%이고, 참여한 학생 1인당 연간 평균 상담 횟수는 2.6회, 상담 1회당 연간 평균 비용은 11만 8,000원이 소요되고 있다(통계청 사회통계국, 2019: 10). 최근 5년 동안 학교에서는 직업에 대한 강좌, 적성검사를 필수적으로 강조하지만 체계적으로 직업에 대한 정보와 경험을 공유할 수 있는 쌍방향 프로그램은 아직도 부족하다. 특히 학습동기와 목표가 부족한 학생들이 적성과 재능에 따른 직업이나 캠프를 체험한다면 현장의 역동적인 모습을 느끼고 동기부여(learning motivation)를 할 수 있는 훌륭한 방법이 될 것이다. 그러한 점에서 양질의 진로 선택과 진로체험, 직업체험 과정이 개설되는 것이 바람직하다.

[표 2-5] 진로·진학 학습상담 사교육비 및 참여율

단위: %p, 회, %

구분	2017년	2018년	전년 대비 증감	초등학교	중학교	고등학교
참여율(%)	3.0	3.6	0.6	2.9	3.7	4.7
참여 학생 1인당 연간 평균 상담 횟수(회)	2.5	2.6	0.1	2.5	2.3	2.9
상담 1회당 연간 평균 비용(만원)	11.1	11.8	6.3	8.5	10.9	15.2

　　대한민국 청소년의 72.8%가 사교육에 참여한다는 사실만으로도 그 유례를 찾을 수 없을 정도로 한국 공교육 시스템의 한계는 분명히 드러난다. 공교육만으로 대학 진학을 하는 것은 불가능할까? 다시 한 번 곱씹게 되는 질문이다. 아쉽게도 자기주도학습법을 통해 스스로 공부에 관심을 갖고 학습성취를 보이는 극소수 학생들을 제외하면 학습부진 현상이나 학습결손 현상을 경험하는 많은 학생들이 공교육 현장에서 소외되거나 방치되어 있다. 이들은 누적된 학습결손으로 학습동기와 의욕을 상실하고, 학습목표를 갖지 못해 미래에 대한 불안감, 우울감, 무기력증에 시달린다. 성적 위주 입시경쟁에 내몰리는 공교육 시스템에서 이들에게 관심을 갖고 누적된 학습결손 해결에 도움을 주거나 스스로 학습부진을 극복하도록 돕는 것은 하늘의 별따기처럼 어려운 것이 현실이다.

사교육과
상위권 대학 진학

—— 한국사회 청년들은 이미 '기울어진 운동장'에 서 있다. 개천에서 용이 나올 수 없는 세상이라는 사실은 절망적이다. 1998년 외환위기 이후 사회 양극화 현상과 교육 양극화, 즉 상위계층과 하위계층의 차이가 우려할 정도로 극단화되는 불평등 현상이 대두되었다. 이에 유래해 초중고 학교급별 소득계층에 따른 교육격차 문제가 본격적으로 쟁점화되어 사회적 주목을 받기 시작한 시기는 2000년대 초반 이후부터다(박경호 외, 2017:17). 교육적 차이가 사회적 계층에 따라 불평등하게 배분되도록 고정화되어 있을 때 사회적 불평등의 문제로 이어진다.[1] 요새 불평등을 상징하는 새로운 개념이 교육격차인데, 불평등과 계층 간 간격의 확대에 대한 우려를 전제한 개념이다. 그러한 점에서 교육격차는 계

---

1   류방란·김성식, 《교육격차: 가정 배경과 학교교육의 영향력 분석》(서울: 한국교육개발원, 2006), 15.

층이동의 사다리를 막는 교육 불평등 개념이다.[2]

부모의 사회경제적 지위(socio-economic status, SES: 학력, 직업 지위, 소득)는 사회적 보상을 배분함으로써 자녀의 교육적 성취를 결정하는 변인이다(박경호 외, 2017:4).[3] 부모의 사회경제적 지위가 자녀의 사회경제적 지위에 직접적으로 영향을 주기도 하지만 교육에 매개되어 간접적으로 영향을 줄 수 있다는 점에서 교육격차의 심각성이 크다.[4] 최근의 양극화 현상은 계층 간 소득 차이를 더욱 크게 발생시킴으로써 교육 부분에서의 격차도 크게 할 수 있다는 점에서 심각하다(김성식 외, 2007:19). 부모의 소득이나 교육 수준에 따라서 학교 경험, 개인 노력, 학업성취의 수준이 다르게 나타나는 식으로 교육격차가 드러난다.

가족 빈곤이 고교 진학 유형에 미치는 영향을 분석한 결과에 따르면, 절대적 빈곤층을 포함해 차상위계층과 유사 빈곤층에서도 전문계 고등학교를 선택하는 경향이 뚜렷하게 나타났다.[5] 가족 빈곤은 사교육비, 부모의 생활 감독, 부모와 자녀 간의 애착, 부모의 교육 기대 등의 변수에 매개되어 고교 진학에 영향을 준다(박경호 외, 2017:45). 아버지의 학력이 낮고, 가정의 경제적 어려

---

2 이혜영·강태중·김수영, 《교육복지투자 우선지역학교와 타 지역 학교의 교육격차 분석연구》(한국교육개발원, 2004), 9~10.

3 김양분 외, 〈대학 진학에 있어서 가정 배경과 학교의 영향력〉, 《주요 교육정책 성과 분석》(세종: 한국교육개발원, 2010), 117.

4 김성식·류방란·박병영·강태중·남기곤·민병철, 《경제사회 불평등과 교육격차》(서울: 한국교육개발원, 2007), 17.

5 오승환·김광혁, 〈가족 빈곤이 고교 진학 유형에 미치는 영향〉, 《사회과학연구》 28(4)(2011), 1~20.

움이 많을수록 대학 진학에 목적을 두고 있는 일반고, 특목고, 자율고보다 취업에 목적을 두고 있는 특성화고를 희망하는 경향이 높다(구인회·김정은, 2015: 27~49).

일반 고등학교 학생의 대입 수능시험 성적이 지역 간, 계층 간에 매우 심각한 수준의 격차를 보이고 있는데, 이런 교육격차를 발생시키는 주요 요인은 지역과 아버지의 학력이다(김경근, 2005: 1~27). 자율형사립고, 특목고는 유치원 과정부터 선행학습을 통해 준비하지 않으면 입학하기 어려운 구조다. 고등학교 진학에서 발생하는 격차와 관련해서 일반고와 외고, 과학고, 국제고, 자사고에 진학할 확률은 아버지와 어머니 학력, 가구 소득 등에 영향을 받는다.[6] 가정에서 아버지의 소득 수준이 높고, 학력이 높고, 자녀의 교육에 대한 관심이 높은 부모가 자녀에 대한 사교육비를 많이 지출하는 경우에 자녀들의 학교 적응도 높고 수능성적도 높기 때문에 서울 소재 상위권 명문대학 진학률도 높다(김양분 외, 2010: 122). 우리나라에서 학생들의 학업성취와 밀접히 관련된 변수는 부모의 자녀에 대한 기대 수준, 교육적 지원활동과 같은 부모의 '치맛바람'으로 불리는 실제적 지원활동, 즉 사교육이다(류방란·김성식, 2006a: 17, 24).

---

6   전은정·임현정·성태제, 〈고교 유형별 진학에 대한 가정 배경 및 개인 특성의 영향〉, 《교육학연구》 53(1)(2015), 1~27 ; 오석영, 임정만, 〈중학생 진학 진로 인식 분석: 서울 지역 중학생 희망 고교 계열별 비교〉, 《아시아교육연구》 13(4)(2012), 275~296.

서울 소재 4년제 대학 진학률은 부모의 학력과 직업에 따라 큰 차이가 나며 지방 소재 4년제 대학, 서울 소재 4년제 대학 등과 같은 자녀의 대학 진학 유형은 가구주 월평균 소득에 따라 차이가 있다(김희삼, 2009:41). 부모의 소득 및 교육 수준에 따라 자녀의 대학 진학률과 수능 성적 차이가 뚜렷하게 나타난다는 것이 현실이라는 점을 아무도 부인할 수 없다.[7] 특히 거주 지역 학습환경과 부모의 사회경제적 지위에 따라 수능 성적이 달라진다.[8]

첫째, 대학 진학 서열에 고등학교 소재지와 계열 및 유형, 성별, 부모 기대와 교육 포부, 자기 공부시간, 교내외 수상 실적, 수능등급과 내신등급이 유의한 영향을 미친다.[9] 우리나라에서는 학업성취도가 높은 학생들은 과학고, 외고, 자율형사립고로 진학하고, 이들이 성공적으로 대학에 진학하면서 몇몇 유형의 고등학교가 명문대로 가는 발판의 역할을 한다는 비판을 받고 있다. 특목고와 일반고 사이에 유의미한 차이가 존재하지 않는다는 연구결과도 다수 존재한다.[10] 그러나 한국교육과정평가원이

---

7 최필선·민인식, 〈부모의 교육과 소득 수준이 세대 간 이동성과 기회 불균등에 미치는 영향〉, 《사회과학연구》 22(3)(2015), 31~56.

8 월평균 사교육비가 10만원 상승할 때 수능성취도가 0.04등급만큼 상승하는 것으로 나타났으며, 주당 혼자 공부하는 시간이 10시간 증가하면, 수능성취도가 0.16등급만큼 상승하는 것으로 확인되었다. 일반고에 진학할 경우, 수능성취도가 0.59등급만큼 추가 상승하는 것으로 나타났다. 김영철, 〈고등교육 진학 단계에서의 기회 형평성 제고 방안〉, 《정책연구시리즈 2011–06》(서울: KDI, 2011), 41.

9 소외계층, 진학설명회, 교내외 수상 실적, 수능등급, 내신등급이 유의미하게 나타났으며, 입학사정관전형의 경우에는 내재적 동기, 독서시간, 봉사시간, 수업 집중시간(–), 내신등급이 유의미하게 나타났다. 정원외특별전형은 부모의 사회경제적 지위가 낮거나 소외계층에 더 많은 기회를 주고 있다. 박경호 외, 《교육격차 실태 종합 분석: 연구 보고 RR 2017–07》, iii.

10 김위정·남궁지영, 〈자율형 공·사립고등학교의 성과 분석〉, 《교육평가연구》 27(2)(2014), 491~511; 김성식, 〈학생 배경에 따른 대학 진학 기회의 차이〉, 《아시아교육연구》 9(2)(2008), 27~47.

공개한 2014년도 수능 학교별 성적 자료에 따르면 언어, 수리, 외국어 표준점수 평균 상위 100개교 중에서 특목고는 39개교, 자사고는 24개교로 나타났고, 일반고 30개교 중 평준화 지역 고교는 단 2개교에 불과했다(박경호 외, 2017:43).

【표 2-6】월평균 사교육비와 서울 소재 4년제 대학 진학 비율(마강래, 2016:32)

구분	월평균 교육비	서울 소재 4년제 대학	주요 10개 대학
사교육 1분위(최하위)	45,000원	23.3%	11.6%
사교육 2분위	103,000원	21.4%	6%
사교육 3분위	166,000원	24.1%	4.3%
사교육 4분위	249,000원	34.3%	13%
사교육 5분위(최고위)	611,000원	50%	26%
전체	230,000원	31.1%	12.2%

둘째, 사교육비와 대학 진학의 관계를 연구한 바에 따르면 표 2-6과 같이 월평균 사교육비가 높아짐에 따라 서울 소재 4년제 대학에 진학하는 비율과 주요 10개 대학에 진학하는 비율이 높아지고 있다.[11] 마강래(2016)는 사교육비 지출이 가장 낮은 소득 1분위는 월평균 4만 5,000원을 지출하고, 졸업 후 서울 소재 4년제 대학 진학률은 23.3%였으나, 주요 10개 대학 진학률은 11.6%에 불과하다는 연구결과를 내놓았다. 반면에 사교육비 지출이 높은 5분위는 월평균 61만 1,000원을 지출하고, 서울 소재 4년제

11 마강래, 《저출산 문제와 교육실태: 진단과 대응 방안 연구》(서울: 국회예산정책처, 2016), 31~32.

다문화가정의 교육전략은 따로 있다

대학 진학률은 50%로 상승하며, 주요 10개 대학 진학률은 26%로 상승하는 것으로 나타났다. 박경호 외(2017: 45)는 마강래와 비슷한 연구결과를 내놓았는데, 사교육비 5분위인 학생의 경우 1분위인 학생에 비해 약 13.5배 높은 월평균 사교육비를 지출하며, 서울 소재 4년제 대학에 진학하는 비율은 약 2배 높고, 주요 10개 대학에 진학하는 비율도 약 2.2배 높다.

이같이 부모의 경제력, 학력은 자녀교육 투자를 포함하는 교육열로 연계되어 자녀의 성적을 결정짓는 주요 원인이 된다는 점에는 이견이 없다. 부모의 학력이 높을수록 자녀의 사교육비 지출도 증가했으므로 부모의 학력이 높을수록 자녀에 대한 교육열이 높다는 속설을 입증한 것이다. 고소득층 부모는 학생들의 학습 상황을 직접 챙겨줄 뿐 아니라 입시경쟁에서 유리한 정보를 수집해 자녀에게 제공하는 경향이 강하다. 이런 점에서 사교육비 지출 규모의 격차는 우리 사회의 중요한 이슈가 되고 있다.

교육격차와
사회적 불평등

—— 얼마 전에 방영된 〈SKY 캐슬〉이라는 드라마는 부모의 학력
과 직업, 소득이 자녀에게도 고스란히 세습되는 상황을 적나라하
게 묘사해 시청자를 열광하게 만들었다. 〈SKY 캐슬〉은 현실에서
는 고학으로 자수성가하는 개천의 용이 더는 나올 수 없는 사회
구조를 명쾌하게 꼬집었다. 환경이 좋은 집안에서 자란 엄친아와
엄친딸은 부모에게 유산을 상속받고 평범한 서민 가정이 도달할
수 없는 유리한 고지에서 출발한다. 상속 등을 통한 세대 간 부의
이전은 경제성장이 낮은 현재 상황에서 개인 간 소득격차에 중요
한 역할을 한다.[1] 부자 부모는 자녀에게 비싼 사교육을 받게 하고
지인을 총동원해 정보를 알려준다. 좋은 음식을 먹여 건강관리에
힘쓰게 하고, 많은 경험을 할 수 있도록 돕는다. 대한민국 사람

---

[1] 윤형호·김성준, 〈부의 대물림? 가계 소득과 사교육이 자녀 소득에 미치는 영향〉, 《한국행정논집》 21(1)
(2009), 49~68.

들이 학벌에 집착하는 이유는 학벌이 양질의 정규직 선택과 이를 통한 소득 수준 상승 문제와 직결되기 때문이다.

대한민국 헌법 제31조 ①은 "모든 국민은 능력에 따라 균등하게 교육을 받을 권리를 가진다"고 규정하고 있다. 교육격차는 헌법에 보장된 대한민국 국민의 균등하게 교육받을 권리를 침해할 수 있는 중요한 문제다. 그런데 '능력에 따라'라는 부분은 재검토가 필요하다. 왜냐하면 이 문구는 능력이 다르면 불균등한 교육을 받아도 된다고 해석될 가능성이 있기 때문이다. 즉 부모의 경제력과 사회적 지위가 능력이라면, 부모의 능력에 따라 자녀교육의 질이 달라지고, 신분 상승의 길이 차단될 수 있다는 해석의 여지가 있기 때문이다. '능력에 따라'라는 문구는 교육격차에서 출발한 사회적 격차를 합리화하는 데 악용될 수 있다(박경호, 김지수, 양희준, 2018:37).

학력격차와 소득 수준의 격차를 설명하는 실증적 자료는 2018년 8월 한국교육개발원이 2008~2014년 한국고용정보원의 〈대졸자 직업이동 경로조사〉 자료를 이용해 부모 소득 수준과 대학 유형에 따른 최초 일자리 임금 수준을 분석한 〈부모의 사회경제적 지위가 대학 경험과 노동시장 지위에 미치는 영향〉이라는 보고서[2]다.

---

2 백승주, 〈부모 소득에 따라 자녀의 대학 진학 유형과 첫 일자리 임금이 다르다〉, 《2018 KEDI Brief》 2 (서울: 고용정보원, 2018), 2~3 ; 한국고용정보원, 〈2017 대졸자 직업이동 경로조사 기초 분석 보고서〉, 《기본사업 2018~108》(서울 : 고용정보원, 2018), 57~58.

[표 2-7] 부모 소득 수준과 대학 유형에 따른 첫 일자리 임금 수준

(박경호 외, 2017: 191)

구분	전문대학				지방 사립대				서울 4년제			
	소득 하위		소득 상위		소득 하위		소득 상위		소득 하위		소득 상위	
	비율 %	임금	비율 %	임금	비율 %	임금	비율 %	임금	비율 %	임금	비율 %	임금
2008	46.0	156.0	26.0	170.7	22.4	168.7	24.2	205.9	10.1	206.7	27.1	242.4
2009	47.8	153.2	15.5	170.7	21.7	166.9	22.9	211.8	9.0	206.9	32.6	235.7
2010	44.0	156.0	19.2	179.9	21.9	171.7	24.5	210.3	10.4	209.8	29.4	242.0
2011	43.2	158.9	19.2	194.7	22.1	175.0	26.0	196.4	12.4	208.7	30.3	243.8
2012	44.5	158.1	21.7	219.3	21.1	169.1	23.0	209.8	10.9	201.9	26.9	242.7
2013	43.9	157.2	23.6	182.7	24.3	170.6	23.1	181.9	10.2	197.9	29.2	241.4
2014	46.4	160.4	26.6	174.0	24.2	169.1	24.9	184.8	8.8	188.3	24.3	242.3

이 보고서의 결론은 부모 소득이 높을수록 자녀 학력이 높고, 첫 일자리 임금이 높다는 결과를 객관적으로 입증한다. 쉽게 설명하면, 부모가 돈을 잘 벌면 자녀도 돈을 잘 벌 가능성이 높다는 의미다. 부모의 사회경제적 지위가 전문대학부터 의학대학까지로 구분해서 측정한 대학 유형을 매개로 자녀들의 노동시장 지위에 미치는 효과는 매우 체계적으로 나타나고 있었다.

첫째, 부모의 소득과 대학 졸업 후 자녀의 최초 월급의 상관관계를 분석한 결과를 살펴보면, 부모의 월 소득이 1,000만원 이상(2011년 기준)인 대학 졸업생의 첫 일자리 임금은 월평균 226만 1,200원이었다(백승주, 2018:3). 부모 월 소득이 500~700만원인 대졸자는 첫 월급이 191만 5,800원, 300~400만원인 대졸자는 첫 월급이 182만 3,000원이었다. 부모 월 소득이 100~200만원인 대졸자의 첫 월급은 평균 169만 8,600원이었다. 반면에 부모 소득이 상대적으로 낮은 집단(300만원 이하)에서는 부모의 소득 수준에 따른 자녀의 임금 수준 차이가 크지 않다. 부모 소득이 100~200만원인 대졸자의 첫 급여와 부모 소득이 300~400만원인 대졸자의 첫 급여는 약 12만원 차이가 났다. 부모 소득이 상대적으로 높은 집단(부모 소득 500만원 이상)에서는 부모 소득 수준에 따라 대졸자 초봉 수준 차이도 크게 나타난다. 부모 소득이 1,000만원 이상인 대졸자 첫 월급과 500~700만원인 대졸자 첫 급여 차이는 약 34만원이었다.

둘째, 소득의 대물림은 학력 대물림에서 시작된다. 부모의 소득 수준이 높을수록 서울 소재 4년제 대학에 진학할 확률도 높다. 부모의 소득은 자녀의 첫 일자리 임금 수준에 체계적 영향을 미치고 있다. 소득 수준으로 측정된 부모의 사회경제적 지위와 대학 유형, 전문대학, 의학대학 등은 대학 졸업생의 첫 일자리가 지닌 노동시장 지위를 결정하는 중요 요인이다. 서울 소재 대학과 비서울 소재 대학 졸업생의 첫 일자리 임금 수준 차이는 2008년 이후 꾸준히 유지되며, 4년제 대학 졸업생과 전문대학 졸업생의 첫 일자리 임금 수준의 차이도 꾸준히 유지된다. 부모 소득이 낮은 집단(200만원 이하)의 자녀 중 서울 4년제 대학 진학 비율은 7~8% 정도로 나타났으나, 부모 소득이 500만원 이상 집단의 자녀 중 서울 4년제 대학 진학 비율은 25~30%로 나타났다(백승주, 2018:4).

부모의 교육 수준이 고졸과 전문대졸 이상일 경우는 중졸 이하일 경우에 비해 자녀의 대학 진학 확률이 각각 1.7배, 2.1배 정도 높다. 수능 서열에서도 상위(4분위)에 속하는 그룹에는 부모의 교육 수준이 전문대졸 이상인 경우가 44.9%로 중위 그룹과 하위 그룹에 비해 월등히 높다.[3] 수능 서열 분포에서도 수능 상위(4분위) 그룹 부모의 직업 지위는 관리직 및 전문직(37%), 준전문직 및 사무직(28.1%), 기능직 및 생산직(21.2%), 서비스직 및 판매직(20.6%), 농림어업직(14.5%) 순서로 나타났다는 점에서 시사하는 바가 크다. 부모의 교육 수준과 청소년 학업성취의 상관관계를 살펴보면, 부모의 직업 지위가 높을수록 실업계보다 일반계 고등학교에 진학할 확률이 높고, 대학에 진학할 확률이 높게 나타났으며, 수능 상위 그룹에는 부모의 직업 지위가 높은 학생들이 많이 속해 있다는 사실이 객관적으로 드러났다.

부모 소득이 비교적 높은 집단(500만원 이상)의 서울 4년제 대학 졸업생과 지방 사립 4년제 대학 졸업생 간 첫 일자리 임금격차는 점점 더 증가하는 현실을 보여주었다. 2017년 부모 소득 상위집단 자녀의 서울 4년제 대졸자 첫 일자리 임금은 242만 3,000원이었다. 반면 2014년 소득 상위집단 지방 사립 4년제 대학 졸업생의 첫 월급은 184만 8,000원으로 서울에 있는 대학에 비해 크게 떨어

---

3 방하남·김기헌, 〈기회와 불평등: 고등교육 기회에 있어서 사회계층 간 불평등 분석〉, 《한국사회학》 36(3) (2002), 193~222.

졌다(백승주, 2018:5). 이는 부모 소득이 비교적 높은 집단의 자녀들의 첫 일자리 임금과 지방 사립대 출신 자녀의 학력 차이가 첫 일자리 임금에 영향을 미친다는 의미다.

소득이 상대적으로 낮은 집단(200만원 이하)에서는 서울 4년제 대학 졸업생과 지방 사립 4년제 대학 졸업생 간 일자리 임금격차가 줄어들었다. 이러한 현상은 양질의 일자리가 줄어들면서 서울 4년제 대학 졸업자 초봉이 크게 줄어 격차가 좁아졌기 때문이다. 2014년 부모 소득이 낮은 서울 4년제 대학 졸업자 초봉은 188만 3,000원으로 줄어들었다. 부모 소득이 낮은 지방 사립대졸자 초봉은 169만원으로 나타났다. 부모의 소득이 비교적 낮은 지방 4년제 사립대 출신 청년들의 첫 일자리 임금 수준은 더 낮아졌다는 뜻이다(백승주, 2018:5).

셋째, 부모의 사회경제적 지위는 대학 유형(서울 소재 대학, 지방 소재 대학) 외에도 다른 대학 경험을 통해 자녀 세대의 노동시장 격차를 유발할 수 있다. 부자 부모는 자녀에게 어학연수 등 다양한 기회를 줄 수 있어 자녀가 명문대 고스펙자가 될 가능성이 높아지지만 부모 소득이 비교적 낮은 대졸자는 학력이 좋아도 경제적 이유로 스펙을 쌓기 어렵고, 취업시장에서 경쟁력을 잃는다.

넷째, 어학연수, 휴학과 취업 프로그램에 대한 정부정책 등 대학에서의 경험은 대학 졸업생들의 노동시장 지위에 영향을 미치는 중요한 요인이다(박경호 외, 2017:199). 어학연수, 휴학 경험이 13% 유리한 효과를 유지한다는 점은 부모의 사회경제적 지위가 대학에서의 경험을 매개로 노동시장 지위의 격차를 불러오는 기제로 작용한다는 사실을 확인하게 한다(박경호 외, 2017:202). 어학연수 경험과 부모 소득 수준의 상호작용 관계는 모두 통계적으로 유의미한 정(+)의 효과를 보인다. 어학연수에 참여한 학생들의 첫 일자리 임금 수준은 부모의 소득 수준에 따라 차별적 효과를 보이며, 이는 부모의 소득 수준이 높을수록 어학연수에 참여한 학생들이 더 큰 임금을 받는다는 것을 의미한다(박경호 외, 2017:195, 197, 200). 어학연수, 휴학 경험 같은 대학에서의 경험들은 첫 일자리의 임금에 상당한 수준의 간접 효과를 보인다.

한국교육개발원이 2017년 발표한 《교육격차 실태 종합 분석》에 따르면 부모 소득이 높은 청년일수록 어학연수 참여기회가 많았고 임금도 더 많이 받는 것으로 나타났다(박경호 외, 2017:181). 주목할 점은 어학연수 경험, 경제적 이유에 따른 휴학 경험, 대학에서 제공하는 취업교육 프로그램 참여 여부, 정부가 제공하는 청년 고용정책 관련 프로그램 참여 여부 같은 다양한 대학 경험이 첫 일자리의 임금에 미치는 영향의 크기가 대학생들이 취득한 첫 일자리에서의 임금 수준에 따라 상당한 차이를 보인다는 점이다(박경호, 2017:194).

다섯째, 대학에서의 경험 중 어학연수 경험과 대학에서 제공하는 취업교육 프로그램은 대학 졸업생들의 노동시장 지위에 긍정적 영향을 미친다(박경호 외, 2017: iii, 195, 199). 대학 취업 준비 프로그램의 참여 여부 자체가 첫 일자리에서의 임금 수준에 통계적으로 유의미한 영향을 미치지는 못했지만 통계적으로 유의미한 정(+)의 효과를 보이고 있고, 대학에서 제공하는 취업 준비 프로그램에 참여한 학생 중 부모의 소득이 높은 학생일수록 첫 일자리에서 더욱 높은 임금을 받는 것으로 나타났다(박경호 외, 2017:195, 200). 부모의 사회경제적 지위가 높은 학생들은 다양한 교육과 경험에 참여할 기회를 가짐으로써 더 좋은 노동시장 지위를 획득할 수 있다.

여섯째, 경제적 이유로 인한 휴학 경험은 첫 일자리의 임금에 영향을 주는 매개체 역할을 할 뿐만 아니라, 부모의 소득 수준과 상관없이 휴학 자체로서 첫 일자리 임금에 부정적 영향을 미치는 것으로 나타났다(박경호 외, 2017:195, 197, 199, 201, 203). 임금 수준에 부정적 영향을 미치는 경제적 이유로 인한 휴학 경험은 임금 수준이 높은 집단에서 낮은 집단에 비해 2배 이상의 부정적 효과를 보인다(박경호 외, 2017:194).

휴학 같은 교육적 기회를 단절하는 요소를 차단할 수 있는 국가장학금 및 생활 지원 확대 등 정책적 수단을 적극적으로 활용할 필요도 있다(박경호 외, 2017:204). 이같이 대학에서의 경험은 첫 일자리에서의 임금 수준에 따라 차별적인 효과를 보인다. 대학 졸업생들이 첫 일자리에서 종사하는 지위는 금융위기 이후 지속적으로 악화되는 추세다.

표 2-8에서 볼 수 있듯이 대학 입학 후에도 저소득층 학생들은 학비 부담으로 학업에 충실하기 어렵고, 취업 준비를 위한 해외연수나 졸업 유예 신청에도 제약을 받는다. 졸업 유예자의 52.8%는 부모가 비용을 지불하며, 부모가 졸업 유예 비용 부담을 감당할 수 없는 저소득층 학생은 졸업 유예 선택에 제약을 받는다.[4]

[표 2-8] 소득 수준별 대학생 근로활동 경험 및 근로시간(2015년 1학기)

구분	근로활동 경험 비율	주당 평균 근로시간	
		학기 중	방학 중
기초생활수급자	46.9%	6.4시간	10.2시간
9분위/10분위	19.5%	3.7시간	5.8시간

그렇다면 가난한 집안 자녀들이 죽도록 노력해서 서울대에 합격하면 한국사회 상류층에 진입할 수 있을까? 노력에 따른 계층이동 가능성에 대한 한국 국민들의 인식은 2009년 37.6%에서 2015년 22.8%로 하락세를 보였다(박경호 외, 2017:5). 즉 한국 국민 77.2%는 노력해도 상위계층에 진입할 수 없다고 포기한 상태라는 의미다. 정해식(2018)에 따르면 스스로 상위층이라고 생각하는 한국인은 5%에 불과하며, 스스로를 하위층이라고 생각하는 국민은 16%, 중하층이라고 생각하는 국민은 36.7%로 국민 스스

---

4 한국청소년정책연구원, 《대학생 졸업 유예 실태 및 지원 방안 연구》(세종: 한국청소년정책연구원, 2016), 99~100, 171, 173.

다문화가정의 교육전략은 따로 있다

로 중간층으로 생각하는 비율은 42.3%였다.[5] 한국 국민은 대체로 52.7%가 스스로를 중하위계층으로 낮게 평가하는 경향이 나타났다. 노력에 따른 계층이동 가능성에 대한 인식은 2009년 37.6%에서 2015년 22.8%로 하락하는 추세를 보였다. 하위층과 중하위층이라고 생각하는 사람들은 부모의 사회적 배경과 경제력, 인적 네트워크가 더 중요하다고 생각하는 것으로 나타났다(정해식 외, 2018:94). 사회경제적 균형지표는 10여 년 전보다 0.1가량 떨어졌는데, 이는 부모의 사회경제적 배경이 학생들의 학업성취도에 미치는 영향이 더욱 커졌다는 뜻이다. 즉 개천에서 용 나기가 더욱 힘들다는 의미다. 부모의 사회경제적 배경이 학업성취도에 미치는 영향이 약 10년 전에 비해 더욱 커진 만큼 교육 형평성 문제에 더욱 관심을 가져야 할 때다.

특히 교육격차는 젊은 청년 세대를 절망하게 만드는 사회 양극화의 핵심적 현상으로, 공정의 사다리를 타고 신분을 세습할 수 있는 유일한 통로가 교육이라는 기존 관념을 깨부수었다. 아무리 노력해도 삶의 질을 스스로 더 나아지게 할 공정한 기회를 얻지 못한다면 그러한 사회와 국가는 국민의 생존권을 보장하는 기회균등의 원리가 작용하지 않고 모든 기회가 원천 차단된 중세의 봉건사회와 다를 바 없다. 부모의 경제사회적 지위가 직간

---

5 정해식·김미곤·김문길·강지원·우선희, 《사회통합 실태 진단 및 대응 방안 Ⅴ: 사회 갈등과 사회통합》(세종 : 한국보건사회연구원, 2018), 85.

접적 영향을 통해 자녀의 경제사회적 지위로 고스란히 이어진다면, 21세기판 신분제 사회라는 비판을 받지 않을 수 없다.

한국사회의 교육격차와 사회 양극화의 문제점을 직시한 교육부(2017)는 〈경제·사회 양극화에 대응한 교육복지정책의 방향과 과제〉라는 보고서를 냈는데, 교육격차에 대한 대국민 설문조사 결과, 응답자 93.9%가 지역·계층 간 교육격차가 크고, 87%가 과거에 비해 교육격차가 커졌다고 인식했으며, 교육격차의 주요 원인으로 소득 수준 대비 교육비 투자 차이, 부모의 관심, 개입 정도, 지역별 교육 여건 차이라고 응답했다(박경호 외, 2017: 5).[6]

첫째, 그림 2-2같이 소득 수준에 따른 교육비 투자격차(10.2배)는 매우 큰 상황이며, 특히 사교육비 투자에서는 더 큰 차이(12.7배)를 보인다(교육인적자원부, 2017: 6). 월 소득 600만원 이상 가정과 월 소득 100만원 미만 가정의 교육비 지출격차는 2006년도 9.5배에서 2016년 10.2배로 점차 심화되는 추세다.

둘째, 상급학교 진학과 관련해서도 소득계층 간 양극화가 발생한다. 대도시〉중소도시〉읍면 지역 순서로 수능 성적이 높게 나타났으며, 서울대·연세대·고려대 재학생 다수는 국가장학금이 필요 없는 학생이었다.[7] 사회경제적 지위가 높은 학생이 대학입

---

6 교육인적자원부, 〈경제·사회 양극화에 대응한 교육복지정책의 방향과 과제 발표〉, 《보도자료》(세종: 교육인적자원부, 2017. 3. 8), 5 ; 박경호·김지수·양희준, 〈교육격차의 재탐색〉, 《교육개발》 45(5)(세종: 한국교육개발원, 2018), 35.

7 〈SKY엔 '금수저'들이 산다…재학생 10명 중 7명이 부유층〉, 《국민일보》(2017. 2. 10).

[그림 2-2] 소득 수준에 따른 월평균 교육비 추이 및 고소득 가정과 저소득 가정의 교육비 격차 추이(교육인적자원부, 2017b: 6)

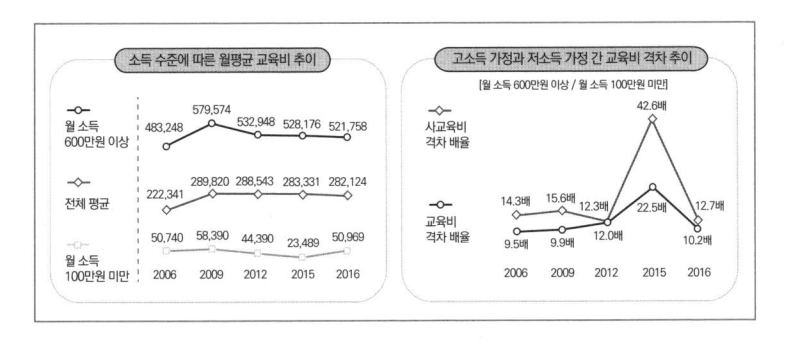

시에서도 우수한 결과를 얻는다는 사실이 드러난 것이다. 최필선, 민인식(2015)의 연구에서 나타난 것과 크게 다르지 않다. "개인의 노력과 무관하게 부모 배경변수가 개인의 수능 성적 불균등을 9.7% 정도 설명하고, 임금 불균등은 3.0~3.5% 정도 설명했다. 부모 세대 특성이 자녀의 교육 수준에 계승되고, 또한 교육 수준에 따른 임금격차가 크다면 사회계층 역시 지속적으로 이어질 가능성이 크다."[8]

셋째, 고소득 부모들이 자신의 자녀를 상위권 대학에 입학시키려고 사교육에 투자하는 이유는 간단하다. 한국의 고질적인 '대학 서열화 현상' 때문이다. 대학 서열 구조와 대학 학벌 체제는 한국교육의 핵심 문제로 부각된 지 오래인 고질병이다. 대학 서

8   최필선·민인식, 〈부모의 교육과 소득 수준이 세대 간 이동성과 기회 불균등에 미치는 영향〉, 《사회과학연구》 제22권 제3호(동국대학교 사회과학연구원, 2015), 31~56.

열 구조와 대학 학벌 체제는 초중고등 교육을 무한경쟁으로 몰고 가는 비정상적 사교육 팽창의 주요 원인이다.[9]

2019년 〈교육부, 학생부종합전형 실태조사 결과 발표〉에서도 각 대학의 지원자·합격자 내신등급은 '일반고〉자사고〉외고·국제고〉과학고' 순서로 서열화된 고교체제와 일치하는 것으로 나타났다.[10] 대학 서열화는 '특정 기준을 중심으로 한 대학별 위계가 결정되고 고착화되는 현상'이다. 학생들은 대학 졸업 후 취업 시장에서 더 높은 임금과 직업 선택 기회를 획득하려고 서열이 높은 명문대학에 진학하기 위해 치열한 입시경쟁을 겪을 수밖에 없다(박경호, 2017:177). 대학 서열은 인적 자본론의 관점에서 학생들이 보다 질 높은 교육·훈련을 제공하는 대학에 진학하는 원인일 뿐만 아니라 선별 가설의 관점에서 고용주가 질적으로 우수한 근로자를 선별하는 고용 문제와 직결된다(이상민 의원실, 2019:55). 대학생들은 점점 더 분절화된 경쟁 속에서 노동시장 진입을 위해 대학에서 제공하는 교육 이외의 차별화된 기술과 능력의 습득을 통해 경쟁력을 확보해야 하며, 이를 위해 '스펙 쌓기' 경쟁에 노출되어 있다(박경호, 2017:180).

한국의 교육이 백년지대계를 준비한다면, 낮은 출생률로 인한

---

9 이상민 의원실, 《교육혁신 근본 문제 해결 프로젝트: 대학 서열 어떻게 해결하나》(서울: 국회의원회관 제2세미나실, 2019. 5. 8), 55.

10 교육부 학생부종합전형조사단, 〈교육부, 학생부종합전형 실태조사 결과 발표〉, 《보도자료》(2019. 11. 5), 1.

학령인구 감소를 감안하더라도 대학 서열 구조를 파괴하고 4차 산업 시대에 걸맞도록 대학교육의 질을 개선하는 것이 시대적 흐름이라 할 수 있을 것이다. SKY 같은 소수의 명문대 위주 체제에서 전국 단위 명문대학을 육성해 대학 서열 구조를 타파하고 왜곡된 입시경쟁과 사교육 시장을 축소해 중고등학교 공교육을 정상화해야 한다는 주장이 설득력을 얻고 있다. 그러한 문제점을 인식하고 일각에서는 대학연합 체제로 전환하는 방식을 논의하고 있다(이상민 의원실, 2019:56).

여러 전문가들은 한국사회에서 통용되는 대학 서열을 직접적으로 계량화해 이에 따른 임금격차의 존재 여부를 밝혔다.[11] 한국노동패널(1~5차 대학 입시전문 기관 및 중앙일보 대학평가 자료를 결합해 분석한 결과) 상위 1~5위 대학들은 6~10위 대학들에 비해 6~10% 정도의 높은 임금 프리미엄을 받고 있음을 보여주었다. 전공 분야에서도 교육대학의 임금 프리미엄이 1997년과 2003년 사이에 크게 증가하고 있으며 의학 계열은 높은 임금 프리미엄을 받고 있는 것으로 나타났다(장수명, 2006:95). 한국고용정보원의 대졸자 직업이동 경로조사(2009)와 중앙일보 대학평가 자료를 결합해 분석한 결과 1~6위 대학 졸업자는 7~12위 대학 졸업자에 비해 5.3%, 13~32위 대학 졸업자에 비해서는 8.5%의 임금을 더 받고

---

11 장수명, 〈대학 서열의 경제적 분석〉, 《한국교육》 33(2)(서울 : 한국교육개발원, 2006), 91, 95~107.

있어 대학 서열에 따른 임금격차가 초기의 분석결과들과 동일하게 지속됨을 보여준다.[12] 이와 같이 부모의 사회경제적 지위에 따른 교육격차의 심화가 취업 및 임금격차의 확대로 이어진다는 우려가 현실로 증명되고 있다. 물론 다문화가정 중에서도 부모의 교육 수준과 경제 수준이 높은 가정은 자녀교육에 관심과 투자가 높기 때문에 한국 상위권 학생들과의 경쟁에서도 뒤처지지 않는다.

대한민국은 한국전쟁의 폐허에서 반세기 만에 괄목할 만한 경제성장과 정치 민주화를 이루면서 남미처럼 높은 소득 불평등을 거치지 않은 모범적 사례를 보여주었다. 외환위기 이후 시작된 교육격차는 금융위기를 거치면서 학력격차, 소득격차와 상호 밀접하게 연관된 사회 양극화 현상이다. 교육격차, 사회경제적 지위에서 촉발된 부모 세대의 소득 불평등은 자녀에 대한 교육격차와 부의 세습을 통해 소득 불평등으로 고착화될 수 있다는 점에 그 심각성이 있다. 빈곤의 세습, 사회적 불평등의 고착화를 막으려면 정부의 교육격차 개선정책이 교육 분야에 국한되지 않고 노동정책, 즉 취업, 임금 같은 사회 보상 체제와 연계되어야 한다.

---

12 조윤서, 〈대학 명성이 임금에 미치는 영향 분석 : 상위권 대학을 중심으로〉, 《교육재정경제연구》 22(1)(한국교육재정경제학회, 2013), 185~209.

한국의
다문화자녀 현황

—— 다문화가정 자녀, 국제결혼 가정의 자녀는 한국인 아버지와 외국인 어머니 사이에서 태어난 자녀와 한국인 어머니와 외국인 아버지 사이에서 태어난 자녀를 포함한 개념이다. 외국인 근로자 가정의 자녀는 외국인 근로자가 한국에서 결혼해 태어난 자녀와 본국에서 결혼해 형성된 가족이 한국에 이주해 정착한 중도 입국 자녀를 말한다.

국제법 제2조 1항에 따라 부계든 모계든 한국인의 혈통을 지니고 있는 경우 부부가 합의하면 자녀는 출생과 동시에 한국 국민이 되므로 이 자녀는 헌법 제31조에 의한 교육권을 차별 없이 보장받고 있다. 그런데 중도 입국 자녀는 새로운 가족과 한국문화에 적응하는 데 스트레스를 받아 정체성 혼란, 무기력 등을 경험하는 경우가 많다. 이들은 한국어 능력이 부족하기 때문에 공교육 과정에 편입해도 학교생활에 적응하는 데 어려움을 느끼거나 학습 부적응 현상을 겪는다. 다문화가족지원법 제10조(아동·청소년 보육·교육)는 다문화가족 구성원인 아동, 청소년을 차별받지 않도록 규정하고, 다문화가족 아동, 청소년에 대한 교육 지원 대책과 학과 외 또는 방과후교육 프로그램 등의 지원 근거를 마련하고 있다(국회입법조사처, 2015:7).

2018년 현재 다문화가구 자녀는 26만 4,733명이다(최윤정 외, 2018: 43). 2018년 다문화가구 자녀의 평균 연령은 8.32세로 학령 전기에 해당하는 6세 미만 자녀의 비율이 39.0%, 초등학령기에 해당하는 만 6~11세 자녀의 비율이 38.2%, 중학교 학령기인 12~14세 자녀의 비율이 8.6%, 고등학교 학령기에 해당하는 15~17세 비율이 5.8%, 성인 연령층인 18세 이상의 비율이 8.3%로 나타났다(최윤정 외, 2018: 42). 학령 전기와 초등학령기의 자녀 비율이 전체 77.2%를 차지한다는 점에서 다문화가정 자녀의 교육 문제에 대한 정책적 고려와 현실적 어려움이 반영된 계획 수립을 통한 교육복지의 실행은 학습능력 향상, 기초학력 향상, 학습성취에 많은 영향을 미칠 수 있다. 중등학령기 다문화가정 자녀의 비율은 전체 14.4%로서 교육인적자원부는 학습부진, 학교 부적응, 학습결손 학생에 초점을 맞추고 교육복지정책을 실행할 필요가 있다.

주목할 점은, 한국인 신생아의 출생률이 매년 하락하는 가운데 2017년 출생한 신생아 중 5%가 다문화가정의 자녀로 나타났다는 것이다. 이러한 출생률 증가 속도 때문에 여성가족부는 한국의

다문화가정의 교육전략은 따로 있다

다문화가정이 매년 지속적으로 증가해 2020년에는 100만명에 도달할 것으로 예상하고 있으며(2013), 결혼이민자와 후손을 포함한 결혼이민인구는 2050년 무렵 총인구의 5%를 넘을 것으로 보았다(여성가족부 다문화가족정책과, 2013 ; 이삼식·최효진·박성재, 2009 : 97).

[표 2-9] 다문화학생 통계(2017년 4월 1일 기준, 저자 재구성)

(교육인적자원부, 2018 : 20)   단위: 명, %

구분	유형	2017				2018			
		국제결혼 가정		외국인 가정	계	국제결혼가정		외국인 가정	계
		국내 출생 자녀	중도 입국 자녀	외국인 가정 자녀		국내 출생 자녀	중도 입국 자녀	외국인 가정 자녀	
학교급	초	68,624	4,865	9,317	82,806 (3.1)	76,201	5,046	11,869	93,116 (76.19%)
	중	12,273	1,740	1,970	15,983 (1.2)	13,617	1,933	2,577	18,127 (14.83%)
	고	8,417	1,187	994	10,598 (0.6)	8,445	1,341	1,183	10,969 (8.98%)
부모 출신국	중국	25,604	3,651	7,450	36,705				
	베트남	27,841	942	236	29,019				
	필리핀	12,306	601	216	13,123				22,270
	일본	10,282	1,001	219	11,502				6,886
	기타	13,281	1,597	4,160	19,038				
합계		89,314	7,792	12,281	109,387 (1.9)				122,212

　2018년 한국의 다문화학생은 12만 2,000명으로 전년보다 1만 2,825명(11.7%) 증가했다. 한국의 전체 학생 수와 학령인구(6~12세)는 감소 추세에 들어섰지만, 다문화학생은 최근 6년간 매년 1만명 이상 증가해, 2018년에는 다문화학생 비중이 2.2%를 차지할 정도로 증가했다. 2018년 한국의 고등학생 중 다문화학생

은 총 6,020명으로 나타났는데, 부모가 일본 국적인 다문화학생이 1,849명으로 압도적으로 높게 나타났으며, 그다음이 필리핀 1,143명, 중국 728명, 중국(한국계) 408명, 대만 42명, 베트남 201명, 태국 129명, 몽골 42명, 인도네시아 23명, 남부아시아 55명, 중앙아시아 48명, 미국 28명, 러시아 49명, 유럽 14명, 아프리카 7명, 오세아니아 2명, 기타 국가 62명으로 조사되었다.[1] 2018년 다문화학생 가운데 초등학생 비중은 76.1%, 중학생 14.8%, 고등학생 8.7%, 각종 학교 학생 0.4%로 나타났다.

한국여성정책연구원(2018)의 조사에 따르면, 다문화가정 자녀의 초등학교 진학률은 98.1%로 한국인 가정 자녀(97.4%)보다 높다. 진학률은 중고등학교부터 역전되기 시작한다. 다문화가정 자녀의 중학교 진학률은 92.8%인 데 비해, 한국인 가정 자녀는 97.9%이다. 다문화가정 자녀의 고등학교 진학률은 87.9%이지만, 한국인 가정의 자녀는 92.4%이다. 그런데 한국 다문화가정 자녀의 고등교육 기관(대학, 대학원) 취학률은 49.5%(7,640명)에 불과하다(여성가족부, 2018 : 48). 이는 한국인 가정 자녀의 취학률 67.6%보다 18% 정도 낮다. 1990년대 후반 급증한 다문화가족에서 태어난 자녀들은 학령기에 접어들면서 자아 정체성 혼란, 학습부진, 학교생활 부적응 현상을 나타낸다. 저소득층 다문화가정의 경제적 빈곤 문제는 자녀의 학업에도 중요한 영향을 미치는 변수로 작용한다.

---

1 교육인적자원부, 《2018 일반 고등학교 학업 중단 학생 현황》(세종 : 교육인적자원부, 2018), 290~291.

다문화가정의 교육전략은 따로 있다

다문화가정의
사교육 참여실태

—— 여성정책연구원에서 다문화가정 학생이 사교육을 받은 경험을 조사한 바에 따르면, 72.0%의 다문화가정 학생들이 사교육을 받고 있는 것으로 나타났다(최윤정 외, 2018:552~553). 특히 18세 이상 연령층(2018년 42.0%, 2015년 25.9%)에서 사교육을 받은 비율이 크게 증가한 것으로 나타났는데, 이는 한국사회의 보편화된 사교육 열기에 다문화가정도 편승했기 때문이다.

사교육을 받은 경험이 있는 초중등, 대학 및 대학원 재학 다문화가족 자녀가 1주일 동안 받은 총 사교육 시간은 조사결과 평균 8.95시간으로 나타났다. 주당 교육시간별로 살펴보면, 1~5시간 사교육을 받았다는 자녀가 38.2%로 가장 많았고, 그 다음이 6~10시간 33.6%로, 71.8%가 주당 10시간 이하의 사교육을 받은 것으로 조사된다(최윤정, 2019:551). 연령별로는 고등학교 학령기인 15~17세가 9.68시간으로 가장 많았고, 초등학

【그림 2-3】다문화 초중등 학생과 청소년 일반의 사교육 참여율(2015, 2018)[1]

여성가족부, 2017년 〈청소년종합 실태조사〉 원자료 분석(청소년 일반 부분)

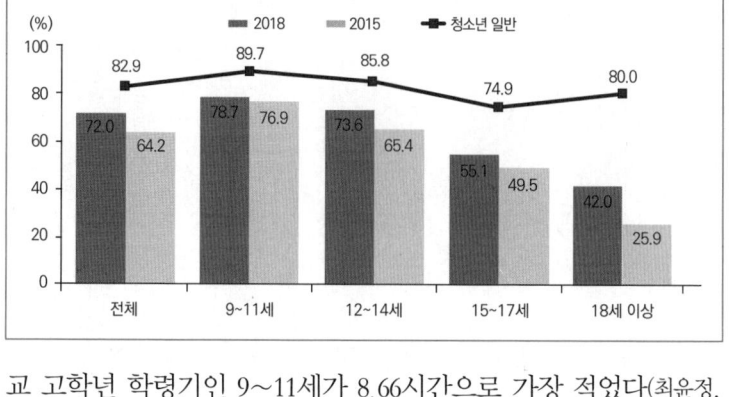

교 고학년 학령기인 9~11세가 8.66시간으로 가장 적었다(최윤정,
2019: 551). 연령이 높아질수록 사교육 참여시간이 크게 증가해서
18세 이상에서는 2015년에 비해 2.53시간 증가했다. 청소년 일반
과 비교해보면, 전체 초중등 학생 일반에 비해 다문화학생의 사
교육 참여시간이 0.47시간 적었으나, 만 9~11세(다문화학생 8.66시
간, 청소년 일반 8.56시간)와 만 18세 이상(다문화학생 10.74시간, 청소년 일
반 10.66시간)에서는 다문화학생의 사교육 참여시간이 더 많은 것
으로 나타났다(최윤정 외, 2018: 553). 이는 2015년 실태조사와는 다
르게 다문화학생들이 초중등 학생 일반에 비해 사교육 참여율은
낮지만 사교육에 참여한 다문화학생들의 사교육 참여시간은 전
체 학생과 거의 비슷한 수준임을 보여준다.

---

1 최윤정 외, 《2018년 전국 다문화가족 실태조사 연구: 연구 보고 2019-01》, 553.

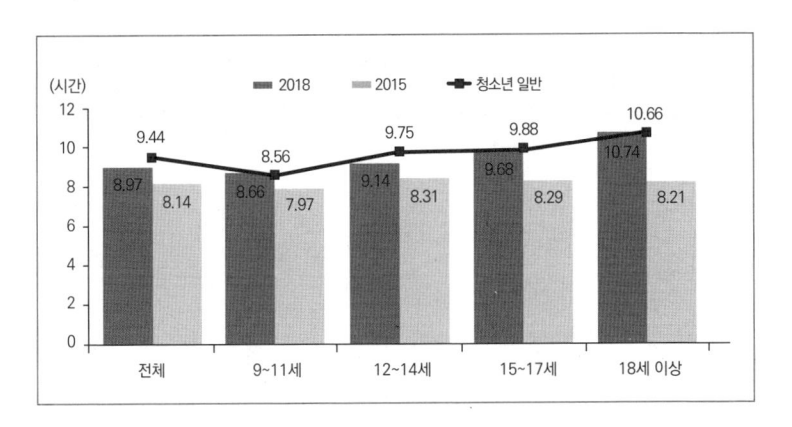

2018년 한국여성정책연구원은 초중등학교를 비롯해 대학교와 대학원에 재학 중인 다문화가정의 자녀를 대상으로 지난 1년(2017. 8. 1~2018. 7. 31) 동안 학교 공부, 예체능 및 취미생활, 진로 및 취업 등을 위해 학원을 다니거나 과외수업, 학습지, 인터넷 강의, 방과후교실 등 사교육을 받은 경험이 있는지를 조사했다. 표 2-10에 따르면, 사교육을 받은 경험이 있다고 응답한 다문화가정의 자녀는 69%로 나타났다. 사교육 경험은 연령별로는 9~11세가 78.7%로 가장 높게 나타났고, 연령이 높아질수록 사교육 경험 비율이 낮아져 18세 이상은 26%로 하락하는 모습을 보였다. 국내에서 성장한 자녀나 외국에서 거주한 경험이 있는 자녀는 각각 69.7%와 70.6%로 비슷한 분포를 보였지만, 외국에서 주로 성장한 자녀는 55.3%로 상대적으로 사교육 경험이 낮게

【표 2-10】 초중등, 대학 및 대학원 재학 다문화가정 자녀의 지난 1년 사교육 경험

(한국여성정책연구원, 2018: 550)

		사교육 경험이 있다	사교육 경험이 없다	합계
다문화가구 유형	결혼이민자	69.0%	31.0%	100.0%
	기타 귀화자	69.3%	30.7%	100.0%
연령	9~11세	78.7%	21.3%	100.0%
	12~14세	73.6%	26.4%	100.0%
	15~17세	55.0%	45.0%	100.0%
	18~24세	26.0%	74.0%	100.0%
가구 소득	100만원 미만	60.5%	39.5%	100.0%
	100~200만원 미만	59.9%	40.1%	100.0%
	200~300만원 미만	62.5%	37.5%	100.0%
	300~400만원 미만	71.1%	28.9%	100.0%
	400~500만원 미만	78.1%	21.9%	100.0%
	500만 원 이상	81.6%	18.4%	100.0%
거주 지역	동부	72.5%	27.5%	100.0%
	읍면동부	60.7%	39.3%	100.0%
성장 배경	국내에서만 성장	69.7%	30.3%	100.0%
	외국 거주 경험	70.6%	29.4%	100.0%
	외국에서 주로 성장	55.3%	44.7%	100.0%
외국계 부모의 성별	외국계 부+한국계 모	63.4%	36.6%	100.0%
	한국계 부+외국계 모	70.5%	29.5%	100.0%
	외국계 부모	70.4%	29.6%	100.0%

나타났다. 가족 특성별로는 외국계 아버지를 둔 자녀의 사교육 경험률(63.4%)이 상대적으로 낮게 나타났고, 결혼이민자 가족과 기타 귀화자 가족에 따른 차이는 거의 없었다. 한국인 가정의 일반 자녀처럼 읍면부 거주 자녀의 사교육 경험률(60.7%)보다 동부

거주 자녀의 사교육 경험률(72.5%)이 높게 나타났으며, 대체로 가구 소득이 높아질수록 사교육 경험률이 높아지는 추세를 보여 500만원 이상 가구의 경우 사교육 경험은 81.6%로 나타났다. 가구 소득이 높은 다문화가구는 사교육 참여도가 확실히 높기 때문에 600만원 이상 가구에서의 사교육 참여율은 63.9%로 나타나지만, 100만원 미만 저소득층 다문화가구에서는 절반 수준에도 못 미치는 29.8%에 불과한 것으로 조사되었다(최윤정 외, 2018 : 46).

다문화가정 청소년의 학교 부적응 이유를 조사한 결과에 따르면, "학교 공부가 어렵다"는 응답이 63.6%로 가장 높게 나타났으며, 두 번째로 높은 응답률이 "다문화가정 자녀들이 친구들과 잘 어울리지 못한다"(53.5%)는 것이었고, 세 번째로 높은 응답률이 "한국어를 잘하지 못한다"(12%), 그다음이 "외모가 다르기 때문이다"(10.3%)는 응답이었다(최윤정 외, 2018 : 545).

향후 다문화가족 자녀가 희망하는 교육 수준을 질문한 결과, 4년제 대학교라고 응답한 비율이 56.5%로 가장 높게 나타났고, 4년제 미만의 대학교라고 응답한 비율이 23.2%로 다음으로 높게 나타났으며, 고등학교 이하라고 응답한 비율이 11.2%이다. 대학원 박사까지 공부를 하겠다는 응답은 5.4%, 석사까지 공부를 하겠다는 응답은 3.7%로 이 둘을 합하면 전체의 9.1%가 대학원 이상 공부를 하겠다는 희망을 나타내고 있다(최윤정 외, 2018 : 554). 이것은 다문화가정 청소년과 청소년 일반 집단 간의 희망 학력 수준에서 차이가 존재함을 보여주며, 이러한 경향성이 지속될 경우 진로격차로 이어지고 결국 사회계층의 격차를 유발할 가능성이 크다.

정부가 복지 비용을 대폭 지출하고 있지만, 아직도 다문화가정 중에서 이혼이나 사별, 별거로 인한 한부모가정은 교육, 복지정책의 사각지대에 놓여 있다. 한국이 복지국가로 가려면 저소득층 한국인 가정, 저소득층 다문화가정, 희귀난치성 질환자가 있는 가정, 한부모가정부터 복지 지원의 질적 향상이 있어야 한다. 현실에서 어려움을 겪는 가정의 문제를 들여다보면 아직도 갈 길이 너무 멀다. 저소득층 다문화가정은 다수가 맞벌이를 하는 경우가 많은데, 아이의 양육을 도와줄 친척이나 할머니가 없으면 수업 후 혼자 집에서 방치될 수밖에 없다. 기초생활수급자 중에서는 기초학력 미달인 경우가 많으며, 결손가정 학생일수록, 가정에서 돌봄이 부족할수록 기초학력 미달인 경우가 많다.[2] 다문화가정 자녀 중에서 전체 저학년 자녀의 53.4%가 평일에 혼자 방치되어 있는 것으로 나타났다. 이 중에서 보호자 없이 집에서 지내는 시간이 1~2시간이라는 응답이 32.4%로 가장 많았고, 3~5시간 동안 혼자 있다는 응답은 19.8%, 6시간 이상 혼자 집에서 지낸다는 응답은 1.2%로 나타났다. 특히 6시간 이상 장기로 보호

---

2 김태은 외, 〈초·중학교 학습부진 학생의 성장과정에 대한 연구(I)〉, 《연구 보고 RRI 2017~6》(세종 : 한국교육과정평가원, 2017), 505~521.

자 없이 집에 있는 비율은 다문화가구의 소득이 낮을수록 높게 나타나기 때문에 아동이 방치되지 않도록 지역아동센터와 연계해 방과후교육 프로그램에 참여하도록 지원하는 방안이 필요하다(최윤정 외, 2018:47).

외국인 엄마에겐 넘사벽,
한국의 교육 장벽

—— 부모가 한국어에 능통한 고학력자인 다문화가정은 극소수일 것이다. 특히 국제결혼으로 한국사회에 정착한 여성 결혼이민자들이 겪는 가장 큰 현실적 어려움은 자녀양육과 자녀교육이다. 다문화가정은 자녀양육에 관한 정보, 의학정보, 교육정보, 입시정보 등 여러 분야에서 한국인 엄마의 막강 정보력에 뒤질 수밖에 없다. 한국 엄마들의 교육열은 이미 유명하다. 오죽하면 미국에서도 이민 간 한국인 자녀들 교육을 위한 보습학원이 성행하겠는가?

부모의 소득 수준에 따라 취학 전 경험하는 학습환경 등의 차이로 인해 초등교육 단계에서 교육격차가 심화될 수 있다(박경호 외, 2017:41). 학교 입학 시 저소득층 아동들의 기초학력과 사회·정서적 기술은 일반 아동에 비해 전반적으로 낮다.[1] 저소득층 아동들

---

1 모화숙, 《저소득층 아동과 일반 아동 간의 학업성취에 대한 지능, 정서지능, 성격 5요인의 상대적 예측력》(원광대학교 석사학위논문, 2011), 46~47.

은 물질적 자원 부족과 부모의 양육 결핍이라는 불리한 환경 속에서 교육의 기회와 참여가 뒤처져 학습부진의 문제점을 안고 있다.[2] 취학 전부터 발생한 격차는 초등학교 학습의 기초가 되며 사회생활에 필요한 언어능력 같은 기초학력 부족으로 이어질 개연성이 높다.[3] 부모의 사회경제적 지위가 낮을수록 자녀의 진로·학업전략에 수동적이다.[4] 삶의 조건과 근로환경이 상대적으로 열악한 저소득층의 경우 부모와 자녀가 함께하는 시간이 부족하다.[5]

여성 결혼이민자의 언어능력이 자녀의 언어능력과 학업성취에도 큰 영향을 미친다는 사실은 학문적으로도 이미 검증된 사실이다.[6] 다문화가정의 자녀교육은 대부분 어머니 혼자 전담한다. 영유아기의 발달격차는 교육기회와 학력성취 등에 영향을 미치고, 사회경제적 지위의 불평등을 초래할 수 있다.[7] 유·초등 단계의 교육격차는 태어난 가정의 사회경제적 지위에 따라 출발선부터 아동들의 교육기회를 불공평하게 만든다. 이처럼 경제적 빈

2 양미랑, 《학습전략 프로그램이 저소득층 청소년의 학습전략에 미치는 효과》(경북대학교 석사학위논문, 2014), 11~12.

3 이주섭, 〈초등학교 3학년의 읽기·쓰기 기초학력에 대한 분석: 2002 국가 수준 기초학력 진단평가 결과를 중심으로〉, 《독서연구》 11(1)(2004), 301~326.

4 신명호, 〈교육과 빈곤 탈출 : 저소득층 청소년의 학력 저하 현상을 중심으로〉, 《도시연구》 9(2004), 9~65.

5 박성희·최은영, 〈부모의 양육태도가 청소년의 자아존중감, 학습동기 및 삶의 만족도에 미치는 영향 : 소득계층 차이를 중심으로〉, 《청소년복지연구》 18(4)(2016), 251~274.

6 조성호 외, 《결혼이민자 및 그 자녀의 인구 자질에 대한 연구: 연구 보고서 2014-22-4》(세종: 보건복지부, 2014), 118.

7 이상록·조은미, 〈아동보육 지원의 확충과 소득계층 간 양육 불평등〉, 《사회과학연구》 32(1)(2016), 141~169.

곤은 아동 발달에 심각한 영향을 미칠 수 있다.[8]

아동의 언어 발달에 부모가 가장 큰 영향을 미친다는 것은 상식이다.[9] 동남아시아 저개발국 출신 결혼이주 여성의 교육 수준은 한국인 평균 수준보다 낮다. 그로 인해 한국어학당을 수료하지 않거나 한국어를 제대로 교육받지 않고 가정생활을 시작한 케이스의 결혼이주 여성들 대다수가 자녀교육에 어려움을 겪는다. 한국어에 익숙하지 않기 때문에 학교에서 발송하는 알림장을 읽고 자녀의 숙제 지도를 해주거나, 수업시간에 필요한 준비물을 챙겨주기 어렵다(설동훈, 2005:142). 학교수업 참관에는 대부분 엄마가 참석하는데 맞벌이를 할 경우 학부모 교육이나 학부모 모임에 적극적으로 참여하기 어렵다(설동훈·이혜경·조성남, 2005:142). 외국인 어머니들은 한국어 말하기 실력에 비해 읽기와 쓰기 실력이 더 부족하다. 읽고 쓰는 능력의 부족은 자녀의 공부에 대한 가치관 형성과 학습동기 및 학습태도에 부정적 영향을 미친다. 결과적으로 외국인 어머니의 한국어 실력 부족은 자녀의 학업성취도를 저하시키는 주요한 원인이 된다.[10]

상위권 성적을 유지하는 다문화가정 자녀들은 그중에서도 유

---

8 황혜정, 〈위스타트(We Start) 가정방문 교육 중재 프로그램이 저소득 가정 영아의 발달에 미치는 영향〉, 《Family and Environment Research》 49(3)(2011), 55~66.

9 김명순·김길숙·손승희·유정은·이민주·이윤선·조항린·한찬희, 〈저소득 일반 가정 영유아의 언어능력에 영향을 미치는 언어 관련 놀잇감 및 부모-자녀 관계 관련 변인 연구〉, 《아동학회지》 31(4)(2010), 61~74.

10 김의정·김예화·유현주, 〈다문화가정 학생과 학습부진/학습장애 학생의 사회과 교수·학습에 관한 일반 초등교사의 인식을 알아보기 위한 연구〉, 《학습장애 연구》 9(2)(2012), 37~38.

독 문학, 국어 과목에 어려움을 겪는다.[11] 그 이유는 한국사회에 대한 문화 부적응 상태인 외국인 어머니로 인해 유아기에 언어 발달이 늦어지고 이것이 자녀들의 학습부진을 초래하는 악순환이 반복되기 때문이다. 자녀들이 성장하면서 의사소통에는 지장이 없어진다 해도 학습 면에서 독해, 쓰기, 어휘력, 한국문화와 역사, 사회 과목 등에서는 부진할 수밖에 없다.

저소득층은 맞벌이를 해야 하기 때문에 영아기에는 아이를 혼자 두는 비율이 높고, 자녀의 발달이나 행동에 관심을 가질 현실적 여유가 없다.[12] 저소득층 부모는 자녀가 유치원에 진학해도 먹고사는 문제에 집중해야 하므로 자녀의 생활 전반에 관여하지 못하고 방치한다. 방치가 습관이 되면 학습 습관이 자리 잡아야 할 초등학교, 중학교 시기에 자연스레 성적이 하락하는 결과로 연결된다. 부모의 양육시간도 고소득층과 저소득층에 따라 차이가 크다.

한국교육개발원(2012)이 평일 저녁시간 활동을 조사한 결과, 다문화가정 자녀들의 TV와 비디오 시청(45.9%)이 일반 청소년(33.5%)에 비해 12.4%p나 높고, 숙제 등 공부하기(26.3%)에서도 13.1%p 낮은 것으로 보고되었다(류방란, 2012:12). 이는 한국사회의

---

11 류방란, 《중등교육 학령기 다문화가정 자녀교육 실태 및 지원 방안》(서울 : 한국교육평가원, 2012), 85.

12 정미라·곽은순·윤장숙, 〈저소득층과 일반 계층 아동의 양육실태 비교〉, 《열린유아교육연구》 12(4)(2007), 347~369.

일반 가정 자녀들이 국어, 영어, 수학 위주의 사교육에 집중하는 시간 동안 다문화가정 자녀들은 성적 향상을 위해 자기주도학습을 하지 못하고 있기 때문이다.[13] 여성 결혼이민자 가구의 절반 이상이 최저생계비 이하의 소득으로 살아가며, 경제적 이유 때문에 많은 결혼이민 여성들이 저임금을 받는 경제활동을 하거나 비정규직에 종사하면서 수당을 더 받기 위해 야간이나 휴일에 시간외근무를 한다. 그리고 이로 인한 근무 부담 때문에 자녀교육에 소홀할 수밖에 없다. 이러한 부모의 맞벌이로 부모들은 자녀들을 돌보거나 대화할 시간이 없고, 자녀가 방임되는 시간이 많아 자녀양육 및 자녀교육에 부정적인 영향을 미친다. 반대로 경제 수준이 상위층일수록, 어머니의 학력이 높을수록 자아 정체감은 긍정적으로 나타난다(류방란, 2012:viii~ix).

---

13 진미정·이윤주, 〈어머니의 취업에 따른 영유아기 아동의 생활시간 양태〉, 《Family and Environment Research》 48(6)(2010), 43~56.

다문화가정 유아와 초등학생의
생활습관 잡아주기

—— 2018년 여성정책연구원의 조사에 의하면 다문화가구 자녀의 평균 연령은 8.32세이다. 학령 전기에 해당하는 6세 미만 자녀의 비율은 39.0%, 초등학령기에 해당하는 만 6~11세 자녀의 비율은 38.2%로 나타났다(최윤정 외, 2018:42). 대학 진학과 관계가 깊은 중학교 학령기인 12~14세 자녀의 비율은 8.6%, 고등학교 학령기에 해당하는 15~17세 비율은 5.8%로 나타났다. 성인 연령층인 18세 이상의 비율은 8.3%를 차지한다. 초등학교 이전(만 7세)의 미취학 아동에 대한 교육부터 일반 아동의 교육 수준과 차이가 발생한다.

2018년 전국 다문화가족 실태조사를 보면 다문화가정 자녀의 초등학교 취학률은 순취학률(NER)을 기준으로 초등학교 98.1%, 중학교 92.8%, 고등학교 87.9%, 고등교육 기관 49.6%로 나타난다(최윤정 외, 2018:47, 57). 초등학교의 경우 다문화가정 자녀의 취학률이 일반 학생보다 0.7%p 높게 나타난다. 그러나 중학교부터는 다문화가정 자녀의 취학률이 전체 일반 학생에 비해 눈에 띄게 낮은데, 중학교에서는 일반 학생보다 5.1%p, 고등학교에서는 4.5%p 낮다. 이러한 격차는 고등교육에서 극대화되어 고등교육의 경우 전체 일반 학생(67.6%)에 비해 다문화가족의 취학률은 18.0%p가 낮다(최윤정 외, 2018:48, 58). 대학 진학률이 70%를 넘는 우리나라에서 이같이 낮은 고등교육취학률은 결과적으로 노동시장에서의 취약함으로 이어질 가능성이 높다. 다문화가정 자녀의 중등 및 고등교육에서의 낮은 취학률과 그 원인을 면밀하게 분석하고, 이에 대한 적절한 대안을 강구해야 한다.

그런데 다문화가정의 범주에는 결혼이민자 가정뿐만이 아니라 기타 귀화자, 외국인 노동자, 탈북자도 포함된다. 기타 귀화자 집단은 처음에는 다문화가족 범주에 포함되지 않았기에 2011년 다문화가족지원법 개정으로 새로이 합류한 집단이다. 기존 다문화가정 정책은 주로 배우자, 자녀 등 가족 중심의 정책에 초점을 맞추고 있다. 따라서 1인 가족 형태가 1/3을 차지하는 기타 귀화자의 특성상 가족정책에 대한 수요는 적고, 오히려 취업 지원이나 본인들의 저소득을 보완할 다양한 사회복지 관련 정책에 관심이 많다. 기타 귀화자의 경우 결혼이민자와 달리 한국사회에 대한 초기 적응의 어려움이나 저항이 적기 때문에 일반적인 이주민 관련 정책에 대한 관심도 낮은 편이다. 문제는 현재의 다문

다문화가정의 교육전략은 따로 있다

화가족정책이 이와 같은 이들의 정책적 요구를 정교하게 반영하지 못하고 사각지대에 방치되어 있다는 점이다. 외국인들의 귀화 현상과 기타 귀화자의 규모가 점차 늘어나는 상황에서 이들이 다문화가족의 새로운 유형으로 부상하고 있기에 기타 귀화자 집단의 자녀에 대해서도 정책적 관심을 가지고 대응해야 한다(최윤정 외, 2018:59).

기타 귀화자는 결혼이민자보다 월평균 가구 소득이 상대적으로 낮다는 점에서 심각성이 있다. 특히 100만원 이하인 기타 귀화자의 최저 빈곤 가구가 전체의 13.5%를 차지하며, 전체 기타 귀화자 가구의 40% 이상이 월평균 200만원 이하에 포진하고 있다(최윤정 외, 2018:59). 다세대주택이나 오피스텔 등 주거 전용이 아닌 곳의 거주 비율이 높으며 전세나 월세, 무상의 비율이 상대적으로 높다. 주거 빈곤의 문제는 기타 귀화자 가구의 자녀양육 환경에도 영향을 미친다. 기타 귀화자 가구는 결혼이민자 가구에 비해 도시 지역 저소득계층을 이룰 가능성이 높다(최윤정 외, 2018:59).

부모의 소득 수준에 따라 취학 전 경험하는 학습환경 등의 차이로 인해 초등교육 단계에서 교육격차가 심화된다(박경호 외, 2017:41). 학교 입학 시 저소득층 아동들의 기초학력과 사회·정서적 기술은 일반 아동에 비해 전반적으로 낮다.[1]

---

1 모화숙, 《저소득층 아동과 일반 아동 간의 학업성취에 대한 지능, 정서지능, 성격 5요인의 상대적 예측력》(원광대학교 석사학위논문, 2011), 46~47.

저소득층 아동들은 물질적 자원 부족과 부모양육 결핍이라는 불리한 환경 속에서 교육의 기회와 참여가 뒤처져 학습부진의 문제점을 안고 있다.[2] 취학 전부터 발생한 격차는 초등학교 학습의 기초가 되며 사회생활에 필요한 언어능력 같은 기초학력 부족으로 이어질 개연성이 높다.[3] 부모의 사회경제적 지위가 낮을수록 자녀의 진로·학업전략에 수동적이다.[4] 삶의 조건과 근로환경이 상대적으로 열악한 저소득층의 경우 부모와 자녀가 함께하는 시간이 부족하다.[5]

다문화가구의 소득이 낮을수록 이혼·별거 비중이 높게 나타난다(최윤정 외, 2018:479). 결혼이민자가 이혼·별거 후 전 배우자로부터 양육비를 받고 있는 경우는 6.8%에 불과하며, 절대 다수인 93.2%는 양육비를 받고 있지 않다는 것이 냉정한 현실이다(최윤정 외, 2018:334, 479). 그렇기 때문에 이혼·별거 후 자녀양육에 대한 배우자들의 경제적 어려움과 자녀양육의 부담이 문제점으로 부각된다. 이혼·별거 후 전 배우자와 자녀의 연락 방식은 소식을 모르고 연락하지 않는다는 응답이 43.6%로 가장 많고, 특별

---

2 양미랑, 《학습전략 프로그램이 저소득층 청소년의 학습전략에 미치는 효과》(경북대학교 석사학위논문, 2014), 11~12.

3 이주섭, 〈초등학교 3학년의 읽기·쓰기 기초학력에 대한 분석: 2002 국가 수준 기초학력 진단평가 결과를 중심으로〉, 《독서연구》 11(1)(2004), 301~326.

4 신명호, 〈교육과 빈곤 탈출: 저소득층 청소년의 학력 저하 현상을 중심으로〉, 《도시연구》 9(2004), 9~65.

5 박성희·최은영, 〈부모의 양육태도가 청소년의 자아존중감, 학습동기 및 삶의 만족도에 미치는 영향: 소득계층 차이를 중심으로〉, 《청소년복지연구》 18(4)(2016), 251~274.

한 일이 있을 때마다 만나고 있다(23.0%), 정기적으로 만나고 있다(17.7%), 편지, 전자우편, 전화 연락만 하고 있다(14.7%) 순으로 나타난다(최윤정 외, 2018:334, 470). 미취학 자녀 양육 시 이혼·별거한 상태의 결혼이민자가 바쁘거나 아플 때 자녀를 돌봐줄 사람을 찾기 어렵다고 응답한 비중이 한국인 배우자보다 2배 이상 높은 데서 볼 수 있듯이 자녀양육에 대한 지원이 부족하다(최윤정 외, 2018:334, 479).

만 6세 이상 자녀양육 시에도 이혼·별거한 상태의 결혼이민자가 한국인 배우자보다 어려움을 더 많이 겪는다. 이혼, 사별, 별거로 인해 결혼이민자들이 겪는 어려움 중에서 가장 높은 비중은 '자녀와의 대화 부족'(25.0%)과 '학부모활동 참여 어려움'(27.4%)이다(최윤정 외, 2018:479). 부모의 사망, 이혼, 별거로 인한 결손가정에서 다문화가정 자녀가 겪는 현실적 어려움은 일반 다문화가정 자녀, 일반 한국인 가정 자녀가 겪는 어려움보다 훨씬 크다. 한부모가족의 경우 자녀양육 시 어려움을 더 많이 경험하고 자녀 연령에 따라 그 내용도 달라진다. 그렇기 때문에 한부모가족의 자녀양육에 대한 어려움을 이해하고, 자녀 연령에 따라 미취학 자녀의 돌봄에 대한 네트워크 지원과 학부모 역할에 대한 지원을 해야 한다. 이들이 사각지대에 방치되어 비행 청소년이 될 수도 있기 때문에 교육복지적 측면에서 관심을 갖고 어떻게 심리적·정서적 어려움, 경제적 어려움, 교육적 어려움에 도움을 줄 수 있을지 고민해야 한다. 이혼이나 별거 후의 결혼이민자들과 자녀는 관계가 원만하지 않기 때문에 이들의 자녀가 성장해 가면서 심리적·정서적 트라우마나 갈등, 상처를 겪을 가능성도 크다. 이러한 어려움은 자녀가 성인이 되어 가정을 형성한 후에도 영향을 미칠 수 있다.

유아기 자녀와 초등학교에 재학 중인 다문화가정 자녀의 비율이 전체 77.2%를 차지한다는 점에서 유아교육과 초등교육의 중요성을 되짚어보아야 한다. 저소득층 다문화가정 자녀는 유아교육에서부터 불리한 지점에서 출발한다. 만 5세 이하 미취학 자녀가 있는 다문화가정 자녀 중에서 어린이집이나 유치원에 보내고 있는 비율은 76.0%로 상당수의 영유아가 기관 서비스를 이용하고 있다(최윤정 외, 2018:44). 정부는 어린이집·유치원에 보내지 않는 가구를 대상으로 가정양육수당을 지급하고 있다. 다문화가정 부모가 미취학아동을 어린이집이나 유치원에 보내지 않은 채 양육수당을 받고 있는 비율은 20.2%로 나타나며, 나머지 3.0%는 어린이집이나 유치원에 보내지도 않고 양육수당도 받지 않는 것으로 나타났다(최윤정 외, 2018:57). 가구의 소득에 따라서 미취학 아동에 대한 유아교육도 차이가 나타난다. 다문화가구 소득이 300~600만원일 경우 미취학 아동을 어린이집·유치원에 보내는 비율이 상대적으로 높게 나타나지만 어린이집이나 유치원에 보내지 않은 채 양육수당만 받는 비율은 가구 소득 300만원 이하

(21.5~24.4%) 가정에서 상대적으로 높게 나타난다. 추정컨대 저소득층 다문화가구에서 양육수당이 다른 용도로 사용되기 때문인 것으로 볼 수 있다.

저소득층은 맞벌이를 해야 하기 때문에 영아기에는 아이를 혼자 두는 비율이 높고, 자녀의 발달이나 행동에 관심을 가질 현실적 여유가 없다.[6]

저소득층 부모는 자녀가 유치원에 진학해도 먹고사는 문제에 집중해야 하므로 자녀의 생활 전반에 관여하지 못하고 방치한다. 방치가 습관이 되면 학습 습관이 자리 잡아야 할 초등학교, 중학교에 접어들 때 자연스레 성적이 하락하는 결과로 연결된다. 부모의 양육시간도 고소득층과 저소득층에 따라 차이가 크다.

초등 저학년에 해당하는 다문화가정 자녀가 가장 많이 참여하고 있는 프로그램은 방과후학교로 전체의 58.1%가 참여하고 있다. 초등돌봄에 참여하는 비율은 31.6%로 대략 1/3을 차지한다. 학교교육 외에 학원, 과외, 공부방 등 사교육에 참여하는 초등 저학년 다문화가정 자녀의 비율은 전체 50.0%이다(최윤정 외, 2018:45). 재미있는 현상은 결혼이민자 가구의 자녀들이 기타 귀화자 자녀들보다 초등돌봄교실(32.0%, 5.8%p)과 방과후학교(58.6%, 8.0%p)의 참여 비율이 훨씬 높게 나타나는 반면에 사교육 참여 비

---

6 정미라·곽은순·윤장숙, 〈저소득층과 일반 계층 아동의 양육실태 비교〉, 《열린유아교육연구》 12(4)(2007), 347~369.

율(49.5%, 7.5%p)은 확연히 낮게 나타난다는 점이다. 특히 600만원 이상 가구에서의 사교육 참여율은 63.9%에 달하나 100만원 미만 가구에서는 절반 수준에도 못 미치는 29.8%에 불과할 정도로 초등학교 저학년부터 소득 양극화에 따른 사교육 참여율의 격차가 벌어진다.

한국여성정책연구원(2018)의 조사에 의하면 보호자 없이 초등학교 저학년 자녀의 53.4%가 평일에 혼자 방치되는 시간이 있는 것으로 나타났다(최윤정 외, 2018:46). 보호자 없이 집에 있는 시간은 1~2시간이 32.4%로 가장 많고, 3~5시간이 19.8%, 6시간 이상이 1.2%로 확인되었다. 이러한 방치 경향은 결혼이민자 가구(53.1%)보다는 기타 귀화자 가구(56.6%)에서 좀 더 높게 나타나며, 도시 지역(51.3%)보다는 농촌 지역(54.3%)에서 상대적으로 약간 더 높게 나타난다. 특히 6시간 이상 장기 보호자 없이 집에 있는 비율은 가구 소득이 낮을수록 높다는 점에서 방임이 자녀의 성장과 교육에 영향을 미친다고 추정할 수 있다.

유치원 과정에서는 양육수당을 받으면서 유아교육을 지원받으며, 기본적 예의범절, 식습관, 양치질, 세수, 목욕하기, 일찍 자고 일찍 일어나기, 유치원 등원하기와 하원하기처럼 생활습관을 가르치는 생활교육과 인성교육에 초점을 두어야 한다. 결혼이주민이나 기타 귀화자는 한국어가 서툰 경우가 많겠지만 자녀가 취침하기 전에 동화책을 읽어주는 것을 습관화하면 자녀교육에 좋은 영향을 미칠 것이다. 유치원에서 초등학교 저학년 과정은 부모의 손길이 가장 많이 필요한 시기다.

다문화가정 부모들이 명심해야 할 부분은 자녀들이 부모의 생활습관까지 쏙 빼닮는다는 점이다. 부모가 늦게 자고 늦게 일어나는 올빼미형 생활습관을 갖고 자녀를 양육하다 보면 자녀들도 올빼미형으로 성장하며, 부모가 아침 일찍 일어나서 하루의 생활을 시작하는 경우는 자녀도 아침형 생활습관을 갖게 된다. 유치원과 초등학교 과정에서는 생활습관을 기르고 생활의 기틀을 잡는 것이 중요하므로 이 점에 주의해서 양육한다. 특히 중학교와 고등학교 과정에서 중요한 것은 출석과 결석인데, 학교에 지각하지 않도록 시간 개념을 길러주어야 한다. 가정에서 생활교육이 안 된 자녀는 학업성적도 좋지 않다. 생활습관과 자기주도학습은 상호 밀접한 관련이 있다.

대체적으로 연령이 높아질수록 아버지와의 대화시간이 적어지는 양상을 보인다. 한국계 아버지와 외국계 어머니로 구성된 가족의 자녀가 어머니와의 대화시간이 가장 적고, 외국계 아버지와 한국계 어머니로 구성된 가족의 자녀가 어머니와 가장 많이 대화하는 것으로 나타났다(최윤정 외, 2018:500). 요새 초등학생들은 4학년 때부터 사춘기가 시작되는데 부모와 자녀의 대화시간이 길수록 사춘기를 수월하게 극복하는 경향이 있다. 초등학교 시기는 학교에서 경험한 시시콜콜한 이야기, 친구와의 관계, 유행,

SNS, 게임 같은 주제가 학교생활에서 중요한 요소다. 자녀가 학교에서 벌어지는 이야기, 친구관계, 선생님과의 관계를 부모에게 자연스럽게 이야기해야 부모도 학교생활을 예측할 수 있다.

대다수 결혼이민자와 기타 귀화자 학부모는 한국어가 부족하더라도 EBS를 충분히 활용해 자녀의 교육에 대한 정보를 얻고, 참관수업이나 학부모 모임, 선생님과의 상담을 통해 자녀교육에 참여하도록 노력하는 것이 바람직하다. 특히 방학기간에는 무료로 참가할 수 있는 다양한 교육캠프가 많으니 인터넷으로 신청해보자. 교육캠프에 참가하는 자녀들은 자연스럽게 학업에 관심을 갖게 되고 학습동기를 부여받는다.

유치원이나 초등학교에 다닌다면 자녀교육의 핵심은 공부가 즐겁고 재미있다는 사실을 느끼도록 유도하는 것이다. 방학이 되면 국립박물관은 유치원생들과 초등학생들로 관람이 어려울 정도로 붐빈다. 국립박물관에 재미있는 체험교실이 개설되어 있기 때문이다. 유치원과 초등학교 학생에게 효과적인 교육법은 자녀와의 박물관 견학(국립중앙박물관, 기타 박물관), 과학체험교실(과학재단) 방문, 책을 읽고 토론하거나 짧은 독후감 쓰기, 일기 쓰기, 목장체험, 초등생 금융교실(증권위원회)과 초등생 경제교실(한국은행) 방문, 도서관에서 책 읽기(국립어린이도서관, 지역도서관) 등의 체험학습을 자주 하는 것이다.

초등학교 저학년은 개념을 이해하고 정립하는 과정이기 때문에 흥미와 관심을 갖도록 하는 쌍방형 체험학습의 교육적 효과가 높다. 특히 수학은 초등학교 때부터의 개념 이해가 중요하므로 연산 연습을 통해 계산력을 길러주는 공부 습관을 갖도록 양육해야 한다. 초등학교 고학년에 올라가면 수업이 끝난 후 그날 배운 내용을 복습하도록 유도해야 한다. 집에 와서 배운 내용을 복습하고, 주말에 다시 복습하고, 시험 기간에 대비해서 한 달 전부터 다시 복습하면 대부분은 학습 내용을 잊지 않는다. 이런 복습 습관을 통해 학습결손 현상을 방지하고 예습을 통해 다음 과정을 익히면 공부에 흥미를 가질 수 있다. 공부는 즐겁고 재미있는 것이라는 생각을 가지도록 다양하고 즐거운 체험학습 기회를 주어야 한다.

한국교육개발원(2012)이 평일 저녁시간 활동을 조사한 결과, 다문화가정 자녀들의 TV와 비디오 시청(45.9%)이 일반 청소년(33.5%)에 비해 12.4%p나 높고, 숙제 등 공부하기(26.3%)에서도 13.1%p 낮은 것으로 보고되었다(류방란, 2012:12). 이는 한국사회의 일반 가정 자녀들이 국어, 영어, 수학 위주의 사교육에 집중하는 시간 동안 다문화가정 자녀들은 성적 향상을 위해 자기주도학습을 하지 못하고 있기 때문이다.[7]

여성 결혼이민자 가구의 절반 이상이 최저생계비 이하의 소득

---

7 진미정·이윤주, 〈어머니의 취업에 따른 영유아기 아동의 생활시간 양태〉, 《Family and Environment Research》 48(6)(2010), 43~56.

으로 살아가고 있으며, 경제적 이유 때문에 많은 결혼이민 여성들이 경제활동을 하거나 비정규직에 종사하면서 저임금으로 인해 수당을 더 주는 시간 외 야간근무나 휴일근무를 한다. 그리고 이로 인한 근무 부담 때문에 자녀교육에 소홀할 수밖에 없다. 이러한 부모의 맞벌이로 자녀들을 돌보거나 대화할 시간이 없고, 자녀가 방임되는 시간이 많아 자녀양육 및 자녀교육에 부정적인 영향을 미친다. 반대로 경제 수준이 상위층일수록, 어머니의 학력이 높을수록 자아 정체감은 긍정적으로 나타난다(류방란, 2012:viii~ix)

다문화가정의 교육전략은 따로 있다

서울 시내
주요 13개 대학 합격률

—— 대치동 학원가를 그려낸 몇 년 전 드라마 〈아내의 자격〉이나, 공전의 히트를 쳤던 드라마 〈SKY 캐슬〉에서처럼 치열하게 특목고, 과학고, 자사고 입시를 준비하는 부모들이 많다. 한국사회에서 대학입시는 한 사람의 인생과 직업, 미래의 삶을 좌우하는 어찌 보면 가장 중요한 통과의례다. 자녀의 대학 진학에 관심이 많은 부모는 초등학교 4학년부터 차근차근 단계적으로 준비해야 한다. 이유는 초등학교 4학년 과정부터 본격적으로 기본적 개념을 배우기 때문이다. 세간에 "초등학교 4학년 성적이 수능성적이다"라는 속설이 있을 만큼 이 시기는 첫 번째로 중요한 시기다. 자사고, 특목고, 과학·영재고에 자녀를 진학시키려는 극성 부모들은 학습계획을 짜서 초등학교 고학년 과정부터 고교입시를 준비한다.

일반고 출신 학생들의 서울 시내 주요 13개 대학 합격률이 외고, 국제고, 과학·영재고, 자사고 출신보다 높지 않다는 현실을

【표 2-11】전국 고3학생 수 대비 서울 주요 13개 대학 합격자 비중(2016~2019년 평균)

(교육부 학생부종합전형조사단, 《2016~2019학년도 13개 대학 학생부종합전형
실태조사 결과 보고서》, 2019. 11. 5: 20)　　　　　　　　　　단위 : 명, %

전형　　　　고교	일반고	자율형 사립고	외고·국제고	과학·영재고
고3 학생 수(A)	450,55	14,946	7,473	1,613
학생부종합 전형	9,573	1,32	1,73	1,128
	2.1%	8.9%	23.2%	70.0%
수능	7,852	2,077	92	41
	1.7%	13.9%	12.4%	2.5%
전체	24,485	4,30	3,424	1,798
	5.4%	28.8%	45.8%	111.5%

직시할 필요가 있다. 교육부는 2016~2019년 4년간 학생부종합전형 입학 자료 202만 건을 분석한 결과를 발표했는데, 서울 시내 13개 주요 대학들이 일반고보다 자율형 사립고나 외고, 과학·영재고 학생들을 더 많이 선발했다는 사실이 드러나 교육격차의 실상을 확인해주었다.[1] 전국 고3 대비 서울 시내 13개 주요 대학 합격자 비중을 살펴보면, 학생부종합전형에서 일반고의 합격률은 2.1%(전교 5위권 이내), 자사고 8.9%, 외고와 국제고 23.2%, 과학·영재고 70%였다.[2] 과학·영재고 학생이 일반고 학생보다 학생부종합전형에서 합격할 가능성이 33.3배 높게 나타난 것이다. 대학 입학 정원 선발 인원의 30%(실제 인문계 20%, 예체능계 10%)를 뽑는 수능에서 일반고의 합격률은 1.7%인 데 비해 자사고는 13.9%, 외고·국제고는 12.4%, 과학·영재고는 2.5%로 나타났다.

1　교육부 학생부종합전형조사단, 《2016~2019학년도 13개 대학 학생부종합전형 실태조사 결과 보고서》(세종 : 교육인적자원부, 2019. 11. 5), 20~21.

2　〈고교 서열화로 학종서 특목고에 특혜 준 대학들〉, 《경향신문》(2019. 11. 5).

[그림 2-5] 학생부종합전형 실태조사 결과 -고교 유형별 합격률

〈고교 유형별 학생부 종합 및 수능 합격률〉, 《국민일보》(2019. 11. 6)   단위 : %

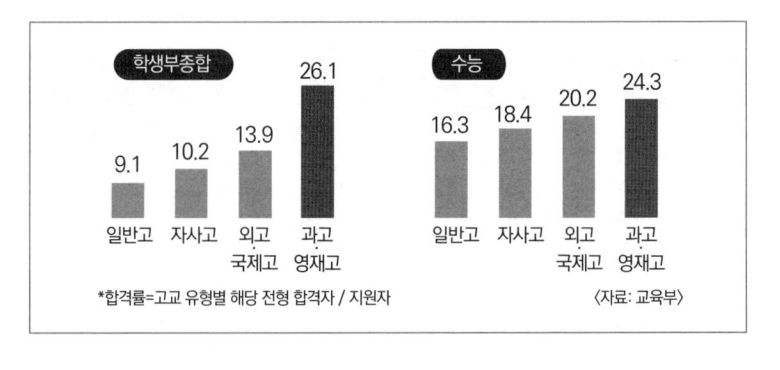

서울 시내 주요 13개 대학 학종에 지원한 학생들의 합격률은 일반고 9.1%, 자사고 10.2%, 외고·국제고 13.9%, 과고·영재고 26.1%로 나타났으며 수능의 경우 합격률은 일반고 16.3%, 자사고 18.4%, 외고·국제고 20.2%, 과학·영재고 24.3%로 나타났다 (교육부 학생부종합전형조사단, 2019. 11. 5:21).

학종과 수능에서 각 고교 유형별 합격률은 서열화된 고교 순서와 동일하게 나타났다. 현재 한국의 고교 서열화 순위는 과학·영재고〉외고·국제고〉자사고〉일반고 순서다. 2019학년도 각 전형에서 고교 유형별 지원자·합격자 비중을 살펴보면, 2019년도 입시결과에서도 일반고는 학생부종합과 수능 모두에서 지원 단계보다 합격 단계에서 학생부종합 63.8%, 수능 69.0%로 합격 비중이 감소하는 것으로 나타났다. 학생부종합전형에 한정해 고교 유형

[표 2-12] 2019학년도 각 전형에서 고교 유형별 지원자·합격자 비중

(교육부 학생부종합전형조사단, 《2016~2019학년도 13개 대학 학생부종합전형
실태조사 결과 보고서》, 2019. 11. 5 : 22)   단위: 명, %

전형	고교	일반고	자사고	외고 국제고	과학 영재고	기타	합계
학생부 종합	지원	418,644	51,88	49,772	17,295	47,944	585,53
	비중	71.5%	8.9%	8.2%	3.0%	8.2%	100%
	합격	38,291	5,315	6,930	4,513	4,957	60,006
	비중	63.8%	8.9%	11.5%	7.5%	8.3%	100%
수능	지원	192,149	45,113	18,389	674	11,742	268,067
	비중	71.7%	16.8%	6.9%	0.3%	4.4%	100%
	합격	31,407	8,306	3,712	164	1,933	45,522
	비중	69.0%	18.2%	8.2%	0.4%	4.2%	100%

별 합격자 비중을 연도별로 분석할 경우, 일반고 비중은 일부 감소하지만, 외고·국제고는 (일부) 증가 추세이고, 자사고는 일관되게 증가하는 것으로 나타났다(교육부 학생부종합전형조사단, 2019. 11. 5:22). 반면 자사고는 학생부종합과 수능의 지원 단계보다 합격 단계에서 학종 8.9%로 동일하게 나타나지만, 수능 합격률은 18.2%로 증가하는 것으로 나타나며, 외고·국제고는 학생부종합과 수능 모두에서 지원 단계보다 합격 단계에서 학생부종합 11.5%, 수능 8.2%씩 합격률이 증가하는 기현상이 나타났다(교육부 학생부종합전형조사단, 2019. 11. 5:21~22). 학생부종합전형에서 외고·국제고와 과학·영재고의 합격률이 높은 원인은 일부 대학에서는 고교 유형별 등급 자료를 활용해 평가하기 때문이다. 학생부종합전형의 합격자를 100으로 할 때, 일부 대학은 자사고 및

외고·국제고 학생의 비중이 다른 대학 대비 유난히 높게 나타났다(교육부 학생부종합전형조사단, 2019. 11. 5:23).

2019년 교육부의 학생부종합전형 조사에서도 상위권 대학들은 학생부종합 서류전형에서 비공식적으로 고교등급제를 활용했다는 사실이 드러났다(교육부 학생부종합전형조사단, 2019. 11. 5:5). 특정 유형 고교의 졸업자 진학 실적, 고교 유형별 등급 자료를 기초로 일반고 출신 합격자와 자사고, 특목고 출신 합격자의 성적을 비교해 합격 여부에 반영한다는 의미다. 예를 들어 지방 3류 일반고 내신 1등급 학생이 고려대에 지원할 경우, 지원 학생 선배들의 고려대 합격률이 얼마인지를 보고, 일반고의 등급이 어느 정도인지를 반영해 합격 여부에 영향을 미친다는 뜻이다. 학부모들은 특목고, 자사고, 과학·영재고에 합격시키기 위해서 초등학교 때부터 사교육을 통해 선행학습을 시키고 사교육비를 투자한다. 이렇게 하면 합격률이 높아지고 합격 후에는 학생부종합전형 합격에 유리하다고 생각하기 때문이다. 결과적으로 사교육 집중 현상은 고교 서열화가 1차적 원인이고, 그다음은 명문대 진학을 위한 대학 서열화가 2차적 원인이며, 마지막으로는 졸업 후 대기업 취업으로 연계되는 기형적 사회구조 현상에서 촉발되었다고 할 수 있다.

2016~2019년 4년 동안 서울 지역 학생의 27.4%가 학생부종합전형으로 합격했고 읍면 지역에 거주하는 지방 학생들은 15% 정도가 학생부종합전형에 합격했다(교육부 학생부종합전형조사단, 2019.

11. 5:25~26). 수능 점수만으로 선발하는 정시전형(30%)에서 서울 지역 학생들의 37.8%가 합격하는 데 비해 읍면 지역에 거주하는 학생들은 8.6%만이 정시에 합격하는 것으로 나타났다(교육부 학생 부종합전형조사단, 2019. 11. 5:25~26).

실제로 이번 교육부 조사에서도 학생부종합전형에서 가장 비중이 높은 학교 내신성적을 조사해보니 일반고 학생의 내신이 가장 높게 나타났으며, 그다음이 자사고, 그다음이 외고와 국제 고였다. 그리고 과학·영재고 학생의 내신이 가장 나쁜 것으로 드러났다(교육부 학생부종합전형조사단, 2019. 11. 5:24). 교육부가 사례로 제시한 2019학년도 E대 ○○전형 △△학과(계열) 분석에 따르면, 지원자 평균 내신등급은 일반고(1.98등급)〉자사고(3.44등급)〉외고·국제고(3.62등급)으로 나타났으나, 합격자의 평균 내신등급은 일반고(1.30등급)〉자사고(2.26등급)〉외고·국제고(2.86등급)로 나타났다.

고교 유형별 합격률에서도 외고·국제고 19.5%, 자사고 5.7%에 비해 일반고는 4.3%에 불과한 것으로 나타났다(교육부 학생부종합전형조사단, 2019. 11. 5:24, 36~38). 이 같은 교육부 조사에서도 나타났듯이 입시 현실에서는 일반고 출신 학생은 내신등급이 높아도 서울 시내 주요 13개 대학 합격 비율이 문과 3~5명, 이과 3~5명에 불과하다. 자사고, 외고·국제고, 과학·영재고에 진학하는 것이 의대나 서울 시내 주요 13개 대학 합격에 유리하기 때문에 영어유치

다문화가정의 교육전략은 따로 있다

원부터 사교육 열풍이 시작된 것이다. 과학·영재고 출신 학생들은 고2 때 카이스트나 서울대에 합격하기도 하는데, 대학 입학 후 전공 분야에서 발군의 실력을 보일 정도로 뛰어나다. 과학·영재고 학생들의 학교수업 수준을 살펴보면, 내신이 그다지 의미가 없다. 이러한 특징을 반영하기 때문에 13개 상위권 대학은 내신이 나빠도 과학·영재고 출신 학생들을 선발하는 비율이 높다. 특기자 전형은 외고와 과학·영재고 출신 학생 70%를 선발하기도 했다(교육부 학생부종합전형조사단, 2019. 11. 5:18).

나아가 2019년 교육부의 조사결과는 부모의 소득 수준이 높을수록 수능 성적이 높다는 결과를 재확인해주었다. 상위 20% 이상 소득분위의 고소득층 자녀는 서울 시내 13개 대학에 학생부종합으로 64.9%의 합격률을 보였고, 75%는 수능을 통해 대학에 합격하는 것으로 나타났다(교육부 학생부종합전형조사단, 2019. 11. 5:27). 즉 서울 시내 13개 대학 합격자의 3/4(20%) 이상이 고소득 가정의 자녀라는 의미다.

반면 저소득층 학생들은 정시보다는 수시 학생부종합전형으로 대학에 진학하는 비율이 더 높게 나타났다(교육부 학생부종합전형조사단, 2019. 11. 5:28). 기회균등전형을 제외해도 수능보다 학생부종합전형에서 저소득층 학생의 서울 시내 주요 13개 대학 진학률이 높게 나타났다. 소득 구간별로 볼 때 소득분위 0~3구간에 속하는 학생의 학생부종합전형 합격률은 12.6%, 수능 합격률은

[표 2-13] 소득 구간별 서울 주요 13개 대학 합격률

(교육부 학생부종합전형조사단, 《2016~2019학년도 13개 대학 학생부종합전형
실태조사 결과 보고서》, 2019. 11. 5: 19, 28)

소득분위 구간	학생부종합전형 합격률	수능 합격률
소득분위 0~3구간	12.6%	10.2%
소득분위 4~8구간	18.2%	14.4%

10.2%지만, 소득분위 4~8구간에 속하는 학생의 학생부종합 기
회균등전형 합격률은 18.2%, 수능 합격률은 14.4%로 올라간다.
일반적으로 학생부종합전형이 금수저전형이라는 비판을 받는
데도 저소득층 학생들의 수시전형 합격률이 수능보다 높다는 건
이례적이다.

국가장학금 자료를 이용해 대입전형별 소득 분포를 추출한 결
과에 따르면, 내신·학생부종합·수능을 놓고 보면, 수능이 고소
득층에 더 유리하다.[3] 국가장학금은 소득 수준을 따져서 주기 때
문에 고소득층 자녀일수록 받을 가능성이 떨어진다. 내신 입학
생 중 48.8%, 학종 입학생 중 45.3%, 수능 입학생 중 35.2%가 국
가장학금을 받는다.[4]

문재인 대통령은 교육 분야에서 계층의 사다리를 복원하겠다
고 발표했으며, 그 핵심은 "모든 대학에 기회균형선발전형을 의

---

3 〈저소득층 합격은 학종이 수능보다 많아〉, 《한겨레》(2019. 11. 5).
4 천관율, 〈'정시 확대'가 가져올 딜레마〉, 《시사 IN》(2019. 11. 11).

무화하고 기회균형 선발을 20%까지 확대하는 대학에 인센티브를 제공한다"는 데 있다. 2019년 11월 10일 교육인적자원부는 대입제도의 공정성 강화를 위한 대책으로 농어촌 학생과 저소득층 학생을 위해 고른기회전형을 20%까지 확대하려는 방안을 내놓았다.[5] 고등교육법 시행령 제29조, 서해5도 지원 특별법 등에 따라 13개 대학의 고른기회특별전형 선발 인원은 매년 증가 추세에 있지만 선발 비중(등록 인원 기준 8.3%)은 상대적으로 낮은 편이다. 고른기회전형으로는 정원 외 11%까지 선발이 가능하다(교육부 학생부종합전형조사단, 2019. 11. 5:19). 2019년 고른기회전형으로 입학한 신입생은 11.7%(4만 366명)에 불과했으며, 수도권 4년제 대학은 9.4%, 비수도권 대학은 13.1%까지 선발했다.[6] 고른기회전형을 20%까지 확대하는 것은 교육격차 해소에 일정 부분 도움이 될 가능성이 있다. 필자가 관심을 두는 부분은 사회적 약자인 계층이 교육격차를 뚫고 스스로의 노력으로 성공하는 안정적 삶을 살 수 있도록 공정하게 고등교육 기회를 제공할 제도적 장치를 어떻게 촘촘히 만들 것인가의 문제다.

---

5 〈고른기회전형 크게 늘듯…교육부 관계자 "국민들이 체감할 정도로 확대"〉, 《한겨레》(2019. 11. 10).
6 〈계층 사다리 복원 손질 앞둔 대입제도…기회균형 선발 확대 전망〉, 《한국경제》(2019. 11. 10).

문제는 학습결손

학원을 맹신하면
호구가 된다

—— 전체 72.8%의 학생들이 사교육을 받는 상황인데도 기초학력 부진 현상이 증가하는 이유는 무엇일까? 대학입시라는 무한경쟁 시스템 속에서 학생들이 학습결손으로 도태되는 원인의 분석과 보충을 통한 학습능력 향상을 교육복지 차원에서 심각하게 고려하지 않았기 때문이다. 따라서 이제 경제적 어려움으로 사교육 사각지대에 방치되거나, 입시경쟁 시스템 속에서 공교육 사각지대에 방치된 학습부진 학생들에 대한 교육복지 문제를 진지하게 고민할 시점이 되었다. 사교육으로 대표되는 입시산업이 공교육의 근간을 무너뜨리고 공교육 시스템을 무력화한다면, 과도한 사교육 의존증에 대해 사회 차원에서 문제점을 공론화해야 한다.

초등학교부터 무조건 사교육을 시키면 그 학생은 나중에 명문대에 합격할까? 정답은 그렇지만은 않다는 것이다. 결론적으로 부모의 강요에 의해, 학원 스케줄에 따라 공부를 강요받는 아이에 겐 '자기제어 능력'이 없다. 학원에 보내면 무조건 성적이 향상되 리라는 건 부모의 '희망적 사고(wishful thinking)'일 뿐이다. 대부분의 학원에서는 선행학습 위주로 진도를 나가기 때문에 뒤떨어진 학 생을 보충학습까지 시키며 가르칠 여유가 없다. 성적이 우수한 학 생에 진도를 맞추면서 중학교 3학년 때 고등학교 수학 I을 3회, 고 등학교 수학 II를 3회 정도 반복하는 코스이므로 수업에 뒤처지는 학생에게 별도로 신경 쓸 여유가 없다. 학원 입장에서는 명문대학 에 합격한 학생들을 홍보해야 수강생이 늘기 때문에 학습부진 학 생들에게 신경 쓰는 시스템을 갖출 수 없다. 말 그대로 입시교육 에 중점을 두지만 '학생 수=수강료'로 연결되는 자본주의 논리에 충실한 입시산업일 뿐이다.

가기 싫은 학원에 억지로 다니는 아이는 흥미가 생기지 않고 집 중력이 떨어지기 때문에 기대만큼 학업 향상 효과를 나타내지 않 는다. 초등학교부터 학원 수강을 하면서 공부에 질려버리면 흥미 를 느끼고 스스로 공부하려는 열정과 동기가 부족할 수밖에 없다. 유명한 입시학원에 보내면 공부를 잘할 거라는 생각은 부모의 조 급한 심리가 빚어내는 착각이다. 오히려 학원을 많이, 오래 다닌 아이는 3개월이면 학원 강사의 강의 스타일, 교육 스타일을 간파 하고 학원을 빼먹거나 학원에 가도 졸거나 지루해한다. 최고로 잘 가르치는 학원이라도 자발적으로 공부하겠다는 절박한 마음과 굳

건한 동기가 없다면, 결국은 학원을 통한 사교육은 무용지물이 되고 돈만 낭비하게 된다. 스스로 공부하려는 학생의 의지가 없으면 실패하고 마는 것이다.

이제부터 필자가 목격한 학원중독증의 폐해 사례를 소개하고자 한다. 필자의 지인인 지방의 4급 공무원 아내는 공부에 소질 없는 딸을 서울 소재 대학에 입학시키려고 중학교 때부터 꼬박꼬박 월 평균 200만원씩을 들여 국어·영어·수학 과외교사에게 집중교육을 시켰다. 그러고는 오직 그 한 가지 목표를 위해 과외비를 벌려고 발바닥에 불이 나도록 각종 아르바이트를 했다. 그런데도 딸의 실력은 늘지 않아 수시전형에서 모두 떨어지고 말았다. 결국 딸은 공무원이 되기로 마음먹고 지방 도립대 소방 관련 학과에 정시로 합격했다. 6년을 사교육에 올인했지만 부모 뜻대로 되지는 않은 것이다.

왜 성적이 오르지 않는 아이에게 그 많은 돈을 학원비와 과외비로 투자했냐고 물었더니 서울에 있는 대학에 합격시키려면 그만한 비용은 지불해야 한다고 생각했다는 말이었다. 필자는 공부 방법에 무슨 문제가 있어서 월 200만원을 사교육비로 투자해도 지방 하위권 일반고에서 내신을 3.8등급밖에 받지 못했는지 궁금한 생각이 들었다. 그 엄마의 대답 속에 놀라운 힌트가 숨어 있었다. 극성 엄마의 강요로 초등학교 때부터 피아노, 미술, 발레 등 각종 학원을 섭렵하다 보니 아이는 학원 선생님 다루는 법을 잘 알고 있었다. 초기에는 공부하도록 아이를 강하게 압박하는 선생님의 말은 잘 듣고 따르다가도 선생님 성향을 파악한 후에는 농땡이를 부리거나 선생님 머리 꼭대기에 앉아서 갖고 놀았다고 했다. 그래서 아이 엄마는 6개월 단위로 선생님을 바꾸거나 강압적으로 달달 볶고 잔소리를 했던 것이다. 그러니 과목별로 학습결손이 생길 수밖에 없었다.

선생님들은 그런 상태를 자세하게 설명해주지 않았기 때문에 엄마는 뒤늦게서야 아이가 꾀를 부리는 것을 알고 충격을 받았다고 한다.

- 부모의 사교육 과잉에 반항한 순진이

애당초 공부에 흥미라곤 눈곱만큼도 없었던 아이는 갖가지 꾀를 내어 놀거나 수업시간에 불량스럽게 굴거나 되바라지게 굴어 선생님이 지레 포기하게 만들었다. 이런 수법을 써먹으면서 아이는 엄마를 골탕 먹였던 것이다. 가기 싫은 학원에 강제로 보내어 중학교 3학년 때 고등수학 I을 마스터해야 한다며 앉혀놓고 달달 볶는 행위 자체가 아이 입장에서는 사람을 미치고 팔짝 뛰게 하는 고문이나 마찬가지였다. 하지만 '학원 수강생=수입'인 학원 입장에선 아이의 불량스러운 수업태도를 지적할 리 만무하다. 아이는 엄마 몰래 수업을 빼먹고 PC방에 가거나 수업시간에 잠을 잤고 함수 부분부터 결손이 생기게 되었다. 대다수 학원수업 시스템에서는 철저히 상위 그룹 학생 위주로 진도를 맞춘다. 하위 그룹이나 학습결손 학생 하나하나에 집중해서 부족한 부분을 보충하는 학원은 대치동 말고는 존재하지 않는다고 해도 과언이 아니다. 대치동에는 재수생을 비롯해 1등급부터 9등급까지를 대상으로 하는 학원이 있다.

수학 입시학원에서 상담해보면 공부 잘하는 상위권 아이들은 중학교 2학년 과정에서 고등수학 I을 마스터하고 고등수학 II를 공부한다. 입시학원에서는 "강남 8학군 중3 학생 대다수는 고등수학 I을 3회 반복하고 고등수학 II도 최소 2회 반복하는 선행학습을 마친 상태다. 고등학교에 진학하면 문제 풀이만 반복하는 수준이다"라고 말한다. 그러다 보니 학부모들은 자신의 자녀가 고등학교 진학 후 내신도, 수능도 중위권밖에 되지 못하리란 불안과 초조함을 갖게 된다. 상위권 아이들보다 뒤처진다는 불안심리 때문에 입시학원에 등록해 12시까지 공부하게 하고 그것도 모자라 과목별 과외를 받게 하는 것이다. 아이는 결국 수면 부족에 시달리고 정작 학교에서 수업시간에 자는 경우가 대부분이다. 이것이 현재 입시경쟁에 내몰린 우리 아이들의 상황이다.

수학은 '위계적 과목'이라서 한 부분을 이해하지 않고서는 다음 단계 진도를 나갈 수가 없다는 특성이 있다. 그렇기 때문에 수학 결손 현상이 발생한다. 즉 단원 중 이해하지 못한 채 다음 단원으로 점핑하는 부분은 펑크가 나는 것이 당연하다. 중학교 때 함수를 잘 이해하지 못했다면 반드시 완벽하게 개념을 이해하고 문제 풀이를 해서 자기 것으로 소화시켜야 고등학교에 진학해서도 삼각함수에 어려움을 느끼지 않는다. 대부분의 학원에서는 학부모에게 이러한 사실을 정직하게 설명하지 않는다. 성적이 떨어질수록 부모는 점점 더 조급해지고 학원에 더 의존하면서 아이는 더 공부에 질려버리는 악순환이 반복된다. 이렇게 해서 아무리 사교육비를 투자해도 공부에 흥미가 없는 아이라면 성적이 오르지 않게 된다. 이것이 아무도 알려주지 않는 팩트다.

2000년대부터 강남 3구 출신 고등학생들의 명문대 진학률이 높다는 통계수치가 나왔는데 이들 대다수가 유치원 과정부터 영재교육, 조기교육을 받고 고액 과외, 대치동 학원 수강, 고액 재수학원 등의 사교육을 통해 대학입시를 준비한 케이스로서 그만큼 부모의 경제력이 뒷받침된 결과다. 학원 시스템 혹은 사교육 시스템에서 만들어진 영재들은 대학 진학 후 문제 해결 능력이 스스로 자기주도학습을 해온 지방 학생보다 오히려 뒤떨어진다는 연구결과도 있다. 이 경우 사교육 시스템의 통제와 관리를 받으며 공부했기 때문에 상위권 명문대학에 진학해도 스스로 문제 해결 능력을 갖추었다고 볼 수 없다. 이런 케이스 중 상당수는 억척스런 엄마들의 관리를 받으며 성장했기에 성인이 되어서도 사회생활, 대인관계에서 스스로 해결하는 능력이 부족하고 자기주도적 인생을 살지 못하는 마마보이, 마마걸이 되기도 한다.

다문화가정 엄마들이 강남 엄마처럼 아이들을 쫓아다니면서 학원 강사가 수업을 어떻게 하는지, 아이가 수학 어느 부분에서 막히는지, 어떤 학원 강사가 어떤 과목을 잘 가르치는지 줄줄이 꿰며 관리하기란 현실적으로 불가능하다. 게다가 어려운 가정경제 속에서 강남 엄마를 따라 하다가는 가랑이가 찢어지기 십상이다.

오히려 지방에서 어려운 환경을 딛고 서울대에 입학한 아이들 중에는 초등학교 과정부터 예습과 복습을 반복하고 학교수업을

다문화가정의 교육전략은 따로 있다

잘 들으면서 학교생활에 잘 적응해왔기에 지역균형 선발, 농어촌 특별전형을 통해 수시전형으로 합격한 케이스가 많다. 이들이 합격한 과정에서 보이는 공통된 특징은 철저한 학교생활, 자기관리, 자기주도학습, 성실성과 노력이다.

> "저는 공부가 재미있어서 열심히 했던 것 같아요. 새로운 것을 알게 되고, 그 과정에서 지금까지 내가 알았던 것들과 새로운 것이 연결되는 그 느낌이 있어요. 저는 그 느낌을 좋아했기 때문에 공부를 하게 되었어요. 공부 외에 잘하는 게 그다지 없기도 했고요."
>
> - 서울대 합격생 현일이

아무리 돈 많은 강남의 부잣집 자녀들도 반복학습 같은 스스로의 노력이 없으면 기대만큼 성적을 향상시키기 어렵다. 따라서 학원중독증, 학원병은 부모의 노후자금까지 털어먹는 어리석은 결과를 초래할 수 있다. 정말 공부가 하고 싶어져 스스로 학원이나 과외를 간절하게 원할 때 아이의 학습 상태를 정확히 진단하고 보완하도록 도움을 주는 차원에서 학원 수강이나 과외를 받게 하는 것이 성적 향상에 더 효과적일 것이다. 따라서 학원공화국, 과외공화국, 사교육왕국인 대한민국의 사교육을 다시 한 번 점검할 필요가 있다.

학습부진의 근본 원인은
누적된 학습결손

—— 한국 청소년들의 공통된 관심과 고민의 70% 이상은 학업 문제와 대학 진학이다. 입시경쟁에 시달리는 대한민국 중고등학생에게 대학 진학 문제만큼 심각하고 무거운 고민거리가 없다는 의미다. 공부를 못해도 성적이 고민거리인 건 마찬가지다. 왜 성적이 나쁘냐고 야단치기보다는 원인부터 찾아야 한다. 요즘 고등학생들이 배우는 교과 과목은 과거 부모 세대가 대학 1, 2학년 때 배우던 내용이 들어 있을 만큼 어렵고 외울 내용도 많다. 초등학교와 중학교에서 학교생활에 적응하지 못하면 누적된 학습결손(일종의 학습 진도 펑크)이 발생하며, 공부에 흥미를 잃고 사춘기의 심리적 요인까지 더해져 문제행동을 유발할 가능성이 높다. 학교생활 적응은 청소년의 발달 과정에서 중요한 요인으로, 한국 청소년의 삶의 만족도 수준과 학교생활 만족도 수준은 거

다문화가정의 교육전략은 따로 있다

의 일치하는 것으로 나타났다.[1]

1998년 이후 소득 양극화와 경제위기를 거치면서 가정의 경제상황이 악화되었고, 사교육의 선행학습 혜택을 못 받은 저소득층 학생은 학교에서도 학습부진을 겪는 현상이 증가 추세다. 이런 점에서 학습부진 문제는 사회경제적 쟁점과 함께 사회통합을 저해하는 문제로 부각되고 있다.[2] 학습부진이란 학생의 잠재적인 능력에 비해 학업적 성취가 현저하게 떨어지는 상태를 말한다.[3] 쉽게 설명하자면, 학습부진이란 학업 수행에 있어서 정상적으로 학습할 수 있는 지적 능력을 갖추고 있으면서도 정서·심리적 문제나 선수학습의 결손으로 인해서 일정 수준의 학업성취 수준에 도달하지 못한 학생을 말한다(권은경, 2018: 114~115). 즉 학습부진은 학업 수행에 있어서 낮은 학습능력, 환경적 결손 혹은 정상적인 능력을 갖추고 있으나 학습에 대해 느끼는 어려움 때문에 낮은 수준의 학업성취를 보이는 것으로 정의하면 이해가 빠르다.

교육인적자원부는 학교에서 일정 수준 이상의 읽기, 쓰기, 셈하기 능력에 도달하지 못하는 것은 뇌의 기능적 문제로 인해 발생하기 때문에 이런 학생을 '기초학력 부진 학생'으로 정의하며, 특수

---

1 김승경, 〈다문화청소년 종단조사 및 정책 방안 연구Ⅰ: 다문화청소년의 학교생활 적응에 관한 연구〉, 《연구보고 13-R12-1》(서울: 한국청소년연구원, 2013), 111~112.

2 이화진·정경숙, 〈학습부진 학생 지도의 실효성 제고를 위한 지원연구: 학교-지역사회 연계를 중심으로〉, 《KICE 연구리포트》(서울: 한국교육과정평가원, 2013), 8.

3 권은경, 〈학습부진 학생의 자기조절학습 요인이 학습동기에 미치는 영향〉, 《한국디지털정책학회지논문집》 16(3)(2018), 114.

교육 대상 학생으로 분류한다. 이와는 달리 교과 부진은 어느 정도 지적 능력이 있으나 학습결손 현상, 선수학습 요소의 결핍이나 제반 환경적 영향으로 인해 각 학년의 최저 학업에 도달하지 못한 상태로 정의한다.

다문화가정 학습부진 학생들의 특징은 정규수업에서 자신들이 기대하는 학습결과를 얻지 못하고 학습에서 소외되어 학습결손 누적 상태에 있다는 것이다. 일반적으로 부모와 자녀의 갈등, 또래집단과의 관계, 경제적·심리적·정서적 문제를 유발하는 가정환경, 자아존중감 부족은 삶의 만족도와 깊은 관련을 가지면서 학습동기 부족으로 작용해 학습결손과 학습부진의 원인으로 작용한다는 관점이 보편적이다. 이러한 학습결손 현상은 중하위권 한국 청소년들에게 공통적으로 발생한다.

그런데 다문화가정 자녀교육 문제는 새로운 교육 소외계층을 발생시켜 문제의 소지가 될 수 있다는 점에서 관심의 대상이다.[4] 교육인적자원부(2007) 보고서에서도 다문화가정의 자녀들이 중고등학교에 진학할 경우, 학습결손 및 편견과 차별로 인한 학교 부적응 현상 때문에 사회문제가 발생할 것으로 예측했다.[5] 대다수 교육 연구자들은 다문화가정 자녀들의 학습부진에서 가장 큰 부분을 차지하는 요인을 가정환경적 요인, 학교환경적 요인, 사회

---

4 박상철·윤희원·조영달, 〈우리나라 다문화가정의 자녀교육 실태조사 연구〉, 《교육연구와 실천》 71(2007), 1~60.
5 교육인적자원부, 《다문화교육정책 방안 연구》(서울: 교육인적자원부, 2007), 1, 7.

다문화가정의 교육전략은 따로 있다

환경적 요인과 선수학습 부족으로 본다(김선 외, 2001: 42). 다문화
교육학자들은 공교육에서 소외된 다문화가정 자녀의 학습문제
의 원인을 '누적된 학습결손으로 인한 학습부진'으로 진단했다(김
선 외, 2002:14).

"저는 학교에 가기 싫어요. 고등학교에 올라와 보니 수업시간에 선생님이 가르치시는 내용
을 이해하지 못하겠어요. 중학교에서 기본적인 내용을 암기하지 않았더니 생각을 많이 해야 하
는 국어와 기본 지식이 필요한 영어가 너무 어려워요. 수학시간에는 그냥 엎드려서 자요. 선생
님도 포기해서 안 깨워요. 잘하는 애들에 맞춰 진도를 나가죠. 수학시간에는 유령이 된 것 같아
요. 수학은 외계어 같아서 하나도 못 알아들어요. 선다형 문제는 그냥 찍고, 서술형 문제는 대충
답을 적고 나와요. 사탐 과목도 내용 자체가 어려워요. 제가 다른 것은 잘하는데 초등학교 때부
터 공부하는 습관을 기르지 못해서 공부를 안 했더니 고등학교에서는 어떻게 공부를 해야 할지
방법조차 모르겠어요. 대학 진학에도 관심이 없어요."

- 수학이 어려운 진영이

　다문화가정 자녀들이 학습부진에 빠지는 이유는 대개 부모가
생업에 바빠 자녀의 학습 상태를 점검하지 못하고 방치하거나,
외국인 어머니의 한국어 수준이 미흡해 자녀의 학습을 도와주기
어렵거나, 맞벌이 등의 가정 상황 때문에 학습에 집중할 만한 환
경이 갖추어지지 않았거나, 자녀교육에 대한 학부모의 관심이
적거나, 학부모의 학력 수준이 낮아 학습을 도와주기 어렵기 때
문이다. 다문화가정 자녀들에게 공통적으로 발생하는 학습문제
점은 부모와의 의사소통 부족, 관심 및 돌봄 결여(22.3%), 한국어

능력 부족(20.5%), 낮은 성취동기(11.7%), 선수학습 결손(10.8%), 정서·심리적 어려움(10.3%), 한국문화에 대한 배경지식 결여(9.4%), 또래관계 등 사회적 관계 형성의 어려움(8%), 낮은 지적 능력(2.1%)이다.[6]

다문화가정 학생들의 심리에 영향을 미치는 요인은 개인적 요인, 심리적 소외감 요인(자신감 부족, 스트레스 등), 학교 관련 요인(학습부진)이다. 다문화가정 청소년은 청소년기에만 고유하게 존재하는 많은 발달 과업들과 생물학적·심리적·사회적 역할에서의 변화로 인한 혼란 등 이중의 어려움을 겪을 가능성이 높으며, 학습부진 학생들의 경우 특정 교과에서 어려움을 겪기도 하지만 대체적으로 모든 교과에서 학습결손 및 전략 부재, 심리·정서적인 어려움을 겪는 경우가 많다.[7] 이는 다문화가정 청소년들의 학교 부적응과 학습부진에도 영향을 미친다. 다문화가정 학생들에게서 학습부진이 발생하는 이유는 정규수업에서 자신들이 기대하는 학습결과를 얻지 못하고 학습에서 소외되어 학습결손이 누적되기 때문이다. 현재 공교육체계는 학습부진 학생들의 특성 및 수준을 고려해 다양한 형태의 학습자료 및 전략을 활용한 맞

---

6 오상철·구영산·장경숙·이화진, 〈다문화 학습부진 학생의 기초학력 향상을 위한 교수·학습 지원 방안〉, 《KICE Report》(서울 : 한국교육과정평가원, 2014. 5), 84.

7 G. N. Holmberk, C. Colder, W. Shapera, V. Westhoven, L. Kenealy&A. L. Updegrove, "Working with adolescents : Guides from developmental psychology" in P. C. Kendall(Ed.), *Child&adolescent therapy : Cognitive-Behavioral Procedures*(2nd ed.,)(New York : Guilford Press, 2000), 334~385.

춤형 학습을 제공하지 않는다. 교사들은 우수 학생에 맞추어 진도를 나가기 때문에 수업과정에서 학습부진 학생들이 소외되고 자포자기하는 악순환이 반복된다. 특히 상당수 학생들이 수학 포기자가 되고 수학시간에 절반 이상의 학생들이 엎드려서 자거나 조는 이유는 학습의욕 상실, 누적된 학습결손 때문이다. 교실에서 벌어지는 이러한 현실을 외면한 채 한국 공교육의 질적 향상을 논하는 것은 사치스러운 발상이다. 한국 인문계 고등학교의 수업시간은 내신등급을 더 잘 받기 위한 치열한 전쟁터다. 경쟁에서 낙오된 학습결손 학생들에게는 누구도 관심을 기울이거나 돕지 않고 방치하는 것이 한국교육의 현실이다.

혜진이는 전형적인 기초학력 부진 사례에 해당된다. 중학교 3학년 혜진이는 초등학교 때부터 꼴찌를 맴돌던 아이였다. 엄마는 베트남 출신 결혼이민 여성이었고, 아빠는 암 투병을 하다 사망했다. 아빠는 농촌에서 땅을 빌려 경작을 했는데 심한 알코올중독 상태였고 농사일을 해도 돈벌이가 신통치 않았다. 가정을 돌보고 자녀를 양육하는 데도 무관심했다. 간암 투병으로 벌어놓은 돈을 모두 써버린 후 혜진이 엄마는 근처 공장에 다니면서 혜진이와 동생을 길렀다. 베트남 엄마는 혜진이가 어릴 때부터 아이들과 어울리지 못하고 말이 어눌한 것을 그저 수줍음이 많고 조용한 성격 때문인 줄 알았다. 생활에 지쳐 아이들 발육 상태에 관심을 쏟을 수 없었기 때문이다.

그런데 혜진이가 정상적으로 학교생활을 하기 어렵다는 사실이 우연히 드러났다. 혜진이는 중학교 3학년 때 교통사고를 당해 중환자실에 입원했다. 의식이 또렷한 상태였음에도 혜진이는 자신의 상태를 담당 의사에게 정확하게 표현하지 못했다. 결국 협진을 통해 소아청소년 신경과 교수가 혜진이의 인지기능에 심각한 이상이 있다는 사실을 발견하고 나서야 혜진이 엄마는 아이의 상태에 대해 알게 되고 의사와 상담했다.

베트남 출신 엄마는 혜진이가 그저 공부를 못하는 걸로 알았지만 소아청소년과 검사 결과 ADHD로 판명되었다. 혜진이는 수업시간에 선생님이 하는 말을 전혀 알아들을 수 없다고 했다. 당연히 중학교 3학년 수준의 추상적 용어, 어휘, 개념을 이해하지 못하는 상태였다. 베트남 엄마는 그동안 딸의 인지능력 발달에 심각한 이상이 있다고 생각하지 못한 채 집중력이 부족하고 주의가 산만하다고 여기며 방치했던 것이다.

"저는 수업시간에 선생님이 무슨 말을 하는지 하나도 이해가 안 돼요. 저도 공부를 하고 싶어요. 누가 저에게 차근차근 가르쳐주면 좋겠어요. 저도 공부 잘하고 싶어요. 그런데 어떻게 공부해야 할지 모르겠어요. 선생님이 저에게는 관심이 없어요. 저는 친구도 없어요."

- ADHD를 앓는 혜진이

혜진이를 만나고 돌아온 뒤 가슴이 너무 아팠다. 먹고살기 바빠서 아이 상태를 알아차리지 못한 혜진 엄마의 모습, 중학교 3학년이 되도록 방치된 혜진이의 모습이 잔상으로 남아 마음속을 후벼 팠다. 입시경쟁 시스템에서 교사의 노력만으로 문제를 해결할 수가 없기에 혜진이는 관심받지 못한 채 방치되었다. 내용을 알아들을 수 없으니 혜진이는 수업시간에 잠만 잘 수밖에 없었다.

시골 학교에는 혜진이처럼 뇌의 기능적 문제로 인해 인지능력이나 사고능력이 떨어지거나, ADHD 등의 증세를 치료받지 못하고 방치된 상태에서 일반 학생들과 함께 공부하는 사례가 많다. 혜진이는 겨우 한글을 읽고 쓰는 수준에 불과하다. 혜진이 같은 학생들이 특수학급에서 수업을 받고 일상생활에 필요한 교육이나 직업교육을 받을 수 있도록 체계적인 특수교육이 필요하다. 실제로 ADHD를 앓는 아이들이 정기적으로 소아청소년과에서 의사 선생님과 꾸준히 상담하고 약물치료를 병행하면 증세가 호전되는 경우가 많다.

다문화가정 청소년의 학업성취에 영향을 미치는 가정 내 사회 경제적 배경에 대한 구체적 변인은 '가구의 소득', '부모의 직업 지위', '부모의 교육 수준'이다.

첫째, 가구의 소득과 청소년의 학업성취는 밀접한 상관관계가 있다. 빈곤은 그 자체로 청소년의 학력성취에 커다란 영향을 미치는 중요한 요인이다(구인회, 2003a : 7~29). 특히 가족의 소득은 청소년의 16세 진학 고교 유형, 19세 학력 연수와 대학 입학률에 통계적으로 유의미한 관계를 보였다(구인회, 2003b : 5~32). 빈곤층 청소년의 학력 저하 원인 중 하나는 낮은 소득 수준과 빈곤층의 양육문화다.[8] 한부모가족의 경우 경제활동에 전념해야 하기 때문에 부모가 집에 머물면서 아동양육에 집중할 수 없고, 잦은 이사로 인해 지역사회 내 다른 성인들과의 관계를 통한 사회적 자본 형성이 어렵기 때문에 아동이 낮은 학업성취와 문제행동을 보일 가능성이 크다.[9] 이혼, 사별, 별거로 인한 한부모가족 자녀의 학업성취가 낮은 이유는 1차적으로 경제적 원인이 아동의 학업성취에 부정적 영향을 미치기 때문이다. 기초생활수급자 비율이 높을수록 기초학력 미달 확률이 높으며 결손가정 학생일수록, 가정에서 돌봄이 부족할수록 기초학력 미달 확률이 높다(김태은 외, 2017: 505~521).

둘째, 부모의 교육 수준은 자녀의 학업 성적에 영향을 미친다는 점에서 교육격차의 원인이 된다. 아버지의 학력, 부모의 직업 지위, 가족의 부 같은 사회경제적 지위가 높을수록 학업 성적이 높게 나타난다.[10] 부모의 직업 지위가 높을수록 실업계보다 일반계 고등학교에 진학할 확률이 높고, 대학에 진학할 확률이 높게 나타났으며, 수능 상위 그룹에는 부모의 직업 지위가 높은 학생

---

8 신명호, 〈교육과 빈곤 탈출 : 저소득층 청소년의 학력 저하 현상을 중심으로〉, 《도시연구》 9(2004), 9-65.

9 S. McLanhan, "Parent absence or poverty: Which matters more?", in Consequences of Growing Up Poor, G. Duncan and J. Brooks-Gunn(Eds.)(New York : Russell Sage Foundation, 1997), 35~48.

10 장상수·손병선, 〈가족 배경이 학업 성적에 미치는 영향〉, 《한국사회복지학》 39(4)(2005), 198~230.

들이 많이 속해 있다(방하남, 김기헌, 2002:193~222).

셋째, 부모의 교육 수준이 고졸과 전문대졸 이상일 경우 중졸 이하일 경우에 비해 자녀의 대학 진학 확률이 각각 1.7배, 2.1배 정도 높다. 수능 서열 분포에 있어서도 수능 상위(4분위) 그룹 부모의 직업 지위는 관리직 및 전문직(37%), 준전문직 및 사무직(28.1%), 기능직 및 생산직(21.2%), 서비스직 및 판매직(20.6%), 농림어업직(14.5) 순서로 나타났다. 수능 서열에 있어서도 상위(4분위)에 속하는 그룹에는 부의 교육 수준이 전문대졸 이상인 경우가 44.9%로, 중위 그룹과 하위 그룹에 비해 월등히 높았다.

'가구의 소득', '부모의 직업 지위', '부모의 교육 수준'이 낮은 대부분의 다문화가정 아이들에게는 제도를 통한 추가적 보살핌이 절대적으로 필요하다. 그러나 현실적으로 학교교육에서는 학습부진 학생들의 특성 및 수준을 고려해 다양한 형태의 학습자료 및 전략을 활용한 맞춤형 학습을 제공하지 않는다. 이로 인해 교사들이 우수 학생 중심의 진도 나가기 수업을 진행하는 수업 과정에서 학습부진 학생들은 학습에서 소외되어 자포자기하거나 노력해도 안 된다는 부정적 경험을 누적하게 된다. 고등학교 단계는 이미 학습결손이 심각하게 누적된 상태고, 이를 해소할 방법을 찾기가 쉽지 않다.[11]

---

11 노원경·박지선·오택근, 〈일반고 부진 학생 교수학습 지원 방안(II) : 수학, 영어 교수학습 지원전략 개발을 중심으로〉, 《연구 보고서 RRI 2017-5》(서울 : 한국교육과정평가원, 2018), 5.

학습부진이 발생하면 현재의 학습 수준을 명확히 진단해 그에 맞는 맞춤형 학습 지도를 해야 하며, 이와 동시에 학습부진의 내적·외적 발생 원인을 찾아내어 학습부진 학생에게 적합한 맞춤형 학습 클리닉을 제공하는 것이 바람직하다(이화진·정경숙. 2013:9). 고등학교 학습부진 학생들이 자신의 진로를 추구하고 미래의 삶을 개척하기 위해 필요한 학습 역량을 체득할 수 있는 마지막 기회를 가질 수 있도록 지원해야 한다(노원경 외, 2018:6).

학습부진의 개선은 부모의 관심, 학생의 노력, 교육당국의 지원, 학습 멘토링 같은 사회적 자본의 자원이 결합된 맞춤형 교육복지의 지원이 이루어질 때 가능하다.

학습결손을 메꾸려면
자기주도학습부터 시작하라

—— 이 책에서 필자가 관심을 갖는 부분은 저소득층 다문화가정 자녀의 학습 향상 문제, 특히 어떻게 하면 학습결손 현상으로 성적이 부진한 학생들이 자기주도학습을 통해 성적을 향상시키도록 돕느냐 하는 문제다. 저소득층 다문화가정 학생들이 사각지대에 방치되지 않도록, 꿈과 희망을 갖고 자기 인생을 주도적으로 설계하고 성공하도록 교육당국이 전면적으로 교육정책을 대수술해 계층의 사다리가 다시 연결되기를 요청하고 싶다.

가능하면 학습결손(과목별 평크로 인해 성적이 떨어지는 것)이 발생하지 않도록 부모가 예방하고 자기주도학습 습관을 길러주는 방법이 최선의 대안이다. 초등학교 때부터 복습과 예습 습관을 길러주고, 스스로 공부하는 습관을 갖도록 꾸준히 관심을 갖고 격려하며 보살피는 것이 사교육으로 최상위 성적을 얻는 아이들과의 경쟁에서 이기게 하는 방법이다. 현재 저소득층 자녀, 저소득층 다문화가정 자녀가 뒤처진 학습을 보완할 수 있는 유일한 통로는 EBS와 방과후수업, 지역아동센터의 학습 멘토링 프로그램 정도다. 교육인적자원부는 기준 중위소득 40% 미만 가정의 경우 방과후교실비, 급식비, 수업료, 인터넷 통신료 등을 지원하는 복지정책을 실시하고 있다. 그러나 이것만으로는 사각지대에 방치된 저소득층의 교육 문제를 해결할 수 없다는 데 문제의 심각성이 있다.

고등학교에 입학한 대다수 학생들은 공부가 어렵고 암기할 분량이 어마어마하게 늘어난다고 말한다. 현재 고등학교 과정의 공부 분량은 과거 우리 세대의 학습 수준과 학습량에 비해 월등히 높고 엄청나게 많다는 점을 기억해야 한다. 고등학교 1학년 3월 모의고사를 치르고 나면 학생들 대다수는 낙담하거나 충격을 받는다. 그도 그럴 것이 중학교 때 성적이 좋았어도 기대보다 낮은 성적이 나오기 때문이다. 복잡하고 어려운 고등학교 교과과정을 외국인 부모가 이해하고 지도하기란 현실적으로 불가능에 가깝다. 한국인 엄마들조차 자녀교육에 열성적인 경우를 제외하고는 고등학교 입시에 대해서 자세히 모르는 경우가 태반이다.

중고등학교 학생들 스스로 자기주도학습을 할수록 학업성취도는 높게 나타난다.[1] 그리고 남학생 집단보다는 여학생 집단에서 자

---

1 양애경·조호제, 〈자기주도적 학습과 학업성취도 간의 관계〉, 《韓國教育論壇》 8(3)(2009. 10), 61~82.

기주도학습과 학업성취도의 상관관계가 더 높게 나타났다. 부모가 맞벌이를 하는 학습자 집단보다는 맞벌이를 하지 않는 학습자 집단에서 자기주도학습과 학업성취도의 상관관계가 더 높게 나타났다.

현재 수시전형으로 대학에 입학하는 경우는 70%다. 수시전형에서 가장 많이 보는 점은 과외, 학원 수강이 아니라 학생 스스로의 자기주도학습을 통해 성적이 얼마나 향상되었는가 하는 점이다. 그렇기 때문에 초등학교 4학년부터 스스로 공부하는 습관을 길러야 한다. 오죽하면 초등학교 4학년 성적이 대학입시 성적과 동일하다는 속설이 있겠는가. 매일 정해진 분량만큼 복습과 예습을 하는 공부 습관이 가장 저렴하게, 가장 재미있게 자기주도학습으로 성적 향상을 이룰 수 있는 방법이다.

독자 여러분은 내 아이를 어떻게 하면 좋은 대학, 좋은 학과에 합격시킬 수 있을지 궁금해할 것이다. 공부에는 왕도가 없다는 속설이 정답이다. 요새 대한민국이 개천에서 용이 나오지 않는 구조로 바뀌었다고 하지만 대학입시는 스스로의 능력으로 자신의 미래를 바꾸는 평등한 기회이기 때문이다. 어느 날 갑자기 성적이 급상승하는 일은 강력한 학습동기를 갖고 죽기 살기로 교과서와 문제집을 달달 외우며 노력하는 경우 외엔 없다. 사교육을 받지 않고도 학습결손을 막을 수 있는 유일한 방법은 초등학교부터 생활습관을 관리하고 매일 예습과 복습을 꾸준하게 하는 학습 습

관을 길러주는 것이다. 그러한 노력이 쌓여야 아이 스스로 공부를
하려는 의지, 학습동기, 학습목표가 생긴다. 학습결손 상태에 빠
진 아이들 대다수에게는 학습동기, 학습목표, 학습의지가 없다.

자기주도학습법은 개념 이해, 심화문제 풀이, 문제 유형 파악, 기
출문제 풀이과정을 반복해서 유사문제가 출제되어도 틀리지 않도
록 반복해서 문제를 풀고 완벽하게 자기의 것으로 소화하는 학습방
법이다.[2] 자기주도학습 시간이 길어질수록 학업성취도는 높게 나타
난다.[3] 중고등학교 학습자들이 자기주도학습을 많이 할수록 학업성
취도가 유의미하게 높게 나타났다(양애경, 조호제, 2009:61~82).

1) 동기부여가 불가능을 가능으로 바꾼다

왜 성적이 나쁘냐고 자녀를 들볶고 야단치기보다는 무엇 때문에
공부를 안 하는지 원인을 찾아보아야 한다. 공부에 재능이 있는
극소수를 빼고는 이 세상에 공부를 좋아하는 사람은 없다. 공부
하는 것이 고역이지만 미래를 위해 놀고 싶은 마음을 참고 자기
자신을 통제하면서 6년을 준비하면 노력한 만큼 성과가 나오는
시기가 중고등학교 6년이다. 한국사회에서 가장 평등한 시기는

---

2 박수민·이광상, 〈국가 수준 학업성취도 평가결과와 연계한 서답형 답안 반응 유형 분석 : 2015년 고등학교
  수학과 국가 수준 학업성취도 평가 중심으로〉, 《교육과정평가연구》 20(2)(2017), 95~96.
3 교육부, 〈2017년 국가 수준 학업성취도 평가결과 발표〉, 《보도자료》(세종 : 교육부, 2017c), 1, 4.

고등학교까지라고 볼 수 있다.

"공부를 하면서 스스로 난관을 헤쳐나가는 과정이 힘들지만 그만큼 재미있었고 공부의 원동력이 되어주었다"고 생각하는 학생은 1%도 안 된다. 하기 싫은 공부 자체를 즐기는 것이 공부 잘하는 학생들의 비결이다. 결국 부모가 경제적 지원을 하는데도 공부를 하지 않는다면 대부분 심리적·정서적 문제가 있다고 생각해야 한다.

정서적·신체적·심리적 발달이 민감한 청소년기에는 학습문제뿐만이 아니라 다양한 심리적·정서적 갈등 요인이 있다. 한국사회에서는 중학교 2학년의 급격한 심리적·정서적 변화를 '중2병'이라고 부른다. 청소년기는 우울증, 불안감, 좌절감, 두려움 등 심리적 갈등이 최고로 심각한 시기다. 중2병은 중학교 2학년 나이 또래 청소년들이 사춘기 자아 형성 과정에서 겪는 혼란이나 불만 같은 심리적 상태, 그로 말미암은 반항과 일탈행위를 일컫는 말이다.

"저도 잘 넘기지는 못했죠. 누구나 그렇듯이 그때는 정말 말 그대로 질풍노도의 시기잖아요? 부모님과 진학 문제로 많이 다투기도 했고, 진로 문제 때문에 방황도 많이 했었고요. 사실 이건 어쩔 수 없는 문제인 것 같아요. 이 시기를 피할 수는 없고, 그저 제가 하고 싶은 말은 고민을 혼자 갖고 있지 말라는 거예요. 어떤 문제나 고민이 있으면 주변 어른들, 특히 부모님과 나누면 도움이 될 거예요."

- 서울대 합격생 현일이

학습결손이나 학습부진을 겪는 청소년들과 상담하면서 공부를 하지 않는 이유를 물어보면 막연히 귀찮아서, 공부하기 싫어서, 놀고 싶어서, 공부하고 싶은 마음이 없어서 등 각종 변명과 자기합리화로 일관하는 경우가 대부분인데 이는 심각한 문제다. 청소년기는 인생에서 가장 중요한 제2의 인생을 준비하는 시기다. 자기합리화, 시간 낭비, 놀기 등으로 공부에 몰입하지 않는 경우라면 자기 자신과의 싸움에서 패배했다는 사실을 인정해야 한다.

많은 고등학생들이 미래에 대한 불안감, 집중력 저하, 잡념, 무기력증, 체력 저하를 경험한다. 그리고 입학하고 싶은 학과, 미래 직업 같은 뚜렷한 미래상이 없기 때문에 더욱 방황하게 된다. 때문에 잡념이 많아져서 집중이 안 되고, 무기력해지기도 한다. 그럴 땐 잡념이 아무런 도움도 되지 못한다고 되새기면서 공부에 매진해야 한다.

스스로 공부하겠다는 각오가 가장 중요하다. 그리고 공부에 대한 동기부여가 정말 중요하다. 결국 '해야 하니까 한다' 라는 사명감이 가장 중요한 동기가 된다. 그리고 공부를 하겠다는 각성을 유지하는 것이 가장 어려운 일이라고 볼 수 있다. 공부에는 왕도가 없다. 대통령 손자도, 재벌 회장 자식도 스스로의 힘으로 성실하게 노력해야만 원하는 결과를 얻는 가장 평등한 기회균등의 원리가 작동하는 것이 공부다. 부모와 교사, 지인들이 방황하는 학생들 마음을 잡게끔 도울 방법 가운데 하나가 왜 공부를 해야 하는지 분명한 목표의식을 갖도록 학습동기를 자극하고, 스스로 학습목표를 세워 공부하려는 의지를 갖게 하는 것이다.

학습동기는 안정적인 심리·정서와 미래에 대한 꿈과 희망, 공부를 잘해서 꿈을 이루려는 욕망이 결합되었을 때 스스로 생겨난다. 학습동기는 최고급 일류 과외 선생님이 아니라 자녀 스스로, 학생 스스로 찾아야 한다. 자식에 대한 과잉 사랑으로 매사 간섭하고 결정하는 엄마를 헬리콥터 맘이라고 부르는데 아무리 극성스러운 헬리콥터 맘이라도 공부 안 하고 노는 자녀에게 강제로 학습동기를 주입할 수는 없다. 학습동기는 오직 학생 스스로 왜 공부를 해야 하는지 질문하고 그 해답을 찾는 과정에서 찾을 수 있다. 부모와 선생님, 학원 선생님, 과외 선생님의 역할은 촉매제에 불과하다.

다음은 심리적·정서적 문제로 학습결손 현상이 발생해 부모와 자녀가 함께 고생한 사례다. 진경이는 머리도 좋고 창의성도 뛰어났다. 초등학교 4학년 때부터 수학 학원을 다니며 상위권에 머물던 진경이는 중학교 2학년 때 심한 사춘기를 겪으면서 오버워치라는 게임에 빠져 야금야금 수학 학원을 빼먹기 시작했고 결국 학습할 분량 한 달 치가 구멍이 났다. 당연히 다음 단원을 이해할 수 없었고, 그 후 수학 성적은 내리막길을 걸었다. 엄마에게 수학 과목의 결손에 대해 말하지 않았으므로 수학 점수 격차는 점점 벌어졌고 결국에는 수학에 흥미를 잃게 되었다. 학원 선생님은 진경이 엄마에게 이런 상태를 알리지 않고 방치했다. 진경이는 수학 학원을 빼먹고 PC방에서 게임을 하거나 연예인 팬클럽에서 활동하며 시간을 낭비했다.

고등학교에 진학해서도 수학 성적은 중하위권을 맴돌았고 수업시간에는 엎드려 잠을 잤다. 학원에서는 이미 선행학습으로 수학II까지 마친 아이들을 따라잡을 수 없으니 스트레스를 받다가 신경성 위염으로 응급실에 실려 가게 되었다. 수학은 하루아침에 성적이 오르는 과목이 아니기 때문에 학습결손이 생긴 부분은 반드시 복습하고 이해해야 문제를 풀 수 있다. 그러니 펑크난 부분을 메꾸지 못해 성적이 오르지 않는 악순환이 반복될 수밖에 없었다.

"엄마에게 학원이 안 맞으니까 과외를 시켜달라고 졸랐는데, 고등수학은 100만원씩 줘야해서 부담이 된다고 학원에 다니라고 하셨어요. 혼나기 싫어서 억지로 건성으로 학원에 다녔어요. 수업시간에 졸고 숙제 안 해가고 놀고…, 그러다 보니까 곳곳에 모르는 내용이 쌓이더라구요. 한 단원씩 모르는 부분이 생기니까 점점 개념을 이해하기 어려워지고 수학공포증이 생겼어요. 수학 한 문제 푸는 데는 시간이 걸렸지만 성적이 떨어지는 건 엘리베이터를 타고 내려가는 것 같았고 빛의 속도로 모르는 게 쌓였어요. 지금은 왜 매일 복습할 내용을 공부 안 하고 시간 낭비를 했는지 후회해요. 고등학교에선 한번 떨어진 성적을 올리기가 너무나 어렵다는 것을 느껴요. 모두 열심히 공부하니까 성적이 안 올라서 지칠 때가 많아요. 어디서부터 구멍난 부분을 메꿔야 할지 모르겠어요."

- 학습결손 때문에 성적이 하락한 진경이

성적 하락이 계속되자 내신도, 수능도 포기하다시피 한 진경이가 정신을 차리게 된 계기는 학습 진단이었다. 진경이는 서울대 합격생 현일이의 조언과 학습 멘토링 덕분에 마음을 잡고 수능을 준비하고 있다. 진경이의 케이스는 학습동기, 목표의식, 학습 습관 형성이 얼마나 중요한지를 여실히 증명하는 사례일 것이다.

부모는 자녀의 성적이 나쁘다고 포기하기보다 자녀가 정신을 차리고 동기부여를 할 수 있도록 계기를 만들어줄 필요가 있다. 공부를 잘하는 것은 자신과의 치열한 싸움이라는 심리 게임에서 이기는 것이다. 아이들은 미래에 대해 생각하고 미래를 위해 도전하는 자세를 가지면서 자신의 진로와 직업을 진지하게 고민하게 된다. 가장 중요한 것은 공부하라는 잔소리가 아니라 왜 공부를 하는지에 대한 동기부여와 반드시 원하는 대학과 학과에 진학하겠다는 뚜렷한 목표의식이다. 잘하고 싶고 잘해야 한다는 마음이 학생에게 있어야 하는 학습동기이다.[4] 그렇지 않을 경우 동기부여가 필요하다. 명확한 목표가 없다면 공부에 집중하기 어렵다. 꿈이 있다면 그 꿈을 위해 어떤 목표를 세워야 할지 많은 고민을 해야 한다. 무슨 책으로 어떤 강의를 이용할지 판단하는 능력도 키워야 한다. 거시적 전략 그리고 매일의 공부에 필요한 기술이라 할 수 있는 전술도 갖춰야 한다. 특히 자신이 공부

---

4 허은영, 〈방과후학교 자기주도학습 프로그램이 중학생의 자기조절학습 전략, 자기효능감, 학업성취도에 미치는 효과〉, 《중등교육연구》 57(2)(2009), 209~234

한 내용을 양적으로뿐만 아니라 질적으로 얼마나 알고 있는지를 명확히 판단할 수 있는 능력이 필요하다. 이것이 자기평가 능력이다.

교육 전문가들은 학습동기, 자기효능감, 자기조절학습 전략이 학업 성공과 학업성취에 큰 영향을 미친다고 말한다.[5] 학습동기란 학생 스스로 과제를 선택하고 선택된 과제를 해결하기 위해 지속적 노력을 기울이며 어려운 상황이나 도전적인 과제에 대해서도 포기하지 않고 학습에 임하는 힘이다.[6] 학습동기와 학습성취의 상관관계는 여러 선행연구에서도 공통적으로 검증되었다.[7] 학습동기가 높은 학생들은 학습태도가 긍정적이며 학습성취도 높고 학교생활에 만족한다.[8] 스스로 공부를 해야 할 동기가 확고한 학생들(내재적 동기)이 부모, 환경, 친구 때문에 동기를 가지게 된 학생들(외재적 동기)보다 훨씬 더 높은 학업성취를 보인다.[9] 학생 스스로 자신을 냉정하게 평가하고 반성하는 것이 동기부여의

5 김경희·임은영·신진아, 〈학업성취도 평가결과에 나타난 초-중학생의 정의적 특성에 대한 종단 분석과 예측〉, 《교육평가연구》 26(5)(2013), 981~1014.

6 D. H. Schunk, "Self-efficacy and academic motivation," *Educational Psychologist* 26(3~4) (1991), 207~231.

7 J. S. Eccles, "Schools, academic motivation, and stage-environment fit," *Handbook of adolescent psychology* 2(2004), 125~153.

8 C. Arbona, "The development of academic achievement in school-aged children : Precursors to career development," in S. D. Brown & R. W. Lent(Eds.), *Handbook of counselling psychology*(3rd ed.,)(New York : John Wiley and Sons, 2000), 270~309.

9 A. E. Gottfried, "Academic Intrinsic motivation in young elementary and junior high school students,"*Journal of Educational Psychology* 20(1992), 525~538.

첫 출발점이다. 왜 수업시간에 집중하지 못할까? 왜 시험공부를 해도 성적이 오르지 않을까? 공부 방법의 문제점은 무엇일까? 이런 구체적 질문을 스스로에게 던져야 한다. 공부는 부모를 위해서 하는 것이 아니다. 나 자신을 위해서, 더 나은 미래를 위해서, 내 인생을 행복하게 만들기 위해서 하는 것이다.

기초부터 차분하게 차근차근 공부를 하면서 느끼는 성취감은 공부에 재미를 붙이는 동기가 된다. 그것이 자기만족감이다. 만족감이 높을수록 더 열심히 공부하고 싶고, 노력한 만큼 성적이 향상되면, 또다시 더 높은 목표를 향해 달려간다.[10] 왜 이 힘든 공부를 해야 하는가? 나의 미래는 어떻게 준비할 것인가? 어떤 삶을 살 것인지 꿈과 희망을 갖고 미래를 준비하겠다고 결심하는 학생이라면 목표를 이루기 위해 공부를 해야 할 동기와 목표의식이 생긴 것이다. 그것을 찾도록 부모들은 자녀에게 용기와 희망을 주고 꿈을 갖도록 동기부여에 참여하는 것이 좋다. 동기부여를 하게 된 자녀들은 자신을 긍정적으로 생각하고 자아존중감이 생기며 긍정적인 삶의 태도와 가치관을 갖게 된다.[11]

10 M. Bong&E. M. Skaalvik, "Academic self-concept and self-efficacy : How different are they really?," *Educational Psychology* 27(1)(2003), 1~40.

11 김동일,《학습전략 프로그램》(서울 : 학지사, 2005).

2) 공부계획 세우기

목표를 가진 학생은 목표 달성을 위해 적극적으로 참여하고 그 결과 학업성취도 높아진다(김경희·임은영·신진아, 2013:91). 학습전략은 학업성취에서 매우 중요한 요소이다.[12] 성적이 낮은 학생들이 가장 많이 저지르는 실수는 과목별 학습전략을 모른다는 것이다. 시간관리, 공부에 방해가 되는 요인의 제거 등 환경관리를 잘할수록, 수업태도가 좋을수록, 노력을 많이 할수록[13] 공부시간이 많을수록[14] 학업 성적은 향상된다. 공부 방법이나 습관을 바꾸면 성적은 충분히 향상될 수 있다. 학습을 위한 출발점에서 가장 필요한 것은 수치적 목표와 이를 위한 계획 짜기다. 공부하고 싶을 때 계획을 짜는 게 아니라, 계획을 짜야 공부를 하고 싶어진다. 자기주도학습 계획은 일일, 주간, 월간, 연간 등 네 종류가 있다.

'미래에 컴퓨터 전문가가 되기 위해 컴퓨터공학과에 진학한다'처럼 구체적으로 공부목표를 설정하는 것은 뚜렷한 목적성을 갖는 것을 의미한다. 학생 스스로 '일정 수준 이상으로 제대로 답하

---

12 김영빈·김태은, 〈학습부진 초등학생의 동기 향상을 위한 집단상담 프로그램의 효과 분석〉, 《교원교육》29(4)(2013), 91.

13 임현정·시기자·김성은, 〈중학생의 자존감, 자기통제 및 학업성취도의 종단적 변화〉, 《학습자중심교과교육연구》25(3)(2016), 315~335.

14 조혜영, 〈사교육 시간, 개인공부 시간, 학교수업 참여도의 실태 및 주관적 학업 성적 향상 효과〉, 《한국교육》32(4)(2005), 29~56.

기 위해 공부한다'라는 생각을 마음속에 새기는 것이다. 어제 외운 영어 단어를 과연 몇 개나 마스터했는지 백지에 써보거나, 공부했던 과학 실험을 과정까지 설명할 수 있는지 써보거나, 어제 풀어본 수학 문제 중 아무것이나 임의로 정해서 다시 풀어본다. 만약 학습자가 자신감 있게 답할 수 있다면 제대로 공부한 것이다. 단어를 외우더라도 다음날 자기평가 때 30% 이상 답할 수 있도록 외우는 것과 그냥 열심히 외우기만 하는 것은 목적성 자체가 다르다. 전자의 경우 지루함을 방지할 수 있다. 이것이 제대로 되어야 자기평가 능력이 좋은 것이며 이는 많은 상위권 학습자들이 가지고 있는 특징이다.

가) 학습플래너 작성하기

학습플래너를 이용하면 스스로 공부계획을 세우고 일일 공부량을 점검할 수 있다.[15] 학습플래너는 자신의 학습에 대해 생각하고 계획을 짜고 실행하고 평가하는 것으로 자기관찰의 기회를 제공하고 학습에 장애 요인을 스스로 찾아내어 점검하고 교정하게 돕는 학습보조 도구이다.[16] 필자가 만난 일반고 상위권 학생들 대다수는 학원 수강을 하기보다는 학습플래너를 활용하거나 자

---

15 윤소정·전보라·김회용, 〈학습플래너를 활용한 중등학교 기반 시간관리 학습 컨설팅의 적용 및 효과〉, 《열린 교육연구》 20(4)(2012), 239.

16 도제우·영용칠, 〈행동 조절 촉진전략을 반영한 학습플래너가 자기조절학습 기능 향상에 미치는 효과〉, 《사고 개발》 72(2011), 1~17.

기주도학습을 통해서 자신에 맞는 공부법을 찾아내어 열심히 노력하는 모습을 많이 보였다.

초등학교에서 중학교로 넘어가는 시기엔 공부 과목이 늘어나고 내용도 어려워진다. 대다수 중학생들은 학교에서 곧장 학원으로 직행해 기계적으로 교과목을 선행학습하는 데 많은 시간을 투자하고 밤늦게 귀가하기 때문에 스스로 배운 내용을 복습할 시간이 부족하다. 그러나 제대로 습관을 기르지 못하면 고등학교에 진학해도 스스로 시간관리를 하지 못하고 허송세월하다가 후회하기 마련이다. 대다수 한국의 청소년들은 부모님이 들볶거나 학원 선생님이 강요해야 공부하는 시늉이라도 한다. 학습 전문가들도 이구동성으로 한국 청소년들은 스스로 공부하는 습관, 시간관리하는 습관이 매우 부족하다고 진단할 정도이다.[17] 공부에 지치거나 흥미가 없는 학생들이 컴퓨터 게임이나 SNS에 저녁 시간을 소비하다 보면 매일 공부할 분량을 채우지 못하게 된다. 이런 생활습관이 반복되면 공부량이 절대적으로 부족해 구멍이 생기고 학습결손 현상이 발생한다. 공부를 해야 할 목적이나 동기가 없기 때문에 놀고 싶은 욕구를 스스로 통제하면서 공부에 몰두하는 것이 어려워 악순환이 생기는 것이다. 매일매일 나 자신과 약속한 공부량을 채운다는 굳은 결심을 해야 시간 낭비를

---

17 이나표, 〈청소년의 자기통제력과 시간관리〉(고려대학교 석사학위논문, 2007).

다문화가정의 교육전략은 따로 있다

하지 않는다.[18] 필자가 만나 본 부모님들이나 선생님들도 이구동성으로 학생들이 매일매일 공부해야 할 학습 분량을 뒤로 미루고 시간을 허비하는 것이 가장 큰 문제라고 말했다(윤소정·전보라·김회용, 2012:240). 당장 노는 즐거움에 매료된 학생들은 매일매일 공부량을 채우고 다음날로 미루지 않아야 학습 결손 현상의 발생을 막을 수 있다는 사실에 유념하지 않는다. 공부할 분량이 쌓이면 벼락치기를 해도 완벽하게 이해하지 못한다. 이로 인해 개념 이해도 안 되고 기초풀이도 못 하고 심화문제는 풀지도 못하는 고질적 학습결손 현상이 생기는 것이다. 결과적으로 오늘 분량을 공부하지 않고 신나게 놀다 보면 수학 같은 과목은 최하위 등급으로 추락하는 스트레스를 받게 된다. 그래서 학생들 스스로 시간관리 능력을 기르고 매일 스스로 점검하면서 학습 플랜을 짜는 것이 중요한 교육적 과제로 부상하고 있다.[19]

시간관리는 주어진 시간 안에서 모든 시간에 최선을 다해서 최대의 효과를 거두는 것이며 나 자신의 삶을 관리하는 것이다.[20] 매일매일 정해놓은 목표에 따라 공부할 목록을 작성해 중요도와 긴급도에 따른 순서를 정해서 그대로 수행한다. 시간관리를 잘했을 때는 학생 스스로 시간을 계획하고 목표를 실행하는 과정

18 유성은, 《성공하는 10대의 시간관리와 공부 방법》(서울: 평단, 2008).

19 변영계·강태용, 《학습기술》(서울: 학지사, 2007).

20 B. K. Britton&A. Tesser, "Effect of time management practice on college grades," *Journal of Educational Psychology* 83(3)(1991), 405~410.

에서 단련이 되는 효과가 나타나는데 스스로 냉정하게 결과를 평가하다 보면 무엇이 부족한지, 무엇을 버리고 정리해야 하며, 무엇을 더 노력해야 하는지 자신의 힘으로 깨닫게 된다. 즉 집중력이 약하거나 떨어지는 원인이 무엇인지, 왜 필수적으로 암기할 부분을 빠뜨리는지, 문제 풀이 어느 부분에서 실수를 하는지, 왜 서술형 문제가 나오면 틀리는지 학생 스스로 찾아내게 된다.

따라서 시간관리를 잘하면 목표 설정을 하게 되고 학업성취 결과도 높게 나타난다. 자신에 대한 보람을 느끼고 학교생활에도 잘 적응하며 여러 가지 이익을 얻는다. 입시경쟁에서 나타나는 심리적 스트레스도 잘 관리하게 되고 인터넷중독을 예방하고 게임을 억제하는 자기통제력이 향상되고 생활습관도 교정되는 긍정적 효과를 얻는다.[21] 엄밀하게 말하면 시간관리도 생활습관을 관리하는 것이다. 유치원 시기부터 생활습관이 잘 형성된 학생들은 초등학교 생활도 모범적이고 우수하다. 초등학교 고학년부터 중학교 시기에 사춘기 열병을 심하게 앓는 학생들이 많은데 이때 부모들이 자녀의 마음과 생각을 이해하고 대화로써 잘 소통해야 한다. 사춘기를 잘 넘기지 못해서 공부에 흥미를 잃는 경우가 너무나도 많기 때문이다. 시간관리가 자신의 인생을 향한 작은 준비 단계라는 사실을 깨닫지 못하고 컴퓨터 게임이나, 소

---

21 홍성임, 〈중학생의 시간관리, 자기효능감 및 학교생활 적응과의 관계〉(충북대학교 석사학위논문, 2004).

다문화가정의 교육전략은 따로 있다

셜 미디어 활용에 시간을 보내는 학생들이 많다. 습관적으로 매일 1시간씩 집중해서 공부하는 것이 1달간 쌓이면 학습 분량이 많아진다. 매일 조금씩 학습하는 습관이 쌓여 1년이 되면 최소한 중상위권은 유지하게 된다. 그렇기 때문에 학습 전문가들은 시간관리 습관을 기르는 것이 학생들의 학업성취에 긍정적인 결과를 준다고 보는 것이다.[22]

나) 매일 공부계획 짜기

당연히 시간관리를 잘하는 학생은 자기주도학습을 철저히 하는 학생이고, 해당 학생이 스스로의 노력에 따라 성적이 향상되는 것은 당연한 결과이다.[23] 시간관리를 하려면 목표 설정을 해야 하고, 시간을 어떻게 잘 분배해서 집중할지를 계획하며, 공부에 집중하려는 노력을 하기 때문에 당연히 학습 습관이 자연스럽게 몸에 배게 된다. 자기주도학습을 잘하는 학생은 낭비하는 시간 없이 집중력을 발휘해서 스스로 노력하는 습관을 기른다.[24] 아무리 뛰어난 과외 선생님이 있어도 학생 스스로 배운 것을 복습하고, 기본 개념부터 이해하면서 필수적인 내용을 암기

---

22 김영채, 〈학업 수행과 결합되어 있는 동기 및 학습전략 변인〉, 《계명행동과학》 6(1)(1990), 15~38.

23 김주리, 〈고등학생의 시간관리 능력이 시간관리 만족감과 학업성취도에 미치는 영향〉(고려대학교 석사학위논문, 2012).

24 손진희·김안구, 〈가정환경, 자아개념, 자기학습량과 학업성취의 관계〉, 《아시아교육연구》 7(1)(2006), 235~265.

[표 3-1] 매일 공부계획표 짜기

시간	월	화	수	목	금	토	일
7:00	등교					아침	
8:00	학교수업					탐구	탐구 논술
9:00							
10:00							
11:00							
12:00	점심					점심	
13:00	학교수업					탐구	탐구 논술
14:00							
15:00							
16:00							
17:00							
18:00	저녁					저녁	
19:00	국어	국어	국어	국어	국어	휴식시간	부족한 과목 보충하기
20:00	국어	국어	국어	국어	국어		
21:00	영어	영어	영어	영어	영어		
22:00	영어	영어	영어	영어	영어		
23:00	수학	수학	수학	수학	수학		
24:00	수학	수학	수학	수학	수학		

하는 습관을 기르지 않으면 성적이 오르지 않는다. 공부에 있어
서는 노력한 만큼 성적이 오르게 되어 있다. 오늘 당장 시작해
보라. 자신의 학습 습관에 어떤 문제가 있는지 알 수 있고 변화
된 자신의 모습을 느낄 것이다.

매일 과목과 교재, 분량 단위로 공부계획을 짜되, 문제 풀이 공
부를 할 때는 문제당 시간을 시험 때와 같이 설정하고 문제 개수
에 따라 공부시간을 결정해야 한다. 중학생의 경우 학기 중 하루

다문화가정의 교육전략은 따로 있다

3시간, 고등학생은 하루 최소 4~5시간 자기 공부시간을 짜야 한다.[25] 현실적으로 학원에 많이 다니는 학생들의 공부시간이 하루 2시간 미만임을 감안할 때 학원 강의 수강으로 소진하는 시간을 없애야만 제대로 된 일일계획을 짤 수 있다.

다) 1주 계획 짜기 : 6일분 공부계획 짜기

1주 계획을 짤 때는 한 달 계획의 1/4을 완성한다고 생각한다. 핵심은 공부할 분량을 나누어 1주일간 지속적으로 공부하는 것이다. 국어·영어·수학·과탐(사탐)을 한 달간 공부할 계획이라면, 네 과목을 매일 균등하게 꾸준히 공부하는 습관을 길러야 한다. 평일에는 진도를 일정하게 나가는 데 포인트를 두어야 한다. 6일 계획은 보통 시험 준비 기간이 아닐 경우 '영·수·국→영·수·사→영·수·과→영·수·국→영·수·사→영·수·과'로 과목 배치를 하는 것이 좋다. 중학생은 각각의 과목에 1시간씩, 고등학생은 수학에 3시간, 나머지 과목에 1시간씩을 배치한다.

개념이 부족하다고 생각되는 학생은 단원을 기준으로 나누어 공부계획을 짜야 한다. 예를 들어 200페이지 분량의 수학 책을 풀 생각이라면 1주 동안 50페이지를 풀고, 총 1,000개의 문제가 수록된 기출문제집을 푼다면 1주 동안 250문제를 푸는 방식

---

25 장민근, 〈자기주도적 학습을 위한 학습계획 수립 및 시간관리 프로그램 설계 개발〉(한국교원대학교 석사학위논문, 2010).

[표 3-2] 주 공부계획표 짜기

교시	시간	월	화	수	목	금	토	일
아침 준비	6:30~7:50	기상·세면·아침 식사·등교						
	7:50~8:00	수업 준비(지각 금지)						
1	8:00~8:50	오전 수업					수행 평가	자율 학습
2	9:00~9:50							
3	10:00~10:50							
4	11:00~11:50							
점심	11:50~13:00	점심 식사						
5	13:10~14:00	오후 수업					자율 학습	
6	14:10~15:00							
7	15:10~16:00							
8	16:10~17:00							
9	17:10 10:00							
저녁	18:00~19:00	저녁 식사						
자율 학습	19:00~20:00	자율학습					수행 평가	자율 학습
	20:10~21:00							
간식	21:10~22:00	자율학습					수행 평가	자율 학습
자율	22:10~23:40							
취침	23:40~24:10	세면·취침 준비						

으로 공부량을 분배해야 한다. 1주 동안의 공부량을 분배할 때는 표 3-3 '한 달 공부계획표 짜기'를 참고하기 바란다. 부족한 부분은 주말을 이용해 오답노트 정리, 암기할 부분 다시 암기하기 등으로 보충한다. 일요일에는 하루 정해진 분량을 다했을 경우 쉬고, 하지 못했을 경우 보충한다. 주말에 쉴 수 있을 것 같지만 과목별로 쌓인 오답을 보충하려면 공부할 양이 만만치 않다. 주말은 엄청난 양을 공부할 수 있는 절호의 기회로 평일에 공부하다

다문화가정의 교육전략은 따로 있다

가 나온 오답과 모르는 문제, 잘 안 풀리는 문제를 다시 고민하고 풀기에 좋다.

라) 한 달 계획 짜기 : 시험 대비 기간을 위해 계획수립하기

한 달 계획을 세우면 어떻게 해서라도 열심히 노력하게 되는 것이 장점이다. 약간 무리한 계획을 세우면 최선을 다해서 노력할 수밖에 없다. 적당히 공부해도 된다고 자기 자신과 타협하면 밥 먹는 시간, 잡담하는 시간, 게임하는 시간을 줄일 수 없다. 약간 무리한 공부계획은 잠재력을 발휘해서 공부하는 계기가 되고 공부량이 쌓이면 비약적으로 심화 공부를 하게 된다.

시험 전 4주 차에는 평소대로 영어, 수학 위주의 공부 패턴을 유지하되, 시험 기간에 이 두 과목에 많은 시간이 소모되지 않도

[표 3-3] 한 달 공부계획표 짜기

	첫째 주	둘째 주	셋째 주	넷째 주
언어	2019년도 기출문제 분석 + 어휘장	2019년도 기출문제 분석 + 어휘장	2019년도 기출문제 분석 + 어휘장	2019년도 기출문제 분석 + 어휘장
수리	공식 암기 1/4 끝내기	공식 암기 2/4 끝내기	공식 암기 3/4 끝내기	공식 암기 4/4 끝내기
외국어	단어 암기 1~40개	단어 암기 40~80개	단어 암기 80~120개	단어 암기 120~160개
탐구	EBS 1~2과 듣고 복습하기	EBS 3~4과 듣고 복습하기	EBS 5~6과 듣고 복습하기	EBS 7~8과 듣고 복습하기
논술	시사주간지 읽기, 철학 분야 읽기	시사주간지 읽기, 과학 분야 읽기	시사주간지 읽기, 역사 분야 읽기	시사주간지 읽기, 경제 분야 읽기

록 제대로 실력을 다져야 한다. 3주 차에는 국영수 위주로 시험 대비 모드에 돌입한다. 교과서와 자습서, 문제집, 학교수업 내용 위주로 공부한다는 뜻이다. 2주 차에는 사회와 과학 계열 과목 위주로 공부하되 국영수 과목에 부족한 부분이 있다면 보충하고, 다한 후에는 복습을 병행한다. 1주 차는 두 부분으로 나뉜다. 초기 3일은 그동안 못한 부분을 최종적으로 보충하는 기간이다. 나머지 4일은 시험 보는 과목들 순서의 역순으로 공부하면서 마무리한다. 시험 기간 동안에도 끝까지 최종 반복을 위한 벼락치기는 멈추지 않는다.

마) 연간계획 수립하기: 장기간 공부계획 짜기

연간계획은 이번 학기 또는 이번 해에 어떤 것을 주로 공부해야 하는지 판단해서 공부계획을 짜는 것이다. 선행학습을 해야 하는지 후행학습을 해야 하는지, 영어 문법은 언제까지 마무리해야 하는지 등 6개월에서 1년에 걸친 계획도 함께 있어야만 시행착오를 막을 수 있다. 공부계획을 짜는 이유는 목표를 설정하고 올바른 방향성을 세워 공부하기 위해서다. 3~5월에는 개념 완성에 초점을 맞추고 완벽하게 마스터하자. 5~7월에는 오답을 점검해 완벽하게 내 것으로 만들고 모의고사에 대비한 문제 풀이 연습을 하자. 문제를 푸는 속도보다 완성도를 높이는 데 중점을 두자.

	1월	2월	3월	4월	5월	6월	7월	8월	9월	10월	11월	12월
목표	개념 완성하기				오답 체크, 문제 풀이			시간 조절 연습		틀린 문제 공부하기, 복습하기		
국어	기출 분석, 단어 암기			내신 공부	기출 분석, 단어 암기	내신 공부	평가원 문제 분석, 단어 암기			내신 공부	평가원 문제 분석, 단어 암기	내신 공부
수학	기본서 1·2·3				기본서 4		문제 유형, 풀이법 암기				문제 유형, 풀이법 암기	
영어	단어 암기				단어 암기		단어 암기				단어 암기	
탐구	고2 탐구 과목(1/2) 개념 정리				개념 정리		개념 정리				개념 정리	

【표 3-5】 고2 연간 공부계획표 짜기

	1월	2월	3월	4월	5월	6월	7월	8월	9월	10월	11월	12월
목표	개념 완성하기				오답 체크, 문제 풀이			시간 조절 연습		틀린 문제 공부하기, 복습하기		
국어	유형 분석			내신 공부	EBS, 단어 암기	내신 공부	평가원 문제 분석, 단어암기			내신 공부	평가원 문제 분석, 단어 암기	내신 공부
수학	EBS 문제 풀이				EBS, 문제 풀이		문제 유형, 풀이법 암기				문제 유형, 풀이법 암기	
영어	문법 정리				EBS, 단어 암기		단어 암기				단어 암기	
탐구	고2 탐구 과목(1/2) 개념 정리				개념 정리		개념 정리				개념 정리	

【표 3-6】 고3 연간 공부계획표 짜기

	1월	2월	3월	4월	5월	6월	7월	8월	9월	10월	11월
목표	개념 완성하기				오답 체크, 문제 풀이			시간 조절 연습		틀린 문제 공부하기, 복습하기	
국어	기출분석, 단어				기출분석, 단어장	유형 점검				EBS 문제, 읽기 자료	
수학	수학 I 정석 공식 암기			내신공부	공식 암기	내신공부	문제 유형, 풀이법 암기			내신공부	사설 문제
영어	단어 암기			내신공부	단어 암기	내신공부	문법 암기			내신공부	EBS 문제, 읽기 자료
탐구	고2 탐구 과목(1/2) 개념 정리			내신공부	개념 정리	내신공부	EBS 암기			내신공부	EBS 문제, 읽기 자료

3) 자기주도학습에 익숙해져야 한다

가) 자기통제력과 집중력 높이기

문제는 어떻게 학생 스스로 자기통제력을 기르느냐에 있다. 대한민국 부모 대다수는 자녀들이 사춘기를 잘 극복하고, 게임이나 인터넷, 스마트폰 사용을 중단하고 집중해 공부하도록 만들 수 있는 방법이 무엇인지 고민한 적이 있을 것이다. 사춘기를 일찍 겪은 학생들이나 뒤늦게 사춘기가 온 학생들이나 공통적으로 겪는 시행착오는 시간 낭비다. 청소년들은 부모와의 관계가 뒤틀리거나, 가정의 경제적 소득이 줄어들거나, 왕따를 당하거나, 학교생활에 적응하지 못하거나, 심각한 학습결손 상태일 때 공부를 소홀히 하고 즐거움과 재미를 찾아서 시간을 낭비한다. 학생들 주변에는 오버워치, 리니지 등 인터넷 게임과 SNS 등 공부를 방해하고 유혹하는 요소들이 사방에 널려 있다. 청소년 스마트폰의존위험군은 2017년 30.3%로 다소 감소한 반면, 유아·아동은 19.1%로 전년도(17.9%)에 비해 1.2%p 증가했다(보건복지부 사회보장총괄과, 2019. 2. 27 : 10).

앞서도 강조했지만 부모는 자녀의 성장 상태, 생활습관, 공부 상태에 관심을 갖고 자녀의 TV와 인터넷 사용, 핸드폰, 게임, 친구와의 교제시간, 잘못된 행동, 생활습관에 대해 생활 지도를 하고 통제해야 한다(김영희, 2002 : 12~14). 부모가 자녀를 양육하면서 욕망을 통제하고 올바른 생활습관을 갖도록 관심을 갖고 개입해야 시간 낭비를 줄일 수 있다.[26] 자녀에게 간섭을 하지 않으면 부모 몰래 게임을 하고 인터넷, 카톡으로 수다를 떨면서 놀다가 저녁시간을 낭비하기 십상이다. 집중에 방해되는 요소를 정리하도록 격려하거나 관리하는 것도 부모의 역할 가운데 하나다. 무엇을 하는지 모르는 상태로 자녀를 방치하면 게임중독, 인터넷중독, SNS 사용을 통제할 수 없다. 대치동 엄마들은 공부할 때 핸드폰을 받아서 바구니에 담아놓고 공부가 끝나면 돌려준다. 또한 과도한 핸드폰 사용을 막기 위해 최신폰을 사주지 않고 구형 폴더폰을 사준다. 자녀교육에 관해 대한민국에서 둘째가라면 서

---

26 K. Davidson, J. Norrie, P. Tyrer, A. Gumley, P. Tata, H. Murray&S. Palmer, "The effectiveness of cognitive behavior therapy for borderline personality disorder : results from the border line personality disorder study of cognitive therapy(Boscot) trial," *Journal of Personal Disorders* 20(5)(2006), 450.

러울 정도로 극성스러운 대치동 엄마들의 입시 뒷바라지 방법 중 하나가 자녀들의 공부에 방해가 되는 부분을 찾아내서 차단하는 것이다.

학생들이 명심해야 할 점은 핸드폰을 멀리 둘수록 집중력이 높아진다는 사실이다.

교육 전문가들도 학습동기나 학습전략, 자기통제성이 낮을 때 학습부진이 될 확률이 높다고 주장한다(김영빈·함은혜·황매향, 2017:94). 공부할 때 자기통제성을 높이려면 핸드폰 사용 중지, 게임 중단, 잡념 버리기, 시간관리 등으로 공부를 방해하는 외적인 요소를 최대한 없애야 한다(권은경, 2018:114). 하고 싶은 게임, 연예인 팬클럽 활동, 인터넷을 모두 하면서 공부에 집중할 수는 없다. 학생 스스로 통제하려는 마음이 강해져야 절제가 된다. 공부를 하겠다고 결심했다면 공부할 때는 핸드폰부터 끄거나 서랍에 넣고 사용하지 않는 습관을 길러야 한다. 대다수 현대인들은 없으면 생활이 불가능할 정도로 핸드폰에 매여 살지만 학생들은 핸드폰을 멀리하고 공부에 집중하는 습관을 길러야 한다. 집중력을 방해하는 사소한 생활습관은 스스로 정리하자. 중학교 시기에 매일 복습하는 습관을 길러주지 않으면 학습과정에 결손이 생긴다. 그렇게 되면 따라잡기가 너무나도 어렵다. 그리하여 결손 때문에 성적이 하락하고 학교생활에도 적응하지 못하는 악순환이 반복된다. 자기통제력이 높은 학생은 학습전략 사용 및 환경관리에 시간과 노력을 적절하게 조절할 수 있기 때문에 높은 학업성취를 맛본다.[27] 자기통제력은 보다 크고 장기적인 목표 달성을 위해 순간의 충동적인 욕구나 행동을 자제하며 즐거움이나 만족을 지연시키는 능력이다. 아쉽게도 대부분의 학생들은 스스로의 자기통제력이 높지 못하다. 학생 스스로 인터넷이나 게임을 하고 싶은 욕망을 통제할 수 있다면 집중력과 끈기, 반복학습, 자기주도학습을 스스로 할 수 있기 때문에 학업 성적도 향상될 수밖에 없다.[28]

자신의 미래를 행복하게 만들기 위해서 공부하려는 의지와 동기를 굳게 세워 과목별로 학습 방법을 터득하고 학습전략을 세우며, 공부에 방해가 되는 요소들을 정리하고 선택과 집중을 하는 것이 자기주도학습의 출발점이다. 학습동기와 목표를 세우는 것은 부모가 해줄 수 없다. 학생 스스로 고민하고 스스로 결정하는 것이다. 부모와 학습 멘토는 말 그대로 멘토일 뿐이다.

나) 왜 자기주도학습을 해야 할까?

자기주도학습법은 개념 이해, 심화문제 풀이, 문제 유형 파악, 기출문제 풀이과정을 반복해서 유사한 문제가 출제되면 틀리지

---

27 W. Mischel, Y. Shoda&M. L. Rodriguez, "Delay of gratification in Children," *Science* 244(1989), 933~938.

28 A. L. Duckworth&M. E. P. Selligman, "Self-discipline outdoes IQ predicting academic performance in adolescents," *Psychological Science* 16(2005), 939~944.

않도록 반복해서 문제를 풀고 완벽하게 자기의 것으로 소화하는 학습 방법이다.[29] 자기주도학습은 초등학교 때부터 꾸준히 학습동기를 만들고, 스스로의 단계적 반복학습을 통해 교과목의 내용을 숙지하도록 학습 습관을 기르는 학습법이다. 학원에 의존하지 않고 학생 스스로 자기주도학습에 익숙해져야 중고등학교에 진학해도 확실한 개념 이해를 통한 심화문제 풀이와 학습 방법의 교정을 통한 비약적 성적 향상이 가능하다.

요즈음 학생들이 지나친 학원교육에 젖어들면서 기피하는 부분이 바로 이해와 사고다. 이해와 사고 부분은 학교교육에서 가장 많이 다룬다고 해도 과언이 아닌데 학생들은 이런 과정을 등한시하고 문제 풀고 외우는 데에만 집착해서 손쉽게 득점하려고 한다. 그러나 수준이 높아지고, 내용이 많아지고, 문제 유형이 다양화되며, 높은 사고력을 기반으로 문제를 풀도록 요구하는 고등학교 학습에서는 더는 암기 같은 학습 방법이 먹히지 않는다. 이제부터라도 내용에 대한 이해와 사고 쪽에 좀 더 시간을 투자해서 다섯 가지 요소가 조화를 이루는 공부를 해야 고득점으로 성적이 향상될 수 있다. 그래서 자기주도학습 시간이 길어질수록 학업성취도는 높게 나타난다.[30]

---

29 박수민·이광상, 〈국가 수준 학업성취도 평가결과와 연계한 서답형 답안 반응 유형 분석 : 2015년 고등학교 수학과 국가 수준 학업성취도 평가 중심으로〉, 《교육과정평가연구》 20(2), 95~96.
30 교육부, 〈2017년 국가 수준 학업성취도 평가결과 발표〉, 《보도자료》(세종: 교육부, 2017) : 1, 4.

다문화가정의 교육전략은 따로 있다

다) 예습하기 → 수업 집중하기 → 복습하기에 충실하라

학생 스스로 자기주도학습을 통해 가장 확실하게 성적 향상이 된 경우는 '예습 → 수업 →복습'이라는 기본에 가장 충실했을 때 다. 예습을 하라고 하면 학생들은 보통 책읽기를 한다. 그러나 그냥 읽기는 아무런 도움이 되지 않는다. 예습은 책을 읽고 나서 '뭔지 모르겠고, 답답하고, 알고 싶어지기 위해서' 하는 것이다. 즉 예습은 '다 알려고 한다'기보다 '뭐가 있는지'를 알기 위해, 내가 궁금한 것을 만들기 위해 필요한 작업이다. 수업시간에 제대로 듣는 것보다 더 효율적이고 효과적인 시간 사용 방법은 없다. 수업을 잘 들으려면 궁금증을 갖기 위한 예습이 전제되어야 하며 끊임없이 예습에서의 궁금증을 해결하기 위해 수업에 참여해야 한다. 특히 수업을 잘 들으려면 필기를 열심히 해야 한다. 미래의 나에 대한 배려라는 관점에서 수업 내용을 가능한 빠짐없이, 핵심적인 것 위주로 알아보기 쉽게, 생각하는 필기를 하려고 애써야 한다. 그런 마음이 수업에 대한 집중도를 높이고 성적 향상을 가능케 한다. 예습과 수업 듣기 이후 복습까지 너무 오랜 시간이 걸려서도 안 된다. 최소한 그 주에 배운 내용은 그 주에 해결해야 한다. 특히 복습은 반복이 생명이며 망각을 방지하려면 반복만이 살길이다.

라) 반복학습과 시험 대비하기

성적이 향상되지 않는 학생들이나 하위권 학생들의 공부 습관을 관찰해보면, 수업을 듣고 복습하는 입력 부분과 시험을 보고 틀린 부분을 내 것으로 소화하는 출력 부분이 부조화 상태라는 공통적 현상이 나타난다. 대다수 학습결손 학생들은 입력부터 부조화가 생긴다. 수업은 많이 듣지만 스스로 이해하고 암기해서 내 것으로 소화하는 과정이 너무나 부족하다. 배운 내용이 머리 주변에서 맴돌지만 암기량이 부족하기 때문에 머릿속에서 교과 내용을 완벽하게 나의 것으로 소화하지 못하는 것이다.

반대로 학습과정에서의 출력은 시험을 통해 성적을 점검하는 것이다. 학생들은 학습한 내용을 공부하고 평가하기 위해 시험 문제를 풀고 자기평가를 한다. 많은 학생들이 문제집을 풀지만 머릿속에 있는 내용을 꺼내어 설명해보는 일은 거의 없다. 그저 문제를 풀어서 맞히면 출력 연습이 끝났다고 생각한다. 문제 내용을 백지에 설명하는 적극적 출력까지 연습해야만 공부는 열심히 했어도 시험을 망치는 현상을 막을 수 있다. 가장 좋은 방법은 수능 기출문제집이나 한국교육과정평가원의 문제집을 풀고 평가하는 과정을 반복하는 것이다.

마) 과목별 학습법을 적용해서 공부하기

또한 과목별 특징을 고려해 공부법을 바꾸려는 노력이 중요하다. 앞으로 나올 과목별 공부법을 읽고, 국어·영어·수학·탐구 과목별 학습법을 이해한 후 실제 공부에 적용해보자(교육부 공식 블로그 https://if-blog.tistory.com/857). 자기주도학습을 하는 이유는 학생 스스로 학습목표를 수립하고 적절한 학습전략을 선택해 스스로 학습하고, 문제점을 파악하고, 반복학습을 통해 성적을 향상시키고, 학교수업 과정에서 충실히 성장하는 방법을 배우기 위해서다. 학습문제를 학습 전, 학습 중, 학습 후로 구분하면 학습환경, 학습태도, 학습전략에 대한 문제로 구분된다. 학습문제를 파악하지 못하면 학습태도를 바로잡거나 구체적 대안을 제시할 수 없다. 어떤 문제 때문에 성적이 향상되지 않는지 파악하는 것이 시급하다. 초등학교 때부터 스스로 복습과 예습을 철저히 하는 공부 습관을 길러야 중학교에 가서도 학습결손이 발생하지 않고 학습성취 결과가 좋다. 자기주도학습을 충실하게 하는 학생은 시간관리와 환경관리 능력이 높고,[31] 수업태도도 좋을 수밖에 없고,[32] 성적 향상을 위한 노력을 할 수밖에 없고, 성적 향상을 위한 학업 투자시간이 높을 수밖에 없기 때문에[33] 결과적으로 학업성적은 높게 나타난다.

---

31 L. Corno&E. B. Mandinach, "The role of cognitive engagement in classroom learning and motivation," *Educational Psychologist* 18(2)(1983), 88~108.

32 임현정·시기자·김성은, 〈학생 학업성취 변화의 영향 요인 탐색〉, 《교육평가연구》 29(2016), 125~145.

33 조혜영·서덕희·권순희, 〈다문화가정 자녀의 학업 수행에 관한 문화기술적 연구〉, 《교육사회학연구》 18(2)(2008), 105~134.

과목별 공부 방법
터득하기

── 50대 부모들이 현재 고등학교 교과서를 읽어보면 자신들이 배웠던 것보다 훨씬 어렵고 심화된 내용이라는 사실을 알 수 있을 것이다. 박사학위 소지자로 대학의 객원교수였던 필자의 지인은 내신과 수능을 동시에 준비하는 고3 이과 자녀의 화학Ⅱ 숙제를 돕다가 깜짝 놀랐다고 한다. 암기 분량도 많았지만 물리를 모르고서는 화학Ⅱ를 이해하기 어렵다는 사실을 알게 되었기 때문이다. 그도 그럴 것이 자신의 고교 시절에 비해 화학 교과서가 훨씬 정밀하게 세분화되어 암기할 분량이 너무 많았다. 내신 관리를 중시하는 일반고에서는 화학시간에 배운 내용을 토대로 자신의 미래 희망, 직업 선택과 연관된 영어 에세이를 제출하도록 수행평가 과제를 내준다고 한다. 화학 내용을 이해하는 건 당연히 어렵고 영작은 더욱 어렵다. 대학원 이상의 학력을 가진 부모 중에서 전문직 종사자나 교수, 연구원급 이상의 부모가 아니

고서는 아이의 과제를 도울 수 없다. 고등학교 국어 교과서도 과거보다 훨씬 어려워졌다. 특히 비문학은 부모 세대의 대학입시에는 없었던 부분이다. 모의고사에는 정치, 경제, 사회, 과학, 통계, 물리, 지구과학 같은 기본 지식을 바탕으로 한 문제가 출제되기도 한다. 기본 지식이 없는 학생들이 모의고사에서 비문학 시험을 치르고 나면 아예 멘붕에 빠질 정도로 힘들다고 한다. 2020년도 수능에서는 은행의 자기자본비율(BIS)을 계산하는 경제학 문제가 국어 비문학 지문으로 출제될 정도니 어찌 수험생들에게 멘붕이 오지 않겠는가?

하위권 자녀가 있다면 성적이 나쁘다고 구박하고 야단치기보다는 시대의 발전과 함께 학습 내용이 질적으로 깊어지고 어려워졌으며 이해한 뒤 암기할 분량이 폭발적으로 증가했다는 사실을 받아들여야 한다. 고등학교에서는 배울 분량이 중학교보다 압도적으로 증가하기 때문에 학습결손이 발생한 학생은 따라잡기 힘들다. 중학교 2학년 때 방황하다가 결손이 생긴 부분을 보충하지 않고 고등학교에 진학해 애를 먹는 학생들도 여럿 보았다. 중학교 2학년 때부터 학습결손이 발생한 학생은 그 부분을 메꾼 후 따라잡아야 하기 때문에 처음부터 결손이 발생하지 않도록 신경 써서 관리하라고 조언하고 싶다. 모르는 부분은 반드시 복습을 통해 이해하고 자기 것으로 만들 수 있게끔 스스로 반복학습을 하라고도 권유하고 싶다. 아무리 선천적으로 우수한 두뇌를 타고나도 노력하지 않거나 불성실하면 학교생활에 적응하기 어렵고 학교 성적도 잘 나오지 않는 것이 당연한 이치다. 그런데도 머리만 믿고 나태하게 생활하며 시간을 낭비하다가 학습결손이 쌓여 학습부진으로 연계되는 안타까운 현상을 수없이 지켜보았다. 공부에는 왕도가 없다. 지독한 노력과 성실함, 반복학습만이 성적 향상의 지름길이다. 소득 양극화로 교육격차가 극심해졌다 해도 노력한 만큼 성과가 나오는 가장 평등한 분야는 공부밖에 없다고 판단된다.

모든 학생에겐 공부를 잘하고 싶다는 꿈과 희망이 있다. 어떻게 공부해야 하는지, 과목별 공부법은 무엇인지, 이해하지 못하는 부분은 어떻게 해결할지 모를 뿐이다. 교과학습 결손 학생들을 직접 상담해보면, 학습부진 현상에 빠지게 된 데는 심리적·정서적 갈등이 주요한 원인일 경우가 많다. 부모의 역할은 자녀의 심리적·정서적 안정을 위해 최선을 다해서 학습환경을 만들어주는 것이다. 교사의 역할은 학생의 재능과 자질을 발견하고 최대한 용기를 북돋아주고 격려하면서 학습동기를 갖도록 동기부여를 하는 것이다. 공부 잘하는 친구와 친하다면 공부 방법을 묻는 과정에서 서로 도움이 될 수도 있다. 초등학생 시절부터 꾸준히 학습동기를 만들고, 스스로 단계적 반복학습을 통해 교과목의 내용을 숙지하도록 학습 습관을 기르는 자기주도학습을 해야 한다. 그랬을 때 중고등학교에 진학해도 심화과정에 대한 이해와 학습 방법의 교정을 통한 성적 향상이 가능해진다.

학부모, 교사, 학생이 교과학습 결손 상태인 학생을 놓고 섬세하게 지도한다면 충분히 학습태도를 바꾸고 학습능력과 학업성적을 향상시킬 수 있다. 부모가 자녀의 학업 상태에 관심을 갖고 보살피며, 교사가 학습 방법의 문제점을 살펴보고 개선하도록 돕는다면 동기부여에 큰 도움이 된다. 국어, 영어, 수학은 개념과 기초를 탄탄하게 쌓은 후 문제에 적용하기까지 시간이 오래 걸린다. 벼락치기로 단기간에 급격히 성적이 오르는 과목이 아니다. 이론 하나를 배우고 그 이론을 수능 문제에 적용해 정확하게 풀기까지 많은 양의 공부가 필요하다. 탐구 과목의 경우 많은 내용을 암기하고 기출문제를 열심히 풀면 단기간에 점수를 올릴 수 있다. 전략적으로 9월 모의고사까지는 국영수 공부 비율을 높이고 수능이 다가오면 탐구 과목 공부량을 늘리는 것이 좋다.

1) 수학공포증 극복하기

대한민국 중등학령기 청소년들이 가장 어려워하는 교과목은 수학이다. 초등학교 때부터 수학 학원에 다니는데 왜 고등학교에 진학하면 이른바 수학 포기자가 되어 공포심을 느낄까? 수학 전문가들은 선수학습 결손, 수학적 사고과정에서의 오류로 인해 문제 해결에 이르지 못하는 학생의 능력 부족, 학습동기와 학습 목표의 결여, 진도에 맞춘 성적 우수 학생에 대한 맞춤 교수 방법, 환경의 영향을 수학 학습부진의 원인으로 지적한다.[1] 수학이 낙제점인 학생들은 심각한 학습결손 현상이나 학교 부적응을 겪는다. 수학시간에는 대부분 엎드려 자거나, 다른 과목을 공부하거나, 선생님 몰래 만화책을 보기도 한다.

수학의 기초 개념은 초등학교 4학년 때부터 정립되어야 한다. 초등학교에서는 수학을 잘하지 못했지만 중학교 과정에서 흥미를 느끼고 공부하다 보면 성적이 향상되는 경우도 있는데 이는 특별한 케이스에 해당된다. 내신이든, 모의고사든 성적이 하위권인 고등학생 대다수는 '수학 포기자'다. 수학 과목은 특성상 오랜 시간 공부해도 고난이도의 문제 유형으로 인해 인문계 고등학생 중 상당수가 '수학 포비아(공포증)'라는 수학 포기 현상을 일으킬 만큼 어려운 교과목이다. 따라서 학생 스스로 수학에 흥미를 느끼고 자기주도학습을 병행하도록 지도해야 한다.

중학교와 고등학교 수학 교과과정은 단계별로 상호 연계되어 있기 때문에 중학교 때 수학 결손이 심각하면 고등학교 수학의 개념을 이해하고 문제 풀이를 하는 것이 어려워지고 응용문제, 심화문제를 푸는 데 곤란함을 겪는다. 수학과 자연과학은 특성

---

1 김선 외,《학습부진아의 이해와 교육》(서울 : 학지사, 2001), 228.

다문화가정의 교육전략은 따로 있다

상 선행학습이 필요한 교과목이며 선행학습의 결손이 학습부진으로 연계된다(김선 외, 2002: 42). 초등 3년 수준의 분수 개념부터 기초가 부족할 경우 초등 5년 교과과정인 분수 영역의 학습을 이해하지 못하고 심리적 장벽을 느껴 자신감 하락, 흥미 상실, 집중력 저하, 개념 이해 저하로 인한 학습부진의 장기화와 고착화의 악순환으로 이어진다(김태은 외, 2017: 234). 수학공포증에 걸리면 기본적으로 학교생활에 자신감이 떨어지고 학습의욕과 동기를 잃어버린다.

부모님과 학생들이 반드시 알아야 할 것은 수학은 중학교 1학년 1학기→2학년 1학기→3학년 1학기→고등학교 1학년 1학기→2학년 2학기→3학년 1학기로 내용이 단계적으로 연계되고 심화되는 과목이라는 점이다. 수학은 논리적 이해력이 필요한 과목이기 때문에 앞부분이 막히면 그다음 단원을 이해할 수 없다. 함수부터 이해하지 못하고 문제를 풀지 못하면 이때부터 학습결손이 발생하고, 수학 공부에 흥미를 잃어 자포자기하게 되는 것이다. 이런 현상이 3개월 이상 누적되면 수학이 공포스러운 교과목으로 느껴진다. 국어, 영어, 사회, 과학 과목은 암기 위주로도 성적 향상이 가능하지만 수학은 기초가 탄탄해야 심화문제를 풀수 있다. 수학은 학생의 노력과 비용 투자, 교사의 적절한 지도, 학생 스스로의 자기주도학습이 장시간 필요한 과목이다.

수학 과목에 결손 현상을 보이는 학생들의 공통적 특징은 함수, 문자와 식 단원과 관련된 단원인 이차방정식과 이차함수의 관계 부분부터 기본 개념을 이해 못하거나 문제 풀이를 잘 못한다는 것이다(노원경 외, 2018:150). 기본을 이해하지 못하면, 고등학교에서 미분과 적분을 이해할 수 없다. 특히 수학 포기자 학생들이 가장 두려워하는 문제 유형은 '서술형 문제'이다. 학생들은 서술형 문제를 받아보면 멘붕이 오거나, 머리에 쥐가 난다고 표현할 정도이다. 서술형 문제란 대답을 생성하는 질문 형식으로 여러 개의 답안 중 하나를 선택하게 하는 사지선다형 문항과는 다르게 문제에 대해 논리적으로 생각할 수 있는 형태의 문장으로 출제하는 방식이다(박수민·이광상, 2017:85~86).

심각한 수학 학습결손 현상을 겪는 학생들이 정해진 진도에 따라 수업을 따라가는 것은 거의 불가능에 가깝다(노원경 외, 2018:134). 수학 학습부진 학생들의 특징은 수에 대한 직관적 이해가 부족하고 수 감각(number sense)이 약하다는 것이다. 숫자가 나타내는 양상, 크기와 값, 연산을 나타내는 기호에 약한 경우 수와 어휘, 문제 해결 절차, 이전 학습자료를 기억하는 데 어려움을 겪는다(김선 외, 2001:207~208). 따라서 수학 학습부진 학생들이 서술형 문제에서 정답을 맞히는 것은 사실상 불가능하다(박수민·이광상, 2017:96~107).

일반고 수학 학습부진 학생들의 경우 중학교나 초등학교 단계에서부터 학습에 집중하지 못해 누적된 결손이 발생한 경우가

다문화가정의 교육전략은 따로 있다

많지만(노원경·박지선·오택근, 2018: 141), 공교육 현장에서는 진도 위주, 성적 우수 학생 위주로 수업을 진행하기 때문에 수학 결손 학생을 배려할 수 없다.

지금부터 공교육의 현실을 적나라하게 보여주는 이야기 한 토막을 소개하려 한다. 대치동에서 수학 학원을 운영하는 전문 강사가 필자에게 들려준 실화다. 수학처럼 논리적 이해가 필요한 교과목에서 학습결손이 발생하는 이유를 잘 설명하기도 하고 한국 공교육체계의 문제를 단적으로 보여주기도 하는 씁쓸한 현실 이야기이다.

> "안양 일반고 2학년 여학생이 겨울방학 때 친척의 추천으로 찾아왔어요. 수능 최저등급을 맞춰야 하니 수학에서 반드시 2등급을 받아야 한다는 거죠. 학교 내신은 3등급이라고 했어요. 그래서 어느 정도 잘하겠거니 하고 고등 문과 수학 문제를 내고 풀게 했어요. 그 결과 거의 풀지 못했어요. 다시 중학 수학 문제를 내주었는데 마찬가지였죠. 기초적인 부분만 골라서 초등학교 6학년 문제를 풀게 했는데 그것조차 풀지 못하더군요. 너무 놀라서 어떻게 내신 3등급이 나왔냐고 물었더니 '무조건 교과서를 달달 외웠다'고 하더군요. 이런 학생은 내신등급이 높아도 수능시험에서는 4~6등급밖에 나오지 않아요. 내신 수학을 잘하는 학생들이 왜 수능 수학 점수가 나쁜지 설명이 되는 거죠. 이것이 내신성적 올리기에 급급한 한국 고등학생들이 처한 현실의 일부분입니다."
>
> - 대치동 수학 학원 선생님

수학을 매우 잘하는 한국 학생들이 미국에 유학 가서 순수수학을 전공할 때 봉착하는 가장 큰 문제는, 문제 풀이에 익숙해서 창의적 사고를 하지 못한다는 점이다. 이들은 좌절하다가 응용수학과 관련된 전공으로 바꾸는 경우가 많다. 우리나라는 창의적인 교육, 생각하는 교육을 하지 않기 때문에 기초 학문 연구자가 부족하고 노벨상 수상자를 배출하지 못한다. 그에 비해 일본에는 기초 학문을 연구하는 연구층이 매우 두텁다. 그것이 전후 일본을 폐허에서 일으킨 집단지성의 힘이다.

수학 학습결손 학생들이 수학공포증을 극복하려면 개념 이해→심화문제 풀이→문제 유형 파악→기출문제 풀이과정을 반복해서, 유사한 문제가 출제되어도 틀리지 않도록 반복해서 문제를 풀고 완벽하게 자기 것으로 소화하는 자기주도학습을 스스로 해야 한다(박수민·이광상, 2017: 95~96). 수학에서는 기본 개념을 이해하고 문제 풀이과정을 이해한 뒤 스스로 문제 풀이를 반복하고 오답을 체크하면서 완벽하게 자기 것으로 소화하는 철저한 반복학습이 필수다. 결론적으로, 중학교 과정과 연계해 기본 개념을 숙지하고 기본 문제를 스스로 풀이하고 반복하는 자기주도학습을 해야 한다. 수학이란 교과목은 자기주도학습 시간이 길어질수록 학업성취도가 높게 나타나는 과목이다.

수학 성적이 오르면 학생들도 자신감이 향상된다. 수학 한 문제를 더 맞히려면 다른 과목에서 1등급을 올리는 것만큼 노력해야 한다. 수학 성적이 오르려면 그만큼 시간 투자를 많이 해야 한다는 뜻이다. 수학은 우선 정의나 정리를 그대로 말하거나 공식을 유도 혹은 증명할 수 있는 능력으로부터 출발한다.[2] 일차함수 문제를 풀 수 있다면 일차함수 내용도 설명할 수 있어야 정상이다. 일차함수의 정의가 무엇이고, 기울기가 무엇이며. 절편이 무엇이고. 평행이동이 무엇인지 말할 수 있어야 한다. 시험지나 연습장에 잘 정리하면서 푸는 능력이 필요하다. 아무리 많이 알아도 시험시간에 흥분해서 엉망으로 푼다면 실력을 다 발휘할 수 없다. 공식뿐만 아니라 자주 나오는 문제의 풀이 유형이나 항상 틀려서 자신 없는 문제의 풀이과정 등도 암기의 대상이다. 난이도에 따라 구분해서 별표를 쳐둠으로써 취약한 문제를 구별하고 완성도 있게 공부하는 연습이 필요하다. 답을 보기 전에는 충분히 여러 번(한 문제 안 풀린다고 한 시간 고민하기보다 15분씩 네 번 고민하는 것이 좋다) 고민해야 한다.

2) 공부한 만큼 성적이 향상되는 영어 공부법

한국의 중산층은 대부분 영어유치원부터 시작할 정도로 일찍부터 자녀들에게 영어를 가르친다. 영어는 즐겁고 재미있게 배워야 한다. 영어만큼 중요한 것은 국어 공부다. 책 읽기, 글짓기, 생각 표현하기 등에서 한국어 이해력이 쌓이는 만큼 영어 습득

---

2 박선화·임해미·최지선·김성여, 〈초·중학생의 수학 자기주도학습 실태 분석〉, 《학습자중심교과교육연구》 15(9)(학습자중심교과교육학회, 2015), 109~135.

력도 빠르다. 굳이 해외 유학을 다녀오지 않더라도 영어 동화책 읽기, 영어 교과서 읽기, 영어 만화 보기 등등 다양한 교재를 활용해 공부할 수 있다. 어린 시절에는 재미있게 다양한 방법으로 영어를 즐기면서 배우는 것이 좋다.

영국 남자라는 유명한 유튜버가 런던에 거주하는 영국인 영어 교사, 케임브리지 출신 신부님, 영어 교사 출신 순수 영국인들에게 한국의 영어 수능시험 문제를 풀게 했다. 이들이 너무 어려워하며 기절초풍하는 모습을 유튜브에서 보았는데 인상적이었다. 그만큼 한국의 영어 수능은 원어민도 혀를 내두르는 어려운 시험, 시험을 위한 시험이다.

다음은 해양수산부 고위 공무원인 아버지를 따라 중학교부터 고등학교 1학년까지 미국에서 공부하다가 고등학교 2학년 때 한국에 귀국한 어느 학생의 이야기이다. 미국 고등학교에서도 상위권이었던 이 학생은 ○○고에 다녔는데 어느 날 느닷없이 엄마에게 영어 과외를 받게 해달라고 했다.

학생의 말이 걸작이었다.

"한국 고등학교에서는 내신성적이 안 나와요. 워낙 영어를 잘하는 아이들이 많고, 외국에 살다 온 아이들이 많아서 변별력이 없기 때문에 아무도 예상하지 못한 괴상한 부분에서 시험문제를 출제해요."

하도 기가 차서 과외를 받게 했지만 내신 성적을 올리기가 너무 어려웠던 이 학생은 한국 대학입시를 포기하고 미국 대학입학시험(SAT)을 준비해서 1,400점을 맞고 동부의 명문 코넬대학교에 합격했다. 미국 대학에서는 문과 장학금을 받기가 어려운데 놀랍게도 이 학생은 장학생으로 뽑혔다. 학생의 엄마는 "웃어야 할지 울어야 할지 모르지만 한국의 대학입시제도에는 분명히 문제가 많다"며 일침을 날렸다. 강남 8학군 고등학교에서는 100명 이상 영어 수능 1등급을 받는다는 말이 있다. 그러니 영어 내신시험은 전쟁일 수밖에 없다. 바로 이 지점에서 아이들이 내신 영어시험에 스트레스를 받는 이유, 어릴 때부터 영어교육을 받는데도, 6년 동안 영어 공부를 해도 왜 영어를 못하는지 의문이 생길 법하다. 한국은 변별력을 높이느라 시험을 위한 시험 문제를 출제하기 때문이다. 우리도 영어에 익숙한 덴마크나 네덜란드처럼 영어교육과 평가의 방법을 획기적으로 개선해야 한다.

어쨌든 영어는 학생들이 노력한 만큼 모의고사에서 가장 빠른 성적 향상을 거두는 과목이다. 영어 학습은 어휘, 문법, 독해, 작문, 듣기, 말하기로 구분되는데, 영어 학습결손 학생들은 전반적으로 문법과 독해, 작문에 어려움을 느낀다.

외국어 영역 공부의 첫 번째 단계는 영어 공부의 80%를 차지하는 어휘력(단어 암기) 습득이고, 나머지 20%가 문법과 독해다. 단어를 암기하지 않고 영어 성적 향상을 바란다면 어리석은 생각이다. 만약 영어를 2시간씩 공부한다면, 그중 1시간 40분은 단어 암기에 투자해야 한다. 아무리 독해 스킬이나 문법을 공부해도 단어에서 막히면 문제를 풀 수 없다.

어떻게 하면 효과적으로 단어를 암기할 수 있을까? 수능을 준비하는 고등학생이라면 교과서를 공부하거나 모의고사를 풀면서 모르는 단어들을 사전에서 찾아 정리한 후 암기하는 방식과 어휘집을 사서 암기하는 방식을 이용하는 것이 좋다. 어휘집으론 수능 기출단어를 모아놓은 책을 추천한다. 단어를 효과적으로 암기하는 방법은 그 단어가 명사인지, 형용사인지, 부사인지, 동사인지 파악하는 동시에 접두사와 접미사도 함께 암기하는 것이다. 그 단어가 문장에서 어떻게 사용되는지 예문을 보면서 문장을 함께 암기한다. 영어 단어는 최소 일곱 번 반복해서 암기해야 잊어버리지 않는다. 매일 1시간 30분을 투자해 6개월간 단어를 암기하면 수능에서 2등급까지 가능하다.

두 번째 단계는 어휘를 끝낸 다음 문법 유형을 공부하는 것이다. 영어에서 학생들이 공통적으로 어려움을 느끼는 부분이 있다. 문법 자체에 대한 설명을 듣거나 읽을 때는 이해가 되지만 막상 새로운 예문을 보면 적용하지 못하거나 문장을 독해할 때 문법관계를 이해하기가 어려운 것이다. 수능에 출제되는 문법 유형은 딱 11개다. 모든 문법 문제는 이 11개 유형 안에서 출제된다. 독해 문제도 마찬가지다.

다문화가정의 교육전략은 따로 있다

【표 3-7】수능에 출제되는 11개 문법 유형

시제	관계사
시제(미래, 현재완료, 현재, 과거, 과거완료)	관계사 which, that
동사의 태(능동태, 수동태)	접속사
수의 일치(단수, 복수)	조동사와 가정법
부정사와 동명사	명사와 대명사
분사와 분사구문	형용사와 부사
	병렬구조와 어순

　세 번째 단계는 고3용 EBS 문법 문제집을 공략하는 것이다. EBS 문법 문제집의 맨 앞에는 그 단원에 필요한 문법 지식이 간략하게 요약되어 있다. 이 정도가 수능 영어 영역의 문법 문제 풀이에 필요한 지식이다. 이 문법 내용을 문제집이 너덜너덜해질 정도로 완벽하게 암기해야 한다. 단어 암기와 문법 암기를 완성한 다음에는 EBS 수능 특강 독해 편을 사서 지문을 읽어본다. 영어 영역 1등급을 받으려면 독해를 완벽하게 할 줄 알아야 한다. 문장을 샅샅이 뜯어내어 문장 분석 연습을 하는 것이 그 비결이다. 영어 문장구조에 대한 이해가 필요한데 영어의 문장은 아무리 길어도 다섯 가지 형식을 벗어나지 못한다.

【표 3-8】문장 5형식

1형식	주어 + 자동사
2형식	주어 + 타동사 + 주격보어
3형식	주어 + 타동사 + 목적어
4형식	주어 + 타동사(수여동사) + 간접목적어(~에게) + 직접목적어(~을)
5형식	주어 + 동사 + 타동사 + 목적어 + 목적격보어

기출문제집으로 추천할 만한 교재는 《마르고 닳도록》이다. 기출문제를 풀어보면서 완벽하게 내 것으로 소화해야 한다. 지문에서 주어와 동사부터 찾고, 보어, 목적어, 목적보어를 문장에서 찾아보라. 가정법 형식의 문장인지, 부사절인지, 명사절인지, 관계사절인지를 찾아내는 연습을 반복해야 한다. EBS 문법과 독해는 문장 분석과 독해 연습에 최적의 교재다.

3) 수능의 변수, 국어 공부법

영어와 수학에서 1등급을 받는 상위권 학생들이 의외로 고전을 면치 못하는 과목이 국어다. 수능을 치른 수험생들은 막상 국어 점수가 높게 나오지 않는다는 사실에 충격을 받는다. 평소 모의고사나 내신 국어는 상위권이었는데 수능시험에서 의외의 복병을 만났기 때문이다. 고등학생의 경우 국어 공부는 문학과 비문학 영역에서 어휘력, 이해력, 분석력과 더불어 방대한 분량의 암기와 문제 풀이가 병행되어야 하므로 성적 향상이 쉽지 않은 교과목이다.

첫 번째 단계는 국어 공부에서 가장 중요한 방법인 '어휘' 암기다. 많은 학생들이 국어도 문법과 어휘를 암기해야 하는 과목이라는 사실을 알지 못한다. 국어 영역에서 점수가 낮은 이유 가운데 하나는 지문이나 보기, 발문에 쓰이는 단어들의 사전적 정의(뜻)를

다문화가정의 교육전략은 따로 있다

정확히 알지 못하기 때문이다. 국어 영역 지문에 등장하는 단어들은 국어사전을 찾아보고 암기하지 않는 한 생소한 것이 많다. 따라서 국어 단어(어휘)를 암기하는 것이 수능 국어 영역 1등급으로 가는 지름길이다. 교과서나 모의고사 문제를 풀면서 모르는 단어는 사전에서 찾아보고 그 뜻을 단어장에 적은 후 반복해서 암기하는 습관을 만들어야 한다. 그런 반복을 통해 그 단어가 시, 소설, 비문학 지문, 문학작품에 나왔을 때 지문의 내용을 정확하게 이해하고 출제 의도를 파악할 수 있다. 국어 단어도 영어 단어를 암기할 때와 똑같이 외워야 한다. 국어 단어를 1,500개 암기하면 국어도 2등급까지 올릴 수 있다.

두 번째 단계는 수능 기출문제나 6, 9월 평가원 모의고사 문제를 푸는 것이다. 기출문제를 내 것으로 만들기 위해서는 객관적 사고방식을 배우는 연습을 해야 한다. 수능 기출문제와 기출문제집 뒷장의 풀이과정에는 독해방식이 있다. 이를 통해 수능 출제위원들의 사고방식을 알 수 있다. 그들의 사고방식을 체득하는 것이 바로 수능 국어 영역 맞춤형 공부법이다. 즉 수능 기출문제를 분석해서 나의 것으로 체득하는 과정이 중요하다.

수능 기출문제집(《마르고 닳도록》, 《자이스토리》, 《EBS 수능 기출문제집》)을 구입해 작품을 읽어나가면서 정답을 체크하고 무슨 근거로 체크했는지를 자세하게 적는다→문제집 뒷장에 수록된 풀이과정에 적혀 있는 작품 설명과 오답 이유를 다른 색 펜으로 옮겨 적는다→문제 푸는 과정을 암기한다→이 과정을 반복하면 출제자의 사고방식이 나의 것으로 체득된다.

국어 전문 학원 강사의 일방적 문제 풀이 설명에 의존하지 말고, 수능 출제자의 사고방식을 하나씩 직접 이해하고, 나 자신이 잘 모르는 부분을 고쳐나가는 과정을 반복하면 성적이 향상된다. 학원 강사의 설명에만 의존하면 문제점을 스스로 찾아내고 생각하는 분석력이 떨어질 수밖에 없다.

세 번째 단계는 수능에 출제되는 문제 유형 30개를 잘 파악하는 것이다. 국어 영역에서 1등급을 받고 싶다면 무조건 문제 유형을 무한 반복해서 암기해야 한다. 틀린 문제가 어떤 유형에 속하는지를 분석하고 학생 자신의 사고과정에서 실수하거나 오판하는 부분을 콕 집어 재빨리 수능식 사고방식으로 바꾼다. 이 연습을 6개월간 반복하면서 나의 것으로 만들면 누구나 국어 성적이 향상된다.

네 번째, 국어 영역은 학기 중 매일 최소 2시간씩, 방학 기간에는 매일 3시간씩 공부해야 한다. 2시간 중에서 1시간 30분은 기출문제를 분석하고, 나머지 30분 동안 기출문제 분석 중 찾아낸 단어의 사전적 정의를 사전에서 찾고 암기한다. 이것이 습관이 되도록 매일 정해진 분량을 공부해야 한다.

다섯째, 대다수 학생들이 가장 어려워하는 부분은 비문학이다. 비문학 문제는 대부분 세부 내용 파악과 관련된 문제이며, 문제

[표 3-9] 수능에 출제되는 문학과 비문학 유형

문학 유형 열한 가지	작품의 표현방식과 특징 파악하기	시적 화자의 태도와 정서 파악하기
	작품의 구성요소와 그 기능 파악하기	시어·시구의 함축적 의미 파악하기
	작품에 드러난 사회·문화적 상황 파악하기	작품의 서술상 특징과 효과 파악하기
	감상과 수용의 적절성 파악하기	작품 속 인물의 성격과 심리 추리하기
	문학의 갈래에 따른 미적 가치 파악하기	
	작품을 다양한 시각과 방법으로 해석하고 평가하기	작품에 드러난 작가의 생각 파악하기
비문학 유형 열한 가지	글의 세부정보, 내용 파악하기	내용의 타당성 평가하기
	글의 개략적인 짜임·내용 파악하기	문맥을 고려하여 단어의 의미 파악하기
	글의 중심 내용·주제 파악하기	내용에 맞는 구체적 사례 추리하기
	글의 내용 전개방식의 유형·특징 파악하기	반응의 적절성 평가하기
	글쓴이의 목적·의도 파악하기	생략된 내용 추리하기
	글의 표현상의 특징·효과 파악하기	
쓰기 유형 여덟 가지	내용을 통일성 있게 구조화하기	들어갈 내용을 적절하게 생성하여 작성하기
	다양한 표현을 사용하여 조건에 맞게 글쓰기	문법 요소들의 기능을 이해하기 (문장성분·시제·서법·경어법)
	고쳐 쓰기의 적절성 파악하기	단어의 특징과 의미관계 파악하기
	연상하기 방법으로 내용 및 주제 생성하기	국어의 음운 규칙·표준어·맞춤법 이해하기

유형은 다를지라도 비문학 지문에서 말하는 내용을 잘 이해하고 있는지 묻는 문제가 출제된다. 그래서 수능 국어 공부에는 사고력 이 필요하다. 대치동 아이들은 영어와 수학이 강세지만, 수능에서 국어가 어렵게 출제되기 때문에 국어 공부에 집중한다는 학원 강 사들의 말을 들은 적이 있다.

여섯째, 문학은 고전문학과 현대문학으로 나누어 공부해야 한 다. 수능에 출제되는 고전문학은 251가지다. 고전문학을 공부할 때 학생들이 가장 어려워하는 부분은 어휘(단어)다. 학생들 대부분은 옛날 어휘 중 어떤 단어들을 암기해야 하는지 갈팡질팡한다. 고전문학의 어휘를 암기할 때 기준으로 삼아야 할 것은 기출문제집이다. 기출문제집에서는 지나치게 어려운 어휘는 현대어로 보충 설명을 해놓았다. 수능 출제위원들은 너무 어려운 어휘는 출제하지 않는다. 고전문학 어휘 중에서 현대어로 표기되지 않는 어휘들만 골라서 암기해야 한다. 고전문학을 공부할 때도 현대문학 공부법에서처럼 수능식 사고과정을 분석하면서 어휘들에 밑줄을 긋고 사전적 정의를 찾아 암기하는 연습을 해야 한다. 그런데 고전문학에는 수능에 출제되는 범위가 정해져 있다. 과거에 출제된 고전문학 작품들은 제외하고 출제될 가능성이 있는 고전 시가, 고전 시조, 고전 운문 작품만 읽고 분석하면 된다. 특히 출제 가능성이 높은 고전 산문은 2회 이하로 출제된 작품이므로 이것만 골라서 공부한다. 고전문학 작품들은 고2 겨울방학을 이용해 1회 이상 읽어보는 것이 좋다. 그러면서 작품의 주제, 등장인물, 주요 테마를 기억해놓아야 한다.

4) 생각만큼 등급이 오르지 않는 탐구 과목 공부법

탐구 영역에서 누구나 1등급을 받을 수 있다고 생각하지만 실상은 그렇지 않다. 탐구 영역에서 1등급을 받으려면 응시생이 많은 과목을 선택해야 한다. 응시 인원이 많을수록 등급 구간 점수 폭

다문화가정의 교육전략은 따로 있다

이 넓어지기 때문이다. 수학 I, II와 국어, 영어에서 1등급을 받고도 과탐에서 2등급을 받아 서울대에 탈락하고 카이스트에 진학한 경우도 있었다. 국어, 영어, 수학은 성적 향상에 많은 노력을 기울여야 하지만, 일단 성적이 올라가면 좀처럼 떨어지지 않는 과목이라는 특징이 있다. 수학은 1등급을 받고 나서 하루 30분 정도 문제 풀이만 해도 성적이 떨어지지 않는다. 그런데 탐구 영역은 조금만 손을 놓아도 금세 성적이 떨어진다. 탐구 과목 자체가 개별 지식을 암기하는 문제가 많기 때문이다. 한 문제만 틀려도 2등급으로 떨어진다. 그러니 만점을 맞아야 1등급이 나온다고 생각하는 것이 편하다.

그렇다고 해도 고1부터 탐구 과목에 매달리는 공부법은 지혜롭지 못하다. 물론 공부한 만큼 모의고사 성적이 오르기 때문에 수학 성적이 낮은 문과 학생들은 일찌감치 수학을 포기하고 영어와 국어, 탐구 과목에만 매달리기도 한다. 뒤늦게 대학과 학과를 결정하면서 수학이 필요해질 경우 낮은 수학 점수 때문에 원하는 학과에 진학하지 못하고 안정적으로 합격 가능한 학과에 지원하는 경우도 있다.

국어, 영어, 수학을 어느 정도 궤도에 올린 후 탐구 과목에 집중하는 것이 바람직하다. 일부 인터넷 강의나 학원에서는 고1부터 탐구 과목을 정리하라고 하는데 합리적 공부법이 아니다. 고1, 고2 때는 방학 때 인터넷을 이용해 개념 정리 강의를 듣거나 교과서를 정독하는 정도가 좋다. 수능에서는 고3 때 학교에서 배운 과목 위주로 탐구 영역 과목을 선택하는 것이 좋다. 그러면 탐구 과목 내신 공부가 수능 공부로 연계되기 때문에 수월하게 공부할 수 있다. 고3 때의 탐구 과목 성적이 낮다면 고2 때의 탐구 과목 중에서 성적이 가장 높은 과목을 선택해도 좋다. 그리고 같은 계열을 묶어서 응시하는 것이 좋다. 사탐은 응시생이 많은 한국지리와 세계지리가 점수 구간이 넓어서 등급을 받기가 수월하다는 경험담이 있다. 예를 들어 문과의 경우 지리군에는 한국지리, 세계지리가 있는데 같은 지리군에서 두 과목을 골라서 수능시험을 준비하는 것이 훨씬 수월하다. 과탐에서는 물리와 화학이 매우 어려운 편이다. 생물 I, 생물 II를 선택하거나, 지구 I, 지구 II를 선택하면 힘들지 않게 공부할 수 있다. 생물과 지구과학에서 더 높은 등급을 받을 확률이 크며, 고득점자들이 선택하는 탐구과목은 피하는 것이 좋다. 이과의 경우 고득점자일수록 화학 II를 선택하는 학생들이 많기 때문에 지구과학을 선택하는 편이 오히려 유리하다.

사회 과목은 언어능력이 부족한 다문화가정 학생에게는 어려운 교과목이다. 사회 과목은 암기할 분량이 매우 많다. 다문화가정 학생은 사회 과목 학습에 필요한 선행지식이 부족한 경우가 많아서 사회 교과서를 읽고 내용을 이해하거나 교과서에서 얻은 정보를 종합하는 데 어려움을 겪는다(김의정·김예화·유현주, 2012:31). 사회

교과에서 가장 어려워하는 학습 내용은 사회 용어 이해(20%), 문제 이해 능력(17%), 한국 역사(16%), 사회 개념 이해(13%)이며 한국어 미숙(12%)으로 곤란을 겪는다(김의정·김예화·유현주, 2012: 30~32.). 탐구 과목의 공부법은 인터넷 강의로 기본 개념을 정리하는 것이다. 개념 정리한 것을 7회 이상 반복해서 읽고 완벽하게 암기해야 한다. 그다음에는 교과서 내용을 정리해서 7회 암기한다. 어려운 개념은 노트에 따로 정리하는 습관이 필요하다. 마지막으로 EBS 문제집을 풀면서 심화 개념을 정리한다. 개념을 정리한 노트가 최소 두세 권이 만들어져야 탐구 영역을 제대로 공부한 것이다.

대학입시는
어떻게 준비해야 할까

1) 수시와 정시전형의 모집 인원

고등학교 과정은 실제적으로는 대학입시를 준비하는 과정이다. 대한민국에서 대학입시는 수시전형과 정시전형으로 구분해 응시할 수 있다. 수시원서 접수는 6개 학교까지 가능하고 정시원서 접수는 3개 학교만 가능하다. 현재 고3 출생인구는 48만명 수준이다. 그런데 서울권 대학의 입학정원은 감축되지 않았다. 수시에서 합격하는 인원은 70%(33만 6,000명), 재수생과 반수생 중에서 정시에 응시하는 인원은 10만명+14만 4,000명=24만 4,000명 수준이다. 착실하게 학교생활에 적응하고 학생부와 내신을 잘 관리한다면, 일반고 학생의 경우 수시전형이 유리할 수밖에 없다.

지방 일반고 3학년 수험생들은 학생부와 내신을 잘 관리하고, 수능 최저등급을 잘 준비해서 수시전형에 합격하는 것이 최선의

다문화가정의 교육전략은 따로 있다

입시전략이다. 그래서 고3 학생들은 3년 내내 조금이라도 높은 내신등급을 받기 위해 코피 터지는 전쟁을 하고 있는 것이다.

일반고 학생들 80% 이상이 수시전형을 준비하기 때문에 내신 성적이 우수한 학생은 학생부종합전형, 학생부교과전형, 학교장 추천전형으로 수시원서를 쓴다. 그래야 특목고, 자사고 학생들과 비교할 때 유리하기 때문이다. 지방 일반고 3학년이 정시로 서울 소재 대학에 합격한다는 것은 하늘의 별따기다. 지방 일반고 3학년 중에서 정시에 1~2등급을 얻는 경우는 전교 1등부터 10등 학생 외엔 거의 불가능하다. EBS 문제 유형은 기본적으로 70% 정도 유사하게 출제되므로 수능에서 1, 2등급을 획득한다면 변별력이 높은 문제, 심화문제까지 섭렵해 만점, 90점대를 획득해야 변수가 가능하다. 강남 일반고 중에서 8학군으로 유명한 휘문고가 가장 많은 서울대 합격생을 배출하는 이유도 정시 위주로 공부하기 때문이다. 그에 비해 일반고는 우등반에 해당하는 전교 1등부터 10등까지의 성적 우수 학생을 제외하면 대다수가 정시 준비를 포기하는 경향이 있다. 그래서 일반고 교사들은 수시전형에 합격하도록 학생들을 지도한다. 실제로는 상위 13개 대학이 가장 많이 선발하는 고교 유형은 일반고가 아니라 자사고와 특목고였다.

필자가 잘 아는 지인의 딸은 지방 일반고 출신인데 외국어대학교 국제통상학과에 합격했다. 입학해보니 자신을 제외한 1학년 전체가 자사고와 외고, 국제고 출신이라는 사실에 놀랐다고 한다.

【표 3-10】 수시와 정시 모집 인원

연도	수시 모집 인원	정시 모집 인원	합계
2019	265,862명(76.2%)	82,972명(23.8%)	348,834명(100%)
2020	268,776명(77.3%)	79,090명(22.7%)	347,866명(100%)
2021	267,374명(77%)	80,073명(23%)	347,447명(100%)

　쌍둥이 자매의 내신성적 조작으로 숙명여고 교무부장 출신 아버지가 구속된 사건은 치열한 교과 내신성적 경쟁의 단적인 폐해를 보여준다. 학생부전형에 대한 논란이 생기면서 과거 학력고사 때처럼 정시 비율을 늘리자는 주장도 설득력을 얻고 있다. 한국사회에서 입시경쟁이 치열한 이유는 양질의 일자리 때문이다. 중산층 이상의 부모는 자식도 그러한 삶을 살도록 교육에 투자하기 때문에 입시경쟁의 과열 현상을 막을 수 없는 실정이다. 한국사회에서는 사립학교법 때문에 독일처럼 모든 대학의 평준화가 사실상 불가능하다. 복지 전문가들은 교육, 의료는 복지의 영역이지 이익의 영역이 아니라고 본다. 때문에 대통령이 바뀔 때마다 입시정책이 바뀌면서 수험생의 혼란이 가중되고 부모의 부담도 늘어나는 비효율적 구조에서 벗어나지 못한다.

　표 3-10을 살펴보면 수시 모집 인원은 대략 70%, 정시 모집 인원은 30%다. 정시 모집 인원 중에서 예체능계 합격 비율은 10%(8,007명)정도이고, 나머지 20%(72만 65명)만이 인문계 학생이나 재수생들이 지원할 수 있는 비율이다. 정시 합격의 변수는 재수

생과 반수생, 특목고 3학년과 자사고 3학년이다. 정시에 올인하는 수험생들은 내신 1, 2등급 고3, 강남 8학군 출신 고3, 'N수생'이라 불리는 수능 1, 2등급 재수생과 반수생으로, 해마다 누적되는 재수생은 대략 10만명이다. 정시 합격자 대다수는 특목고, 자사고 출신 수능 고득점자 그리고 재수생과 반수생 출신 수능 고득점자일 수밖에 없다. 따라서 정시 응시생 7만 2,065명 중에서 지방 일반고 3학년이 합격할 수 있는 비율은 더 적어질 수밖에 없는 매우 불리한 구조다. 이들을 제외한 고3은 수능에 올인하지 않는다고 봐도 과언이 아니다. 출제진이 이전 수능보다 문제를 어렵게 출제할 경우 수능시험 성적이 모의고사보다 낮게 나오는 경우가 많다. 예를 들어 "수학, 영어는 예전보다 평이하게 출제했습니다"라고 평가원이 발표했다면 변별력을 높이기 위해 국어를 어렵게 출제하고 수학과 영어는 평이하게 출제했다고 이해하고 준비해야 한다. 평소 모의고사에서 1등급을 받았다면, 수능시험에서는 최대 '−2등급'까지 예상하고 시험을 준비해야 한다.

2) 수시전형 준비하기

가) 나에게 딱 맞는 수시전형 종류 알아보기

앞서 말했듯이 특목고, 자사고를 제외한 일반고 학생들에게는 수시전형이 정시전형보다 유리하다. 특히 다문화가정 자녀이면서 성적이 우수할 경우 수시전형이 유리하다. 문제점은 수시전형 준비를 위한 내신관리와 정시전형 준비를 위한 수능시험 준비를 동시에 하기에는 시간이 너무 빠듯하다는 것이다.

첫째, 수시전형의 종류부터 살펴보자. 내신성적만으로 선발하는 '학생부교과전형'과 내신과 선생님의 학생에 대한 다면평가, 면접을 통해 선발하는 '학생부종합전형'이 수시전형의 큰 줄기다. 수시전형으로 선발할 때는 내신성적 비중이 42.5%로 가장 높고, 학생부종합이 24.4%, 수능이 19.9%이다. 그런데 수도권 대학을 기준으로 보면 학생부종합전형은 33.1%, 수능이 25.6%, 내신이 21.9%로 상위권 대학으로 갈수록 학생부종합전형을 선호한다.[7] 자녀의 성적과 재능에 맞추어 지원해볼 수 있는 전형은 학교마다 다양하다. 표 3-11을 참고해서 내 자녀에게 딱 맞는 수시전형을 찾아 준비하면 된다.

① 농어촌학생특별전형에서는 오히려 농촌 지역 저소득층 다문화가정 학생의 서울대 합격이 더 유리하다. 다문화가정 자녀 가운데 성적 우수자, 농촌지역 일반고 학생 가운데 성적 우수자에게 유리한 전형이다. 전남 해남고 학생도 농어촌학생 특별전형으로 연세대 치대에 합격한 사례가 있다.

② 학교장추천전형은 최상위 성적 우수자만이 가능하다. 학교별

---

7 천관율, 〈정시 확대가 가져올 딜레마〉, 《시사 IN》(2019. 11. 11).

[표 3-11] 대학교 입학전형(수시전형과 정시전형)

수시 (70%)	정시 (예체능 10% + 일반 20%)
학생부(교과 성적 + 비교과활동) **+** **수능 최저등급**	**수능 성적만으로 지원**
학생부전형(성적 우수자, 학교장추천전형) 대학은 자기주도학습을 통해 성적이 향상한 케이스를 중요시	선발 정원이 20%에 불과하기 때문에 상위권 대학 인기학과는 과목별 수능등급이 1등급인 경우 합격
학생부교과전형(교과성적우수자전형)	
농어촌특별전형 농어촌 거주 성적 우수 학생에게 유리	일반고 3학년에게 불리한 전형으로 재수생, 반수생, 특목고, 자사고 출신 학생에게 유리한 전형
사회공헌전형(경찰공무원, 소방공무원 자녀) 선발 비율이 극소이며 합격률이 낮음	이과는 국어 · 영어 · 수학 가형 · 과탐(2과목)을 합산하여 1등급 4~5개
고른기회전형(기초생활수급자 · 차상위계층) 성적 우수자에게 유리하며 경쟁률이 학생부전형보다 낮은 편	문과의 경우 대학이 요구하는 수능등급 기준은 국어 · 영어 · 수학 가형 · 사탐(2과목)을 합산하여 평가
다문화학생전형 선발 비율이 극소수이고 합격률이 낮으며 성적 우수자에게 유리	
논술전형 선발 대학이 줄어들고 있으며 한양대의 경우 논술 성적만으로 선발하므로 경쟁률이 100 : 1 정도로 치열함	
특성화고전형(마이스터고 · 특성화고 졸업생) 취업 3년 후 지원 가능, 경쟁률이 낮은 편	
적성고사 대학별로 모집하므로 영어, 수학에 강한 학생에게 유리하며 모집 인원이 축소되는 경향	

로 서울대, 연대, 고대, 이화여대에 문과, 이과 각 1명씩 교장이 추천서를 작성해줄 수 있다. 내신 1.1등급인 학생들이 많이 지원한다. 정시보다 학교장추천전형이 훨씬 유리하다.

③ 기회균형선발전형(고른기회전형)에는 국가보훈대상자, 만학도, 지역 인재, 장애인 등 대상자, 농어촌 학생, 서해 5도 학생, 특성화고교 졸업자, 특성화고 등을 졸업한 재직자, 기초생활수급자, 차상위계층, 한부모가족 지원 대상자 등 사회적 약자 계층에 해당되는 학생이 지원할 수 있다. 정원 내 고른기회전형과 정원 외 고른기회전형이 있으므로 모집 요강을 숙지한 후 원서를 접수해야 한다. 사회적 배려 차원에서 고른기회전형은 다른 수시전형보다 경쟁률이 비교적 낮기 때문에 수시원서를 작성할 때 적극 활용하면 좋다. 내신성적이 3~4등급인 다문화가정 학생이 도전해볼 만한데 선발 인원이 매우 적다는 단점이 있다. 일반 수시전형의 경쟁률이 30:1에서 50:1인 데 반해 기회균등전형의 경쟁률은 10:1 수준이다. 서울 시내 주요 대학들의 고른기회전형 선발 비율은 10%에도 미치지 못하기 때문에 계층의 사다리 복원과 사회적 양극화 해소를 위해 고른기회전형 선발 비율을 늘릴 것이 요구되는 추세이므로 향후 20%까지 늘어날 가능성이 높다.

④ 다문화가정전형은 선발 인원이 적기 때문에 경쟁률이 치열하다. 특히 다문화가정 자녀 중에서 엄마가 베트남 출신인 경우 베트남어를 배워 베트남어학과에 지원하면 좋다. 한국의 대기업, 관련 협력업체들이 베트남으로 이전하면서 베트남어를 구사할 줄 아는 인력의 필요성이 급증했기 때문이다. 따라서 대학

진학 후 취업 준비를 하면서 토익과 베트남어를 동시에 준비하는 취업 준비생이 증가하고 있다. 이는 이중언어를 구사하는 다문화가정 자녀에게 유리한 전형이다. 엄마가 몽골 출신인 가정의 자녀는 몽골어학과에 지원하는 것도 좋다. 단국대 몽골어학과의 경우 언어의 희소성 덕분에 관세청에 취업이 되는 경우가 많다. 아랍어는 수능의 로또라고 불릴 정도이므로 아랍어를 구사할 줄 알면 중동에 진출하는 기업에 취업하는 데 유리하다.

⑤ 책을 많이 읽고 글쓰는 재능이 있는 학생은 논술전형에 응시하는 것이 바람직하다. 어린 시절부터 독서활동과 글쓰기에 재능이 있는 학생은 꾸준히 논술전형을 준비한다. 고3에 접어들고 나서 논술전형을 준비해봤자 크게 도움이 되지 않는다. 한양대 논술전형은 전국적으로 지원자가 많이 몰리는 것으로 유명한데 내신, 수시 최저등급을 고려하지 않기 때문에 인기가 높다.

⑥ 마이스터고, 특성화고 졸업생을 위한 특성화고전형도 있다. 취업 후 3년간 직장생활을 하면 특성화고전형에 지원할 수 있기 때문에 직장인들이 선호하는 전형이다.

⑦ 고등학교 1학년 때 아버지와 자녀가 해외에서 거주한 학생은 정원외입학전형으로 지원이 가능하다. 그러나 강남 학부모들이 중학교 졸업 후 서울대·연고대 합격을 위해 외국에서 고등학교에 다니다가 한국으로 돌아와서 지원하는 경우가 많기 때문에 경쟁률이 매우 높다.

⑧ 다문화가정 학생의 부모가 경찰공무원이나 소방공무원인 경우라면 대학마다 비율이 줄어들고 있지만 사회공헌전형도 노려볼 만하다.

⑨ 학생부종합전형은 대학에서의 수학능력뿐만 아니라 고등학교에서 이루어진 협력활동에 가중치를 부여하자는 것이다(박경호 외, 2017: 223). 70% 이상의 학생들이 학생부종합전형, 교과전형 같은 수시를 통해 대학에 진학하기를 선호한다.

나) 수시전형의 필수는 내신관리

수시전형으로 대학에 합격하고 싶다면 학생부 관리에 최선의 노력을 기울여야 한다. 학생종합전형은 학생이 3년간 얼마나 성실하게 노력했는가를 집중적으로 살펴보는 전형이다. 수시전형에는 학교마다 다양한 전형이 있기 때문에 진학하고 싶은 학교의 전형에 맞추어 1학년 1학기부터 맞춤형으로 성적을 관리하고 학생종합부 관리에 올인해야 한다. 내신성적이 낮으면 수시전형에 합격하기 어렵다.

학교생활기록부란 고등학교 1학년부터 3학년 1학기까지 교과 성적과 동아리활동, 봉사활동, 독서활동, 진로활동, 교내 수상실적, 출결석 같은 비교과활동을 합해 학생의 학업과정을 기록한 증명서와 같다. 내신성적과 비교과를 잘 관리했다면 수시전형이 일반고 학생에게는 훨씬 더 유리하다.

학생부는 교과 부분과 비교과 부분으로 나뉜다. 고등학교에 입학해서 대학입시를 위해 가장 중요한 것은 학생부를 열심히, 최선을 다해서 관리하는 것이다. 학생부 관리가 가장 기본이라는 점을 기억하자. 표 3-12를 참고해 교과 항목에는 지원하는 학과와 기본적으로 학기마다 성적이 향상된 결과를 기재하는 것이

[표 3-12] 학생부 관리하기

교과과정	비교과과정
① 교과 성적 1학년 1학기 중간고사 → 3학년 1학기 기말고사까지 내신성적 향상 결과가 가장 중요한 평가 척도이며 중간에 성적이 하락하면 불리함	**① 출석, 결석, 지각, 조퇴, 병결** 출석은 학생의 성실성을 평가하는 잣대로 절대 지각을 해서는 안 되고 아파서 지각, 조퇴를 할 경우 반드시 병원 처방전이나 진단서를 제출해서 결석 처리되지 않도록 주의해야 함
② 교과 세부 사항 및 특기 사항 교과목별로 교사가 수행평가, 조별 과제 평가, 수업 중 발표, 수업 참여도에 관한 평가내용을 기재하며, 대학이 해당 교과목의 성적향상을 평가하는 데 매우 중요	**② 교내 수상 및 교내 경시대회** 교과 성적 우수자 및 수시전형 준비에서 매우 중요. 외부 수상 실적은 학생부에 기재되지 않으며, 수시전형에서는 교내 경시대회, 교내 대회에 열심히 참석해서 가능한 많은 상을 수상해야 유리하고, 서울 상위권 대학을 준비하려면, 30개 이상의 수상 기록을 남겨야 함
③ 학교장 추천서 최상위권 성적 우수자 4명 정도만 학교장 추천서를 받을 수 있음	**③ 동아리 활동** 지원하려는 학과와 적성에 맞는 동아리활동이 유리
④ 면접 1단계 : 3배수 선발 2단계 : 최종 선발	**④ 봉사활동** 특별하고 독특한 봉사활동 내용과 꾸준하고 오래 봉사활동을 해온 결과가 중요
⑤ 자기소개서 자기주도학습을 통해 성적 향상이 되었다는 교과 항목과 학교생활에 충실했다는 비교과 항목이 자세하게 기재되어야 함	**⑤ 독후감활동** 서울 소재 대학보다는 지방 소재 대학 진학 시 중요
	⑥ 진로활동 지망하는 학과와 진로 선택에 맞는 다양한 진로활동 기재
	⑦ 리더십활동 학교 회장, 학급 반장으로서 리더십을 발휘하여 활동한 내용이 중요
⑥ 수능 최저등급 대학마다 요구하는 기준이 다름	

유리하다. 중간에 성적이 하락하면 불리하다. 선생님이 교과목마다 수업시간 발표, 수행평가, 교내 경시대회 등 교과와 관련한 학생의 활동에 대해 기록한 '교과 세부능력 특기사항'이 매우 중요하다. 교과 성적과 관련해서는 1학년 1학기부터 3학년 1학기까지 학생 스스로의 성실한 자기주도학습을 통해서 내신성적이 향상된 결과가 기록되어야 한다. 학교생활에서는 선생님과의 관계가 중요하다. 선생님이 관심을 갖도록 수업시간에 열심히 참여와 발표를 하고 열심히 조별 수행과제를 해야 한다. 선생님이 학생부에 기재하는 평가 내용이 매우 중요하기 때문이다.

다) 내신관리 전략 짜기

내신과 수능의 본질적 차이를 이해하자. 내신시험 문제는 해당 교과목 교사가 교과서와 EBS 교재, 참고 자료를 활용해 만든다. 한마디로 변별력을 위해 중요하지 않은 지엽적 문제를 출제하기도 한다. 모의고사 성적은 높은데 내신성적이 낮다면 이런 이유 때문이다. 내신등급 및 모의고사 등급 산출법부터 알아야 한다. 내신등급은 총 9등급으로 나뉜다. 최상위층 1등급은 전교생 중에서 4%만이 해당된다. 예를 들어 전교생이 400명인 학교의 1등급은 4%, 즉 16명에 불과하다. 2등급은 전교생의 7%, 전교 44등까지 해당된다. 3등급은 11%, 전교 88등까지 해당된다. 모의고사 등급도 마찬가지다. 입학 전문가들의 분석에 따르면 한양대의

【표 3-13】 내신성적 확실히 올리는 비법

1단계	선생님의 출제 의도부터 파악하기
2단계	수업시간에 선생님이 말한 내용은 모두 필기하기
3단계	쉬는 시간, 점심시간을 이용해 필기 내용을 A4용지에 옮겨 적기
4단계	다른 반의 필기를 빌려와서 옮겨 적기
5단계	선생님의 책꽂이에 꽂힌 문제집은 모두 풀어보고 1~4단계까지 과목별로 평소에 완벽하게 정리했다면 선생님이 보시는 문제집을 구해서 풀어보기
6단계	최선을 다해서 수행평가 제출하기

경우 내신 1.3등급, 중앙대 경영학과 합격생의 경우 내신 1.7등급일 때 합격했다고 한다.

학년별로 내신관리 전략을 살펴보자. 내신관리를 위한 공부법은 고1, 고2, 고3 때가 조금씩 다르다. 고등학교 1학년의 입시전략은 내신관리에 집중하는 것이다. 내신관리의 비법이란 수업시간에 열심히 필기하고, 쉬는 시간에 정리와 복습을 하고, 점심시간에 정리와 복습을 반복하는 것이다. 이렇게 하면 절대로 배운 것을 잊어버리지 않는다.

내신 점수를 잘 받기 위한 1단계는 선생님의 출제 의도를 파악하는 것이다. 선생님이 수업시간에 강조한 내용, 암기하라고 한 부분은 반드시 암기해야 한다.

2단계는 수업시간에 선생님이 말한 내용은 모두 필기하는 것이다. 내신성적이 낮은 학생은 자신의 판단에 따라 필기를 하거나 중요하지 않다고 생각하는 부분은 빼먹기도 한다. 그런데 내신 문제는 중요하다고 생각하지 않은 부분에서 출제될 때가 많다.

녹음기로 녹음하는 방법을 활용해도 좋다.

3단계는 쉬는 시간, 점심시간을 이용해 필기 내용을 A4 용지에 옮겨 적는 것이다. 이때 하나도 빼먹지 않도록 주의한다. 특히 선생님이 스쳐 지나가듯 말한 부분에 주목해야 한다. 선생님들은 내신성적 평균치를 높이지 않기 위해 사소한 부분에서 문제를 출제하기 때문이다.

4단계는 다른 반의 필기를 빌려와서 옮겨 적는 것이다. 한 과목을 두 선생님이 나누어 가르칠 경우에는 각각의 선생님이 내신시험 문제를 나누어 출제할 수도 있다. 특히 시험을 앞두고 선생님이 새로 가르쳐주거나 정정한 부분은 반드시 내신시험에 출제된다고 생각해야 한다. 선생님은 이런 부분을 수업 시작 무렵이나 끝날 무렵 중요하지 않은 내용인 것처럼 슬쩍 흘리고 지나간다.

5단계는 선생님의 책꽂이에 꽂힌 문제집은 모두 풀어보는 것이다. 1~4단계까지 평소 과목별로 완벽하게 정리했다면 선생님이 보시는 문제집을 구해서 풀어보아야 한다.

6단계는 최선을 다해서 수행평가를 제출하는 것이다. 수행평가는 선생님의 재량에 달렸으므로 열심히 노력하면 누구나 좋은 점수를 받을 수 있다. 의외로 수행평가를 위한 공부에 저녁시간이 많이 소비된다. 그렇더라도 매일 공부할 분량은 성실하게 반드시 마친 후 잠자리에 들자. 오늘 공부할 분량을 마치지 못해 미루면 내일은 2배 더 공부해야 한다. 매일매일 공부할 분량을 완벽하게 소화하고 이것이 쌓이면 성적의 격차는 확 벌어진다.

고등학교 2학년의 입시전략은 수시와 정시를 병행하는 것이다. 앞서 말했듯이 수시전형에서는 내신등급이 높아도 수능 최저등급을 맞추지 못하면 최종 합격이 불가능하다. 가고 싶은 대학의 학과가 요구하는 수능 최저등급을 맞추는 것이 중요하다. 만약 내신이 하위권이라면 내신을 포기하고 정시에만 올인해야 하지만, 중위권이라면 최선을 다해서 내신등급을 올려야 한다.

정시에서 최상의 성적을 거두려면 고2 때는 개념 정리부터 시작해야 한다. 기본 개념과 공식을 이해하고 암기하는 과정을 거쳐야 고3이 되었을 때 문제집을 풀 수 있다. 국어 영역은 어휘력을 마스터하는 데 초점을 두고 수능에 출제된 단어들을 정리해 국어사전을 보면서 사전적 정의들을 전반적으로 암기하는 식으로 공부한다. 수능이 요구하는 객관적 사고방식을 기르려면 기출 문제를 하나씩 풀어가면서 분석하고, 답지에 나온 모범답안 또한 정확히 암기해야 한다. 고전 문학작품들도 달달 외워야 한다. 수학 영역도 공식부터 암기하고 자주 출제되는 문제 유형과 풀이 방법을 외우는 식으로 공부한다. 영어 영역은 수능에 출제된 단어들을 무조건 암기하고 문법도 같이 암기하는 식으로 공부한다. 사탐 영역과 과탐 영역도 동일한 방식으로 암기하며 공부한다.

수업이 끝나고 자율학습 시간부터는 수능을 공부한다. 저녁 7시부터 새벽 1시까지 6시간 동안 국어, 수학, 영어를 매일 2시간씩 공부한다. 주말에는 사탐과 과탐 그리고 공부할 분량 중에서 마치지 못한 부분만 골라서 공부한다.

고등학교 3학년의 입시전략은 우직하게, 고시 공부하듯 집중하고 반복해서 문제를 풀고 오답을 체크하고 암기하는 방식으로 7회 반복학습을 하는 것이다. 내신은 고1부터 하던 방식으로 꾸준하게 관리한다. 그런데 정시 선발 비율이 40%까지 확대되기 때문에 내신성적이 나쁜 학생은 반드시 모의고사와 수능을 준비해야 한다.

라) 학생부 비교과 관리 비법

첫째, 비교과 항목에 신경을 써야 한다. 비교과 항목은 학교생활의 성실성을 체크하는 출결석 부분과 학교생활의 우수성을 확인하는 교내 수상 실적 등을 말한다. 전형적인 비교과 항목으로 학교생활에서의 차이점을 증명하는 동아리활동, 진로활동, 봉사활동을 열심히 한 학생이 학생부종합전형 합격 가능성이 높다. 병결이 아닌 결석은 감점의 원인이 되므로 지각이나 결석을 하지 않도록 부모가 신경을 써야 한다. 교내 수상 실적은 매우 중요하다. 중앙대 경영학과에 합격한 한 여학생의 경우 교내 수상 실적이 20건일 정도이다. 이는 학생부에서 중요한 부분이다. 학교에서 주최하는 교내 대회에는 되도록 적극적으로 참여하는 것이 바람직하다. 수상 여부를 떠나 참여하는 과정에서 학습에 흥미와 즐거움을 느끼고 애착이 생겨 성적을 관리하게 된다.

비교과에서 가장 중요한 것은 동아리활동이다. 이때 양보다 질로 승부해야 한다는 점을 유념한다. 말 그대로 '비교과'이기 때문에 공부로는 보여줄 수 없는 나만의 특성을 보여주는 부분이다. 지원하는 학과 그리고 정말 자신이 하고 싶고 자신을 드러낼 수 있는 동아리에서 활동한 내용을 기록하는 것이 중요하다. 얼마나 많은 동아리, 좋은 동아리에 들었느냐가 중요한 것이 아니라 동아리활동을 하면서 무엇을 보고 느꼈으며, 무엇을 생각하고 얻었는지 보여줌으로써 자신의 가치와 특성을 적극적으로 알려야 한다. 국어 동아리, 수학 동아리처럼 공부하는 동아리가 아닌 예체능이나 체육활동을 하는 동아리도 충분히 의미가 있다. 그런데 동아리활동은 지원하려는 대학의 학과 특성에 맞추는 것이 바람직하다. 공대, 의대, 치대를 지망하는 경우에는 과학이나 수학 동아리, 경영학과, 경제학과, 세무학과를 지망할 경우 경제 논술 동아리, 언어계통을 지원할 경우에는 어학 동아리, 신문방송학과를 지망할 경우 방송반, 정치학과를 지망할 경우 토론 논술 동아리에서 활동하는 것이 유리하다.

진로활동도 동아리활동과 유사하게 진학하려는 대학의 희망 학과와 적성, 특기에 맞춘 진로체험을 하고 자율 동아리에서 활동하는 것이 바람직하다. 봉사활동에서는 영어 번역 봉사활동, 통역 봉사활동, 저소득층 초중학생 학습 지도, 한국문화 홍보활동처럼 특색 있는 활동이 더 어필할 수 있다.

둘째, 학생부전형, 학생부교과전형에서는 학교마다 요구하는 수능 최저등급을 필수적으로 제출해야 한다. 내신등급이 상위권인 학생도 대학이 요구하는 수능 성적을 맞추지 못하면 수시 합격이 어렵다. 대학은 자기주도학습을 통해 1학년 1학기부터 3학년 1학기까지 성적이 점차 향상된 결과를 중요하게 판단한다.

그래서 고등학교 입학 후에는 내신과 수능을 동시에 준비하는 것이 많이 힘들다는 사실을 깨닫는다. 실제적으로 내신과 학생부 관리, 수능준비를 동시에 해야 하기 때문에 학생들에게 고등학교 과정은 시간과의 싸움, 체력과의 싸움, 무한 입시경쟁이라는 말이 나오는 것이다. 그리고 사교육 과열 현상에 대한 우려 때문에 정시 비율이 축소되면서 수시전형이 확대되었다.

셋째, 서울 소재 대학에 수시전형으로 합격하는 건 문과의 경우 내신 1등급, 이과의 경우 내신 2등급까지 가능하다. 문과에서 내신 2등급인 경우 경기권 대학, 지방 국립대에 합격이 가능하다. 그런데 이과는 카이스트, 포항공대, 의대를 제외하고 대학마다 입학정원이 문과보다 많고 여자 대학이 여러 곳이기 때문에 여학생이 합격하기가 유리하다. 간혹 3등급인데도 서울 소재 여자 대학에 합격하는 건 이러한 이유 때문이다. 수학 성적이 영어나 국어 성적보다 낮으면 학생들이 문과에 지원하는 경우가 많지만, 실제로는 문과 학생들이 이과 학생들보다 서울 소재 대학에 합격하기 어려운 구조로 되어 있다. 그렇기 때문에 이과 출신 학생들이 서울 소재 대학에 합격하려면 특별히 학생부 관리에 신경을 쓰고 노력을 해야 한다. 과거엔 SKY라고 해서 명문대 입학이 어렵다고 우스갯소리를 했으나, 요새는 '인서울' 하기가 하늘의 별 따기란 말이 퍼져 있다. 지방 일반고 3학년 중에 서울 소재 대학에 합격하는 학생들은 전교생 중 서넛 정도에 불과하다. 그만큼 서울 소재 대학에 합격하기 어려운 현실을 반영한 말이다.

3) 정시전형 준비하기→수능시험 준비하기

가) 모의고사 준비하기

모의고사는 수능시험과 비슷한 패턴으로 시험을 볼 수 있어서 평소 실력을 측정하는 바로미터가 된다. 문제의 질은 수능에 못 미치지만 수능시험과 비슷한 환경에서 각 과목별로 공부하며 연습해본 다양한 방식을 직접 적용함으로써 나의 실력을 측정할 수 있는 중요한 기회다. 문제 풀이를 할 때는 과목별로 수능에 익숙해지도록 맞춤형 연습을 하는 것이 좋다. 모의고사에서 국어의 경우 1~15번까지 먼저 푼 다음→31~45번 문학 문제를 먼저 풀어야 한다. 그다음 16~30번 비문학 문제를 푼다. 영어도 듣기 문제를 푼 다음→맨 뒤 40번 문제를 푼 다→20번대 문제를 푸는 것이 좋다. 수능시험을 치는 날에는 극도로 예민해지기 때문에 돌발변수가 나타나도 침착하게 대응하도록 모의고사에서 자신에 맞는 페이스를 설정해서 연습하는 습관을 기르는 것이 중요하다.

　내신시험이 수업에 집중해서 어떻게 하면 점수를 얻을 수 있는지만 연구하는 느낌이라면, 모의고사 준비는 정말 지긋하게 기본기를 연마하는 느낌이다. 공식 이론을 암기하고 간단한 문제를 풀어봄으로써 개념 완성이 되었는지 확인해야 한다. 공식, 이론들 간의 연결고리, 상관관계를 완벽히 이해하고 문제에 적용해야만 개념을 완성할 수 있다. 개념을 공부하고 문제집을 몇 권 푼다고 해서 비약적으로 점수가 오르지는 않을 것이다. 개념을 적용해 주어진 시간 안에 능숙하게 문제를 풀어나가려면 그만큼 훈련을 해야 하기 때문이다. 아울러 문제를 낸 출제자의 의도를 정확히 파악해야 전혀 다른 수준의 깊이로 접근할 수 있다. 이 과정을 완벽하게 소화해야만 문제 스타일을 조금만 바꾸어도 틀리는 실수를 반복하지 않는다.

　그러므로 모의고사가 끝난 뒤 자신이 푼 문제들을 다시 검토하는 습관이 중요하다. 어떤 사고과정을 거쳐 왜 틀렸는지를 다시 생각해보면서 자신이 모르는 부분에 집중하는 공부법이 필요하다. 특히 학년이 높아질수록 오답을 점검하는 습관이 정말 중요하고, 오답노트 작성도 큰 의미가 있다. 오답노트를 만들어 왜 틀렸는지 검토하는 습관을 들이면 아주 효과적이다. 모의고사에 출제된 문제는 절대 수능에 출제되지 않는다. 모의고사 문제를 푸는 방법에 대한 인터넷 전문 사이트를 적극 활용해도 좋다. 어려운 문제를 풀면서 사고력과 응용력을 최대한 끌어올리고 시간을 측정하면서 나만의 페이스를 만들어가야 한다. 한국교육평가원이나 교육청에서 낸 기출문제들을 통해 문제 패턴을 익히고 개념 파악과 문제 풀이가 누적되면 점수가 올라가기 시작한다. 평가원은 철저하게 사고력, 논리력, 계산력, 응용력을 테스트할 수 있도록 선별한 문제를 출제하기 때문에 수능 이전 6월, 9월 문제가 수능과 가장 비슷한 형태로 출제된다.

수능시험 전 마지막 200일은 실력 향상에 정말 중요한 시기다. 특히 9월 모의고사에서는 주변 환경에 흔들려서도 안 되며, 부족한 부분을 집중 공략해서 채워나가야 한다. 틀린 부분, 실수한 부분에 초점을 맞추어 문제 풀이를 반복하고 보완해야 하며, 부족한 부분이 구멍나지 않은 완벽한 상태에 도달해야 만점을 받을 수 있다. 120%를 준비해야 수능시험을 치는 날 변수가 생겨도 최소한 100%의 성적이 나올 수 있다. 공부목표를 달성하려면 스스로에게 엄격해야 하며 학습플래너를 작성하면서 스스로를 평가하는 피드백을 해야 한다. 나 자신에게 엄격하고 냉정해야 환경이 바뀌어도 심리적으로 흔들리지 않는다.

나) 인터넷 강의 활용하기

인터넷 강의는 유명 사교육 강사들이 해당 과목을 연구하고 분석한 훌륭한 교재와 함께하므로 약점 보완에 좋다는 인식이 널리 퍼져 있다. 부족한 부분을 찾아서 들을 수 있다는 장점 때문에 많은 학생들이 인터넷 강의를 이용하지만 단점도 있다. 인터넷 강의를 듣다 보면 절제하지 못하고 인터넷에 접속해서 시간을 낭비하게 될 때도 있다. 인강을 듣는 것만으로 공부했다는 착각을 하기 때문에 스스로 복습하지 않으면 무용지물이라는 생각을 하지 못한다. 따라서 전 과목을 결제해서 인강을 듣다가 성적이 떨어지는 경우가 많이 발생한다.

인강을 효율적으로 활용하려면 1.4배 속도로 필요한 부분만 찾아서 듣는 것이 좋다. 미리 문제를 풀고 난 후 인강을 들어야 효과적이다. 불규칙적으로 듣고 집중력이 떨어져 딴생각을 하다가 수업 내용을 놓치고 다시 듣는 경우가 많다. 따라서 시간을 정해두고 계획한 만큼 인강을 들으면 도움이 된다. 가장 중요한 것은 공부계획표대로 스스로 복습하고 틀린 부분을 다시 풀어보면서 내 것으로 만드는 반복학습이다.

다) 수능시험 준비하기

일반고에서 내신성적 3~4등급인 학생들은 내신 공부에 치중하기 때문에 실제로 모의고사에서는 성적이 낮게 나오는 경향이 많다. 강남 8학군 일반고보다 지방 일반고에서 서울 소재 대학에 합격하는 비율이 낮은 이유는 수능 준비를 하지 않기 때문이다. 내신성적 최우수 학생은 모의고사 성적도 높다. 수능시험 문제는 전문가, 현직 교사, 대학교수들이 한 달 이상 합숙하면서 만든다. 그러고는 객관성과 이의가 없도록 여러 차례 토론을 통해 수정 작업을 한다. 수능 준비는 어떻게 해야 할까? 고등학교에 입학하면 내신과 모의고사 준비를 동시에 해야 한다.

일반고 학생이든, 특목고 학생이든 간에 늦어도 중학교 3학년 겨울방학부터 EBS 예비 고등학교 과정을 반드시 공부해야 한다. 단계별로 EBS 교재를 이용해 강의를 듣고 수능을 준비해야 한다. EBS가 수능 준비에 필수인 이유는 수능에서와 70% 정도 유사한 유형의 문제가 출제되기 때문이다. 평소 EBS를 공부하면 모의고사를 대비하는 이중 효과가 있다.

EBS와 교재 활용법 "기출문제집 7회독 풀어보기"

EBS 교재 중에서 가장 큰 덕을 볼 책은 단연 영어 《수능특강》과 《수능완성》이다. 수능 연계 체감이 가장 많이 되는 과목이 영어이기 때문이다. 영어에서 어느 정도 문제가 풀리기 시작하면 시간과의 싸움을 느끼게 된다. 그러니 EBS와 연계되는 문제가 있으면 시간 단축에 많은 도움이 되는 것이다. EBS 《수능특강》과 《수능완성》은 4, 5회 정독해서 거의 내용을 암기하듯 풀어야 한다. 두 교재는 문제의 난이도나 질이 높아서 영어 실력을 기르는

데 큰 도움이 된다.

탐구 과목, 특히 윤리와 사상 과목에서도 EBS 교재를 활용하는 것이 좋다. 그 이유는 EBS 교재의 문제가 질이 좋아서라기보다는 탐구 과목 문제집이 많지 않기 때문이다. 나중에 기출문제를 풀 때 보면 《수능특강》과 《수능완성》의 윤리와 사상 문제들이 얼마나 질이 낮은지 알 수 있다. EBS 교재는 영어를 제외하고는 그다지 도움이 되지 않는다. EBS 사이트에는 Q&A 코너가 있는데, 18시간 안에 질문에 답변하는 시스템으로 운영된다. 여기에 모르는 부분에 대한 질문을 올려놓으면 강사가 친절하게 설명해준다.

이제부터 2019년 서울대 합격색 현일이의 경험담을 들어보자.

"저는 1학년 때부터 기출문제집을 풀었어요. 1학년 때는 《매3비》라는 문제집을 통해 세 지문씩 묶어서 푸는 방식으로 했고, 3학년 때부터는 《마르고 닳도록》이라는 기출문제집을 통해 아예 45개의 문제로 된 한 세트씩을 푸는 방식으로 공부했어요. 기출문제집 중에서 《마르고 닳도록》이 가장 많은 도움이 되었어요. 수능 국어는 기출문제를 푸는 게 정답이라고 생각해요. 문제를 만드는 게 정말 어려워서 웬만한 사설 문제집하고는 비교가 안 되니까요. 잊지 말아야 할 것은 무작정 기출문제를 푼다고 도움이 되진 않는다는 거죠. 기출문제집을 풀고 채점을 하고, 틀린 문제는 왜 틀렸는지 확인하고 다시 생각해보는 과정이 정말 중요해요. 《마르고 닳도록》은 그 과정을 어떻게 해나가야 하는지 친절하게 알려주는 문제집이거든요. 알기 쉬운 예시를 들어주는 해설도 좋았고, 무엇보다 뼈를 때리는 직설적인 말투가 저는 너무 좋았어요."

다문화가정의 교육전략은 따로 있다

Tip! 수능시험 대비 국어 공부법
"수능시험의 범위는 전부다"

국어는 가르치기도, 공부하기도 매우 어려운 과목이다. 영어는 문법, 수학은 공식을 가르치거나 공부한다 쳐도 국어는 당최 뭘 어떻게 할지 감이 오지 않는다. 무작정 문제를 푼다거나 교과서를 달달 외우는 식으로 공부하는 것도 무언가 비효율적이다. 내신 공부와 수능 공부는 방법이 다를 수밖에 없는데 특히 차이가 심한 것이 국어 과목이다. 내신 국어는 교과서에서 출제된다. 국어 교과서의 본문 내용을 그저 암기만 하면 풀 수 있는 식의 문제 출제가 많다. 고등학교에서는 학년이 높아질수록 수능식 문제 출제를 하는 경향도 있지만 저학년 때는 교과서를 많이 보는 것 말고는 내신 준비 방법이 없다. 영어와 수학에서 1등급을 받는 상위권 학생들도 국어 실력은 다른 과목에 비해 정말 느리게 향상된다. 1학년에게 수능식 국어 문제를 풀라고 하는 것이 오히려 어불성설이다. 학교에 따라 다르겠지만 학년이 높아지면 선생님들은 대부분 수능 스타일에 가까운 문제를 출제한다.

수능식 국어의 범위는 '모든 것' 또는 '전부'라고 생각하면 이해가 빠르다. 수능에서 출제되는 문학작품은 고사하고, 비문학 지문의 내용을 미리 숙지하고 문제를 푼다는 건 불가능하다. 수능 국어 문제는 내신 국어 문제와 정말 근본부터가 다르다.

그렇다면 수능 국어는 어떻게 준비해야 할까? 공부 방법은 '독해력'을 기르는 것밖에 없다. 독해력은 삶 속에서 길러진다. 수능 국어에서 비문학은 평소 독서량이 많고 사고력이나 이해력이 풍부한 학생, 또는 문과생에게 유리할 수밖에 없다. 독해력은 기출문제집을 풀거나 학원에서 배운다고 해서 쑥쑥 길러지는 게 아니다. 일반고 학생들이 축구 규칙을 완벽히 안다고 해서 박지성 같은 플레이를 할 수 없는 것과 마찬가지다. 지문을 읽으며 자신이 알고 있는 지식과 눈앞에 있는 문제를 매치하는 능력이 필요하다. 독해력은 하루아침에 길러지는 게 아니므로 어릴 때 책을 많이 읽으면 국어에 매우 도움이 된다.

그리고 1학년 때부터 꾸준히 기출문제를 많이 풀어 수능식 국어 풀이에 익숙해지는 게 정답이다. 모르는 내용에 대한 글이 출제되어도 글 안에서 정보를 읽어내어 그것을 문제에 적용할 수 있는 힘을 길러야 한다. 그런 의미에서 볼 때 수능 과목 중에서 국어는 가장 공부하기 어려우면서 가장 의미 있는 과목이다. 세상을 살아가면서 익히 알고 있는 것을 그저 줄줄 늘어놓기만 하면 되는 상황은 많지 않다. 모르는 것과 마주했을 때 침착하게 곧바로 입력해서 나의 것으로 만드는 힘을 길러주는 게 수능 국어다.

수능 국어는 일단 생각을 하면서 기출문제를 많이 풀고 문제를 풀고 난 후 틀린 문제나 헷갈렸던 문제, 맞은 문제까지도 풀이를 차분히 읽어보면서 자신의 생각을 곱씹어보는 식으로 공부한다.

다문화가정의 교육전략은 따로 있다

꾸준함과 반복은 수능 국어에서 중요한 두 가지 요소다.

Tip! 수능 수학 공부법
"내신 공부와 수능 공부, 차이가 없다"

수학은 내신과 수능에 큰 차이가 없다. 1학년 때 수능에 나오지 않는 단원이 내신시험에서 나온다고 해도 결국 그 내용은 수능에 나오는 단원의 밑바탕이 된다. 따라서 내신과 수능의 공부 방법 차이가 가장 적은 과목이 수학이다. 수학에서 개인적으로 중요하다고 생각되는 부분은 산술과 기하의 전환이다. 수학을 보면 식으로 계산하는 부분이 있고, 도형을 이리저리 돌리는 부분이 있다. 그런데 이 부분들이 따로 노는 게 아니라 오히려 서로 밀접하게 연관된 문제가 출제된다. 예를 들어 문제에 식으로 나와 있는 정보라면 이를 도형이나 그래프 같은 정보와도 엮어서 생각해야 한다. 처음에는 어렵겠지만 나중에 한번 눈이 트이면 오히려 이렇게 했을 때 문제가 더 잘 풀릴 것이다.

Q) "수학 단원 중에서 가장 힘든 부분은 어디일까요?"

A) "제가 드리고 싶은 조언은 기하와 산술의 경계선을 너무 굵게 긋지 말라는 겁니다. 오히려 둘 사이를 넘나드는 직관이 중요해요. 제 개인적인 생각이긴 한데 오답노트가 가장 의미 없

다고 생각되는 게 수학 같아요. 물론 기본 개념을 헷갈려서 틀린 문제 같은 경우 조금 도움이 될
수는 있는데 어느 정도 개념이 잡힌 사람에게는 그게 중요하진 않아 보이거든요. 문제에서 요구
하는 지점을 정확하게 콱 칠 수 있는 수학적 센스 같은 게 점수가 올라갈수록 중요해지는데 이
건 오답노트를 꼼꼼히 한다고 해서 되는 부분이 아니라고 생각해요.

저는 개인적으로 수학과 공부법이 가장 반대인 것이 한국사라고 생각해요. 한국사에서는 센
스나 직관 같은 게 거의 동원되지 않잖아요? 그저 암기하는 거죠. 그런데 수학은 그게 안 돼요.
요약하면 공식을 암기하려 하지 말고 좀 넓은 시야로, 다양한 수학적 분야를 넘나드는 센스가
중요하다는 걸 알면 좋겠어요.

저 같은 경우는 그저 산술적인 부분에서만 노는 문제는 조금 어려웠어요. 사실 산술과 기하
를 넘나드는 게 중요하다고도 생각했지만, 미분했다 적분했다 하면서 식만 풀어대는 문제는 기
하적인 관점이 없으면 다소 푸는 게 어렵게 느껴졌어요.

사실 산술적인 부분은 공식에 대한 암기를 바탕으로 그걸 어떻게 활용하는지를 묻는 문제가
많다고 생각해요. 그러니까 일단은 공식을 자잘한 것까지 암기하려고 노력했어요. 그런데 명심
할 것은 이건 수학 전체에 해당되는 내용은 아니라는 거예요. 수학은 암기로 되는 과목이 아니
니까요."

Tip! 수능 영어 공부법
"단어 암기 80%, 문법과 독해 20%"

수능 영어는 어떻게 공부하는 걸까? 일단 대전제로서 단어 암
기는 기본이다. 단어를 암기하지 않고서는 어쩔 도리가 없다. 우
리가 모르는 새로운 언어를 배우는 학문에서 그 언어의 문자와
단어는 이해하는 게 아니라 암기하는 부분이다. 단어 부분은 그
저 달달달 외우는 수밖에 없다. 종종 문법 공부와 단어 공부 중

에서 무엇을 우선시해야 하느냐는 질문을 듣는다. 영어에 자신이 없다면 단어 공부부터 먼저 해야 한다. 문제를 풀 때 아무리 문법을 잘 알아도 단어 하나를 몰라서 해석이 안 되는 경우가 있다. 반대로 문법은 잘 모르더라도 단어 뜻을 알면 문맥상 의미를 대충 맞힐 수 있는 경우가 많다. 단어는 기본 가운데 기본이다. 그래서 단어 암기를 대전제라고 하는 것이다.

단어를 암기했으면 이제 공부의 시작이다. 그런데 사실 언어라는 데는 무언가 애매한 부분이 많다. 한국어 문법을 공부할 때도 그렇지만 영어 역시 규칙이 있기는 한데 예외가 너무 많다. 말이 먼저 있고 그다음에 규칙이 만들어진다는 언어의 특성상 어쩔 수 없는 부분이다. 이것은 언어의 묘미이기도 하지만 공부하는 입장에서는 이 부분이 많이 어렵게 느껴질 것이다. 영어 특유의 뉘앙스라든지 단어 사용, 영어식 사고 등이 문제에 많이 녹아 있다는 뜻이다. 그래서 영어를 공부하다 보면 중간에 큰 산을 하나 만나는데 그것이 의외로 문화의 벽인 것 같다. 사실 이는 단어와 문법을 대충 마스터해서 어느 정도 해석을 할 수 있음을 전제로 한다.

애초에 문법을 잘 모르겠다는 사람도 많다. 문법은 너무 암기식으로 공부하면 오히려 좋지 않다. 문법책을 들여다보면서 그저 1형식, 2형식, 3형식, 4형식, 5형식, 주어, 목적어, 주격보어, 목적격보어⋯ 이런 단어들만 보고 있다고 문법을 잘하는 것이 아니다. 문제를 풀다가 문법적으로 해석이 안 되는 문장이 있으면 그럴 때마다 문법책을 다시 펼치고 복습하는 식으로 공부를 해야 실제로 문제 풀이를 할 때 많은 도움을 받을 수 있다.

Tip! 사탐 공부법
"사탐은 비문학을 푸는 것처럼"

"학생 입장에서 볼 때 내신과 수능의 차이가 너무 커요. 대부분 학생들의 탐구 과목에 관한 주된 고민은 아마 학교 내신일 거예요. 탐구 과목은 국어 비문학을 푸는 것처럼 공부하라고 하고 싶어요. 과탐 내용을 공부하다 보면 나중에 국어 비문학 등에 많은 도움이 되기 때문에 공부하는 게 의미가 있어요. 그래서 당부하고 싶은 말은 '나는 정시로 가겠다'는 학생들도 부디 과탐 수업시간에 약간의 관심 정도라도 기울여달라는 거예요. 나중에 많은 도움이 되니까요."

학부모들은 의외로 고3 교실이 붕괴된 현실을 잘 알지 못한다. 일반고에서는 하향 지향 스타일로 수시전형에 원서를 제출하고 나면 대다수 고3 학생들이 잠을 자거나 놀면서 시간을 때운다.[8] 수시원서를 접수한 고3들은 불안감, 두려움, 초조함 등에 시달리고 이 때문에 정상적으로 수업이 진행되지 않는다. 정시를 준비하는 극소수 학생들은 상위권 학생들과의 경쟁, 수능 공부에 집중할 수 없는 교실의 환경 속에서 이중고를 겪으며 외롭게 수능을 준비한다. 수능시험 준비를 하지 않다가 수능 최저 성적 기준

---

8   김건희, 〈고3이 제일 공부 안 하는 학년 된 이유〉, 《신동아》(2019. 11. 9).

을 충족시키지 못해서 원하는 대학에 불합격하거나, 수능 성적이 예상 외로 나오지 않는 경우가 비일비재하다. 만약 재수나 반수를 준비한다면 3학년 2학기 중간고사와 기말고사를 포기해서는 안 된다. 재수생이나 반수생의 학생종합부에는 3학년 2학기 성적이 기재되기 때문이다.

정시 비중 확대에 대해서는 찬반양론으로 시끄럽다. 학생부종합전형이 금수저전형이라는 논란을 인식해서인지 수능전형이 가장 공정하다는 사회적 여론이 높다. 특히 조국 전 법무부장관 딸의 입시 문제로 인해 대학입시의 공정성 문제가 국민적 관심사로 부각되었고, 청년 대학생들의 공정에 관한 심리를 자극하게 되었다. 그러나 정시 비율과 수시 비율을 조정하는 것만으로 대학입시제도의 불평등 문제와 공정성을 완벽하게 개선한다는 건 현실적으로 불가능에 가깝다.

역경을 딛고
서울대에 합격한 현일이 이야기

—— 2019년 전북 출신 다문화가정, 한부모가정 자녀 현일이는 서울대 인문 계열에 합격했다. 현일이의 서울대 합격은 한 편의 인간승리를 보여주는 드라마다. 이 이야기를 소개하는 이유는 아무리 어려운 환경 속에서도 노력하면 좋은 성과를 낼 수 있다는 희망을 주는 사례이기 때문이다. 그의 서울대 입학은 어린 시절부터 사교육으로 교육받은 강남 대치동, 8학군 아이들도 이루지 못한 성실한 삶의 결과물이었다. 그래서 현일이의 공부법은 사교육에 투자해서 서울대에 합격한 학생들의 이야기와는 완전히 결이 다르다.

이 이야기를 들으면서 불우한 가정환경 때문에 공부에 흥미를 잃고 비관하거나 심리적 스트레스를 받는 다문화가정 자녀들이 이제는 용기와 희망을 갖기를 바라는 마음이다. 그의 서울대 합격은 단순히 기계처럼 공부만 열심히 한 결과물이 아니다. 어려

다문화가정의 교육전략은 따로 있다

운 환경을 딛고 철저한 자기주도학습과 성실함, 스스로의 노력으로 서울대 합격이라는 결과를 창조한 보기 드문 롤모델이라고 그를 평가하고 싶다. 그의 서울대 합격에는 어린 나이에 인생의 짐을 짊어진 채 막막함, 두려움, 불안을 극복하고 성취한 피땀과 눈물이 담겨 있다. 이 땅에는 어려운 환경 속에서 심리적 스트레스를 받는 다문화가정 자녀들이 많다. 이름 모를 우리 아들딸들이 현일이를 통해 희망과 용기, 도전의식을 갖고 미래를 향해 달려가기 바란다.

그의 아버지는 외국인으로 현일이는 열 살 때까지 아버지의 나라에서 살다가 한국에 왔다. 아버지는 한국에서 얼마간 같이 살다가 남매와 엄마를 남겨두고 고국으로 떠나버렸다. 아버지가 양육비를 지급하지 않았기 때문에 현일이 어머니는 시골에서 갖은 고생을 하면서 어린 두 남매를 길렀다. 어린 나이에 부모의 이혼, 엄마의 투병을 지켜보면서 누나와 서로 의지하고 격려하며 살아온 현일이는 또래에 비해 조숙하고 속이 깊은 편이다.

현일이는 농어촌특별전형으로 서울대에 최종 합격했다. 중학교 때 공부를 곧잘 해서 자사고에 입학했지만 고등학교 입학 전 겨울방학에 수학, 영어 학원을 두 달 정도 잠깐 다닌 것 말고는 사교육을 받은 적이 없다. 지금부터 현일이의 공부법을 소개하겠다.

현일이는 내신 1등급, 모의고사 1등급, 수능 1등급을 받은 보기 드문 인재다. 인문계 고등학교에서는 2학년 때 문과와 이과 중 선택을 하는데 현일이는 문과를 택했다. 앞에서도 설명했지만 문과로서는 이른바 서울대, 연대, 고대에 합격하기가 대단히 어렵다. 서강대, 성균관대, 한양대, 이화여대, 외국어대, 중앙대, 경희대, 시립대에 합격하는 것도 보통은 전교 1등, 내신 1등급만이 가능하다. 이런 학교에 합격하기란 낙타가 바늘구멍을 뚫고 들어가는 것처럼 힘든 일이다. 그 외 서울 소재 4년제 대학에 합격하려면 문과에서 전교 3등 안에 들어야 가능하다. 그래서 학부모들은 이구동성으로 요즘의 '인서울'은 과거 서울대, 연세대, 고려대에 합격하기만큼 어렵다고 말한다.

필자는 다문화가정 자녀들에게는 수시전형이 훨씬 유리하다고 조언하고 싶다. 그러한 점에서 수시전형 준비의 핵심은 내신성적을 잘 관리하는 것이다. 2019학번 서울대 합격생 현일이는 어떻게 내신을 관리했는지 살펴보기로 하자.

Tip! 현일이의 내신관리 비법
"교과 과목 간의 연계와 구심점이 중요하다"

현일이는 1학년 때부터 어렴풋이 농어촌전형, 즉 수시전형으로 대학에 갈 거라 생각했기 때문에 학생부 관리의 필요성은 알고 있었다고 한다. 그런데 여느 학생들보다 준비를 많이 하지 못

다문화가정의 교육전략은 따로 있다

[표 3-14] 현일이의 학생부 교과 과목 성적 분포

과목	1-1	1-2	2-1	2-2	3-1
국어	1등급	2등급	1등급	1등급	1등급
영어	3등급	2등급	1등급	1등급	1등급
수학	3등급	3등급	2등급	2등급	2등급
사탐	1등급	2등급	1등급	2등급	1등급
과탐	1등급	3등급	2등급	1등급	-

했다. 학생부 관리를 해야 한다는 것만 알았지 어떻게 해야 하는 지는 전혀 몰랐기 때문이다. 그래서 1학년 때는 무작정 그럴싸해 보이는 책을 골라 읽고 학생부에 써 넣었는데 나중에는 그게 중 요치 않음을 깨닫게 되었다고 한다.

"학생부 관리에서 교과 과목 부분은 과목 간의 연계가 중요해요. 수학 과목에는 수학, 국어 에는 국어 내용만 적는 것이 아니라, 그들 사이에서 어떤 연결점을 찾아 그 부분에 대해 생각했 다는 흔적이 드러나게 써야 해요. 자신이 원하는 직업과 관련짓는다고 생각해보면 쉬울 거예요. 예를 들어 경제학과에 진학하고 싶다면 수학에서 배우는 통계의 원리를 경제와 연결할 수 있어 요. 국어시간에 배우는 비문학 지문 관련 글이 나올 수도 있어요. 이렇게 내용들이 따로따로 놀 지 않고 하나의 '구심점'을 갖는 게 중요해요. 그저 빽빽하게 양으로 채운 중구난방식 학생부가 좋다고 할 수 없어요. 질적으로 차이가 나야 해요."

Q) "지원하는 학과와 교과 세부 특기 사항, 교내 동아리활 동, 봉사활동, 교내 수상이 상호 연계되어야 한다고 하는데, 특별히 중점을 둔 부분은 무엇인가요?"

A) "상호 연계성이 정말 중요해요. 제가 좋아하던 철학을 그때 주목받던 4차 산업혁명과 연결한 내용을 작성했던 것 같네요. 중점을 둔 부분이라면 각각의 활동이 그저 무의미하게 되지 않도록 하는 거였기에 무엇을 중심으로 그 활동을 하는지 항상 생각하려고 했어요."

현일이의 학생부 관리 비법은 '구심점'을 두는 것이다. 현일이는 각각의 활동이 무엇을 '향해서' 한 활동이었는지 읽는 사람에게 전달되도록 하는 게 중요하다고 전한다. 학생부를 읽는 순간 '아, 이 학생은 정말 한 가지 목표를 위해서 활동했구나'라고 느껴지도록 관리해야 한다. 많은 내용을 그저 늘어놓기만 한다고 해서 의미가 없음은 물론이고 하나하나가 모두 좋은 활동이라고 해서 전체적으로 좋은 학생부가 되는 것도 아니다. 학생부와 동아리활동을 관리하려면 일찍부터 목표하는 대학이나 학과 같은 것이 어느 정도 가닥이 잡혀야 하는데 쉬운 일은 아니다. 자신이 가야 할 길이 불분명하다고 해서 불안해할 필요는 없고, 그저 자신이 하는 활동들이 무엇을 위한 것인지 생각하는 게 중요하다. 그 사실만이라도 유념하면 좋다.

Tip! 현일이의 내신 공부법
"선생님께 직접 질문하라"

현일이가 소개한 내신 공부 비법을 주의해서 읽어보면 내신 점수를 잘 받는 비결이 숨어 있다. 수업시간에 선생님 설명을 잘

다문화가정의 교육전략은 따로 있다

[표 3-15] 현일이의 학생부 비교과 부분

출석 · 결석 · 지각	학교생활 성실성을 평가하는 척도
	결석 · 지각 없음
교과 세부 특기 사항	교사의 학생의 학업 상태에 관한 평가로 반영률 높음
	주로 4차 산업혁명과 철학이 관련된 내용을 기술함
교내 수상	교과 성적 우수자로서 반영률 높음
	1~3학년 통틀어 35개, 각종 과목별 대회, 백일장, 교과 우수상, 창업 동아리 상 등
교내 동아리활동	서울대는 비중 높음
	법 동아리, 영자 신문 동아리, 게임 제작 동아리, 창업 동아리, 밴드부(보컬), 미술 동아리, 시 소설 창작 동아리
리더십활동	특별히 뭔가에 출마한 경험은 없음
봉사활동	최저만 맞추고 더 하지는 않음
독후감	- E. H. 카, 《역사란 무엇인가》
	- 루이스 캐럴, 《거울나라의 엘리스》
	- 롤프 도벨리, 《디 아트 오브 씽킹 클리어리(The art of thinking clearly)》
	- 문종길, 《윤리와 사상 1- 사상가들의 텍스트와 함께 읽기》
	- 문종길, 《윤리와 사상 2- 텍스트와 함께 읽기》
	- 클라우드 슈밥, 《4차 산업혁명의 충격》
	- 롤랜드 버거, 《4차 산업혁명 : 이미 와 있는 미래》
	- 로버트 치알디니, 《설득의 심리학》
	- 제리 카플란, 《인간은 필요 없다》

듣지 않으면 어떤 내용이 진짜 중요한지 알기 어렵다. 내신시험 문제의 유형은 출제하는 선생님에 따라 완전히 다르다. 뻔한 얘기지만 수업시간에는 정말 열심히 집중해야 한다. 예습과 복습도 중요하지만 나중에 공부하면 된다는 마음으로 수업에 집중하지 않으면 정작 무엇을 공부할지 놓칠 수 있다.

내신시험의 장점은 출제하는 사람에게 직접 물어볼 수 있다는 것이다. 수업을 집중해서 들으면 어디가 중요한지, 어디를 강조하는지 조금 파악이 된다. 꼬치꼬치 캐물으며 궁금한 부분, 부족한 부분을 바로 해결하는 것이 가능하다는 점이 내신의 장점이므로 그런 이점을 잘 활용해야 한다. 현일이도 1학년 때는 아무것도 모르고 내신을 위해 무작정 모든 걸 쏟아부었다. 2학년 때는 공부를 소홀히 한 건 아니지만 요령이 생겨서인지 하루에 공부하는 시간과 밀도가 조금 낮아졌다. 3학년 때는 공부에 집중해야 한다는 생각에 오직 복습과 문제 풀이만 했다. 현일이가 다녔던 학교는 밤 11시까지 시간표대로 운영되었으므로 그 시간을 잘 활용해 복습을 했다. 이런 식으로 내신관리를 하기가 정말 어려웠다고 했다.

Q) "내신 관리는 어떻게 했나요?"

A) "내신은 1등급 받기가 더 어려웠죠. 사실 내신이라는 건 학교 안에서 하는 것이어서 학교마다 내신 점수 따기 난이도는 천차만별이에요. 내신 점수가 완벽한 객관적 척도는 아닌 듯해요. 내신등급 자체보다는 그 치열한 환경 자체가 중요해요. 저는 자신의 실력을 갈고닦을 수 있는 학교에 다닌다는 사실이 등급보다 더 중요하다고 생각해요. 제가 다닌 고등학교는 자사고라서 주변 아이들이 공부를 잘했고, 그 환경이 지금의 저를 있게 해주었어요. 정신을 바짝 차리지 않으면 내신에서는 살아남을 수 없는 곳이었거든요. 지나고 나서 이런 말 하면 좀 우쭐울 수도 있는데 저는 그런 필사적 전쟁터에서의 싸움이 다소 즐거웠어요. 스릴이 넘친다고 할까요. 사실 이과 쪽은 후반에 조금 긴장감이 풀어지는 분위기였어요.

그런데 전체 여섯 반 중에 두 반인 문과는 인원수가 적었단 말이죠. 그래서 1등급을 받을 수 있는 사람이 극히 적었어요. 그야말로 전쟁터였죠. 1학년 때부터 저희 학교는 내신시험 기간에는 밤을 새는 아이들이 밤샘을 하지 않는 아이들보다 훨씬 많을 정도로 필사적이었어요. 그런

분위기가 이미 조성되어 있었으니 뒤처지면 안 된다는 마음에서라도 책을 붙잡고 있는 아이들이 많았죠. 저는 그 긴장감을 즐겼지만 힘들어하는 친구들도 많았을 거예요. 당연히 저도 힘들지 않았던 건 아니고요. 말 그대로 자신과의 싸움이었어요. 선생님께서는 늘 '이 학교에서 싸우는 건 의미가 없다. 너희는 전국의 수험생들과 싸운다는 사실을 잊지 마라'고 말씀하셨죠.

우리 학교는 공부에 있어서는 치열했지만 그럼에도 아이들은 사이가 좋았어요. 물론 중간중간 갈등도 있긴 했지만 뭐랄까, 상호 간의 전우애가 있는 느낌, 서로를 향해 총을 겨누기보다는 함께 싸우는 분위기였어요. 그래서 누군가와 싸운다기보다는 그저 과거의 자신을 이기는 것에만 집중했어요."

농어촌특별전형으로 서울대에 합격한 2019학번 현일이의 내신등급을 환산하면 1.7 정도다. 현일이가 졸업한 고등학교는 자사고였기 때문에 내신경쟁이 매우 치열했고, 최상위 내신등급을 따기가 어려웠다. 따라서 그 숫자가 갖는 의미는 일반계 고등학교와는 결이 다르다. 내신에서는 등급보다는 환경이 중요하다. 대학 측에서도 그런 점을 고려한다. 같은 점수라도 시골 일반계 고등학교와 자사고의 내신 점수는 의미가 다르다.

서울대 합격생들 중에서 내신등급이 1.1등급으로 매우 높아서 성적으로만 뚫고 들어온 아이는 몇몇 없다고 했다. 내신으로 합격했다는 의미는 수시로 합격했다는 의미고, 내신 점수도 중요하지만 생활기록부, 자기소개서, 면접 같은 요소가 기본적으로 준비되어야 한다. 교과 성적에 어느 정도 하한선은 있지만 비교과 부분과 그 외 부분을 살펴보기 때문에 서울대 합격이 고려대, 연세대보다 더 쉽다는 말이 나오는 것이다.

현일이도 수학이 가장 어려웠다고 한다. 고등학교 입학 전에 다른 아이들은 이미 많은 과정을 예습까지 하고 왔는데 현일이는 그저 조금만 살펴보았던 수준이라 많이 당황했다. 그래서 초반에는 내신에서도, 모의고사에서도 수학 성적이 가장 낮게 나왔다.

현일이도 시간이 지날수록 차츰 수학보다는 오히려 국어나 영어 같은 과목을 준비하는 것이 조금씩 어렵게 느껴졌다. 그런데 말 그대로 '준비'가 어려워졌다는 것이지 난이도가 높아지고 그 결과 점수가 낮아졌다는 의미는 아니었다. 1학년 때는 요령이나 근본 실력이 부족해서 그저 꾸역꾸역 머리에 집어넣기만 했는데 학년이 올라가면서 기본이 많이 중요하다는 걸 깨달았다. 특히 내신 국어나 영어 같은 문과 과목은 제대로 된 기반이 중요했다.

영어 내신은 학교마다 다르지만 일단 교과서 본문에서 출제되고 약간의 문법 문제만 나오는 내신 문제라면 그야말로 본문 내용을 달달 외우고 조금만 문법 공부를 하면 된다. 그런데 이렇게 하면 공부는 쉬울지 몰라도 자신에게 전혀 도움이 되지 않는다. 현일이의 고등학교 같은 경우 EBS 《수능특강》을 거의 교과서처럼 사용했는데, 선생님이 수능과 내신을 합쳐서 공부하게 한 결과였다. 그런데 이 방식이 정말 힘들기는 했지만 실제로 큰 도움이 되었다. 영어 내신 공부는 수능 내신 공부처럼 하면 어려울 게 없다.

더 어려웠던 것은 역시 탐구 과목 준비였다. 국영수는 사실 수능 공부와 어느 정도 병행이 가능한데, 수능에서 보지 않는 과목을 공부하기는 좀 힘들다. 의외로 화학 같은 이과 과목이 재미있었고 좀 어려운 과목일수록 그 과목에 대한 공부를 즐겁게 느꼈다고 한다.

"무한경쟁 궤도열차에서 생존하는 법은 즐기는 것! 피할 수 없다면 차라리 즐겨라"

고등학교에서는 벼락치기 식으로는 절대로 상위권이 될 수 없다. 현일이의 경우도 상위권 아이들과 경쟁하면서 공부 습관이 잡히기 시작했다. 공부에는 왕도가 없다. 매일매일 정해진 분량을 성실하게 공부하고, 과목별로 개념 이해와 문제 풀이를 하고, 심화문제를 풀고, 틀린 부분을 다시 복습하면서 자기 것으로 소화하는 자신과의 긴 싸움이 공부다.

"노력하면 학업 성적이 향상되어 원하는 대학에 진학할 수 있을까요?"

원하는 대학에 반드시 진학할 수 있다고 아무도 보장하지 못한다. 본인의 강렬한 목표의식과 눈물나는 노력이 중요하다. 확실한 점은 스스로 믿지 않으면 결코 원하는 대학에 갈 수 없다는 것이다. 자신에 대한 믿음을 가지고 스스로를 믿을 수 있을 만큼 공부한다면 꼭 원하는 대학에 가지 못해도 분명 자신에게 큰 도움이 된다. 후회 없이, 미련 없이 고등학교 3년을 노력으로 불태워야 아쉬움이 남지 않는다.

**"수능시험을 앞두고 누구나 심리적 불안감을 겪는다.
쫄지 말자! 최선을 다해 컨디션을 조절하자"**

집중력 저하나 슬럼프는 스스로의 성격, 불안감, 공포심, 두려움, 회피하려는 마음, 무기력증 같은 심리적 요인 때문에 생긴다. 슬럼프라는 생각 때문에 오히려 그 상태에서 빠져나오지 못하므로 스스로 마음을 바꿔야 한다. 수능시험이 다가오면 누구나 두렵고 스트레스를 받는다. 수능시험을 넉 달 앞두고부터는 심리적 스트레스를 잘 관리해야 한다.

Q) **"슬럼프가 있었다면 극복을 위해 취한 방법은 무엇인가요? 구체적으로 설명해주세요."**

A) "저도 심리적 슬럼프가 있었어요. 수능은 코앞에 다가오는데 미래에 대한 준비가 하나도 안 되어 있어서 어쩔 줄 몰라 불안한 마음, 벼랑끝에 서 있는데 저멀리서 계속 벽이 다가오는 듯한 두려움이 있었어요. 과연 내가 이대로 대학에 간들 의미가 있을까, 아니 애초에 대학에 갈 수나 있을까. 그런 생각들이 머릿속을 가득 채워서 공부에 손을 못 대는 시기가 찾아왔어요.

다문화가정의 교육전략은 따로 있다

그때 구체적으로 한 건 없고 '내가 지금 할 수 있는 건 아무것도 없다. 그저 눈앞에 있는 수능이라는 큰 벽을 일단 넘어서자. 그것이 현재 내가 할 수 있는 모든 것이다'라고 스스로에게 되뇌었어요. 무작정 공부에 매달리는 것, 그게 두려움을 잠시나마 잊을 수 있는 방법이었어요. 사실 수험생, 특히 고3 때는 불안하지 않을 수가 없어요. 인생에서 가장 처음으로, 인생을 뒤흔들 만한 큰 시련을 겪는 경험이니까요. 불안해하지 말고 오히려 그 불안함이 지금까지 해온 노력의 증거라는 사실을 알면 좋겠어요."

Q) "수능에서 만족할 만한 성과를 거두었나요?"

A) "저는 정말 운이 좋게도 수능에서 가장 좋은 성적을 받았다고 생각합니다. 생각보다 긴장을 안 한 덕분이에요. 다행히 전 과목 1등급을 맞았고, 가장 어려웠던 국어에서도 꽤 높은 성적이 나와서 매우 기뻤어요. 수능시험이 끝나고 나서는 정말 허무하기도 하고, 뿌듯하기도 하고, 이 하루를 위해 지금까지 노력했나 싶어서 오묘한 감정이 들기도 했어요.

공부에만 집중하는 것, 꾸준히 노력하면서 자기와의 싸움에서 이기는 것, 이것이 성적을 올리는 데 큰 도움이 되었어요. 저는 공부만큼 노력이 반영되는 것도 없다고 생각해요. 세상에는 아무리 노력해도 이룰 수 없는 것들이 정말 많은데 공부만은 피땀 흘리면서 노력하면 조금이라도 성과를 거둘 수 있으니 그나마 낫다고 생각해요."

Q) "다문화가정 학생들에게 들려주고 싶은 말은 무엇인가요?"

A) "다문화가정이라는 사실을 약점으로 생각하지 마세요. 두 국가의 문화를 체험해보는 것은 매우 귀중하고 유용한 경험이며 사회생활에서도 강력한 무기를 갖고 출발하는 거라고 생각해요. 부디 당당하게 가슴을 펴고 자신의 강점을 잘 살리는 방향으로 생각하면 좋겠어요. 쉽

지 않다는 것 또한 잘 알아요. 주변 시선이 신경 쓰이기도 하겠죠. 스스로를 믿고 자신감 있는 상태로 미래를 향해 도전하고 꿈을 이루기 위해 노력하면 결과로 승부할 수 있다고 생각해요."

현일이는 다문화가정 자녀라서 차별대우를 받은 적은 없다고 했다. 하지만 스스로 일본인이라는 정체성도 가지고 있다 보니 남들이 자신을 이질적인 사람으로 보지 않을까 생각했다.

Q) "현일이의 정체성은 무엇인가요?"

A) "저는 한국인이라는 정체성과 동시에 일본인이라는 정체성을 가지고 있어요. 이건 제 지론인데 다문화가정 자녀의 정체성을 하나의 테두리에 가두는 것 자체가 불가능하다고 생각해요. 다문화가정 학생들은 정체성 문제로 많은 고민을 할 텐데 굳이 본인의 정체성을 하나로 정할 필요는 없지 않을까요? 정체성이라는 것은 원래 선으로 긋듯이 구분되는 게 아니라 뒤죽박죽 섞여 있으니까 그저 있는 그대로 받아들이려는 자세가 필요해요."

Q) "꿈은 무엇인가요?"

A) "뭔가를 만들어내는 사람이 되고 싶어요. 스티브 잡스처럼 새로움을 창작(創作)하는 사람이 롤모델이에요. 우리 생활 주변에 있는, 많은 사람들이 알고는 있지만 의식하지 못했던 것, 그런 색다른 세계를 사람들에게 보여주는 사람이 되고 싶어요. 0에서 1을 만들어내진 못하더라도 주변에 있는 0.1들을 모아서 1을 만들어내는 사람이 되는 게 저의 꿈입니다. 성공해서 저처럼 어렵게 성장한 아이들을 도우며 살고 싶어요."

현일이는 불굴의 의지와 노력으로 강남 부잣집 자녀들도 3수씩 해서 합격한다는 서울대에 입성했다. 필자가 주목한 부분은 감성적으로 예민한 사춘기, 질풍노도의 시기에 현실적 어려움을 극복하고 오직 스스로를 믿으며 자신의 꿈을 향해 달려간 그의 불굴의 의지와 성실함 그리고 노력이다. 학업 스트레스를 받거나 심리적 스트레스로 방황하는 다문화가정 자녀들이라면 왜 공부를 해야 하는지, 왜 노력해도 점수가 오르지 않는지 의문이 생기거나 공부가 안 될 때 현일이 이야기 부분을 읽어보기 바란다. 이 스무 살 먹은 작은 신입생은 어른도 넘기 어려운 역경을 헤치고 나온 작은 거인일지도 모른다. 학생들은 공부에 집중하지 못하게 만드는 장애물이 잡념, 게임, 핸드폰, 가족 문제 등이라고 답한다. 현일이의 훌륭한 점은 마음과 공부를 흔드는 많은 요인들에 흔들리지 않으면서 우울하고 부정적인 감정을 스스로 통제하고 관리할 줄 알았다는 것이다. 자기절제, 자기통제가 결국 학업성적을 올리는 또 한 가지 비결이었다.

　필자가 만나서 겪어본 현일이는 속이 깊고 진중하며 순수한 스무 살 청년이었다. 보통 서울대에 합격한 중산층 이상 가정의 아이들은 교만하고 자만심이 하늘을 찌르는 경우가 많은데 현일이한테는 전혀 그런 면이 없었다. 강남 상류층 가정에서 사교육으로 만들어진 영재가 아니라 스스로의 노력과 성실함으로 어려움을 극복하고 성장한 오뚝이 같은 청년이었고 올곧은 인간성을 갖춘 학생이었다. 서울대에 진학해서도 과외로 아르바이트를 하면서 생활비와 월세, 학비를 스스로 해결하는 기특한 청년이었다.

솔직히 사교육 천국인 한국에서 사교육을 한 번도 받지 않고 스스로의 노력과 자기주도학습만으로 서울대에 합격한 것은 기적 같은 일이라고 평가하고 싶다. 필자의 소망은 현일이 같은 학생들이 사회적 양극화, 부의 세습 현상을 당당하게 극복하고 스스로의 노력만으로 한국사회의 오피니언 리더로, 전문가로 성장하는 것이다. 그들이 한국사회를 이끌어가는 인재로 우뚝 서고 성공의 롤모델이 되었으면 한다. 현일이가 "한국은 살 만한 나라예요"라고 하며 기뻐하는 모습을 보고 싶다.

다문화가정의 교육전략은 따로 있다

재수하면
성공할 수 있을까

──── 결론적으로 말하면 기대한 만큼 성과를 내기 어렵다. 2021년 정시전형에서는 국어, 영어, 수학, 국사, 사탐, 과탐이 필수과목으로 지정되었다. 국사가 필수로 지정되면 이과 수험생에게는 불리하게 작용한다. 암기할 분량이 증가하기 때문이다. 필자는 재수 없이 수시로 합격하도록 노력할 것을 강력히 권하고 싶다. 현실적으로 기초부터 튼튼하게 수능 공부를 준비하지 않았다면 수능 성적으로 정시에 합격하기란 낙타가 바늘구멍에 들어가는 것처럼 어려운 일이기 때문이다.

내신등급은 낮은데 수능은 잘 보는 학생들이 누구일까? 바로 자사고나 특목고 출신들이다. 본래 모의고사 등급이 높은 학생들은 단기간(1년)에 집중력을 발휘해서 재수를 통해 조금 더 좋은 대학에 진학한다. 서울 중동고와 휘문고, 세화고, 현대고, 세화여고 등 대표적인 강남 5대 자사고의 졸업생 절반이 재수학원으로 직행한다.[1] 2019년에 졸업한 중동고 출신 62%가 재수를 선택했다. 휘문고 졸업생의 36%만이 대학에 진학했다. 대학 진학에 실패한 나머지 64%는 당연히 재수학원으로 직진했을 것이다. 세화고는 졸업생 49%만이 대학에 진학했고 나머지 51%는 재수학원으로 갔을 것이다. 세화여고 졸업생의 56%는 대학 진학을 선택했고 나머지 44%는 재수를 선택했다. 강남구 전체 고등학교 졸업생의 39.9%만이 대학에 진학하고 나머지 졸업생들은 재수를 선택한다. 대부분 부모의 경제력이 좋은 가정의 자녀들이다. 이들은 삼수를 해서라도 SKY에 합격하려고 애를 쓴다. 관리와 학습 지도를 꼼꼼히 하는 기숙학원에 입학해서 재수할 경우 최소한 3,000만원 정도 비용을 투자해야 하는데 요즘같이 경제적으로 어려운 시기에는 가정경제에 큰 부담이 된다.

절반 이상이 재수를 선택하는 자사고 출신 재수생과 일반고 출신 재수생은 애당초 경쟁이 되지 않는다. 자사고나 특목고 출신은 SKY에 진학하지 못하면 대성학원이나 종로학원, 메가스터디학원으로 간다. 자사고나 특목고 출신들이 상위권 반에 들어가서 학원의 철저한 관리를 받으면 SKY에 합격하는 것이다. 기초가 튼튼하지 못한 일반고 고3 학생은 재수를 해도 상대적으로 SKY나 서울 상위권 대학 합격률이 떨어질 수밖에 없다. 자사고

---

[1] 〈자사고 졸업생 절반 이상이 재수학원 간다〉, 《경향신문》(2019. 7. 6).

와 특목고 출신 재수생들은 문제 풀이만 반복하는 식이지만 일반고 고3 중위권 학생은 부족한 기초 개념부터 잡은 후 문제 풀이에 들어가기 때문이다. 그런데 명문대 합격생들이 어느 과에 합격했는지에 대한 결과 자료를 구하기는 매우 어렵다. 이유는 무조건 SKY에 합격하면 된다는 생각이 학생이나 학부모들에게 퍼져 있기 때문이다. 불쾌한 진실은, 자사고나 특목고 출신들 중 상당수는 어떤 분야에 관심이 있고, 어떤 과에 진학하는 것이 미래를 위해 합리적인지 진지하게 고민하지 않는다는 사실이다.

강남, 서초, 송파 같은 교육특구에 진입하는 것이 수능 성적에 영향을 미친다는 사실은 분명하다. 정시 확대를 반대하는 연구자들은 지역 단위 경쟁인 수시보다 전국 단위 경쟁인 정시가 불평등을 재생산하는 효과가 크다고 본다. 교육부가 딜레마에 빠진 부분은 대학입시 선발전형에서 수능으로 선발하는 정시의 비율을 확대할 경우 강남 3구에 비해 사교육을 적게 받는 읍면 지역과 저소득층 학생들이 서울 주요 대학에 진입하는 통로가 좁아질 가능성이 높다는 점이다.[2] 필자가 다양한 사례를 인터뷰하면서 알게 된 사실과도 일치하는 결과다. 서울 지역에 거주하는 학생들은 수능으로 합격하는 비율이 높고, 읍면 농촌 지역에 거주하는 학생들은 학생부종합전형(수시전형 총 70%)으로 합격하는

---

2 〈서울은 수능·읍면은 학종·인서울 대학 통로〉, 《국민일보》(2019. 11. 6) ; 〈'現 고2 대입' 수시 선발 77.3% 역대 최고지만…교육부 압박에 상위권대는 정시 확대〉, 《동아일보》(2018. 5. 2).

비율이 높다는 사실을 확인할 수 있었다.

필자 지인의 아들은 낮은 성적으로 지원하는 충남 중소도시 일반고 출신으로 내신 1등급을 받은 학생이었다. 고려대에 학교장 추천전형으로 합격했으나 대학 진학 후 수업을 따라가기가 어려웠기에 재수 후 지방 국립대 4년 장학생으로 합격해 공부하고 있다. 이러한 기형적 현상은 내신 위주의 공부와 수능 위주의 공부 방식 차이 때문에 대학 진학 후 기초학습 부족으로 수업을 따라가지 못해서 발생한다.

최근 대통령 지시로 정시 비율을 40%까지 확대하려는 움직임에 진보교육계가 반발하는 이유도 계층의 사다리로서의 대학입시가 기회균등이라는 공정의 가치에 역행한다는 시각 때문이다. 물론 예외적으로 읍면 지역에도 민사고, 용인외고, 거창고 같은 학교가 있기는 하다. 분명한 점은 저소득층 학생의 부모는 자녀의 사교육비에 돈을 쏟아부을 경제적 능력이 없다는 사실이다.

현행 대입제도에서는 재수생이 정시로 대학에 진학할 경우, 기존 내신등급은 반영되지 않는다. 철저한 자기통제와 자기관리를 하는 수험생만이 성공적으로 재수를 마무리할 수 있기 때문에 가급적 재수를 선택하지 않도록 조언하고 싶다. 수능등급이 낮은 지방 일반고 3학년이라면 재수를 선택해도 원하는 만큼 성적을 올리기가 하늘의 별따기다. 자신을 통제하기 힘들다면 재수는 꿈도 꾸지 않는 것이 좋다.

자사고 출신인 필자 지인의 아들은 내신 3등급으로 동국대 물리학과에 합격했다. 실망한 나머지 재수전문학원에 입소해 공부하고 다시 한 번 수능에 응시했다. 그렇게 많은 비용을 투자했으나 결과는 안타까웠다. 재수 결과 고3 때 수능 점수와 동일한 점수대가 나온 것이다. 그 학생은 다시 동국대에 복학했다.

영등포고에서 내신 6등급을 받은 또 다른 지인의 아들은 재수를 했지만 결국 충청권 사립대에 합격했다. 1년을 피나게 노력했지만 수능 평균 4등급을 받은 것이다.

자사고 출신으로 이과 내신 3등급이었던 진명이란 여학생은 경기권 소재 사립대에 합격했지만 1년간 재수전문학원에 입소해 스파르타식 관리를 받고 수능을 치렀다. 열심히 노력해서 좋은 성적을 받았지만 경희대 수원캠퍼스 생물학과에 합격하는 것으로 만족해야 했다.

재수를 하면 정시로 대학에 합격해야 하는데 최상위 그룹인 자사고, 특목고, 강남 8학군 출신 재수생들이 독점하기 때문에 상위권 대학에 합격하기가 대단히 어렵다. 그래서 원하는 대학에 합격하지 못하면 또다시 삼수를 선택하게 된다.

재수는 자기와의 치열한 싸움이다. 일반고 3학년 학생이라면 고1부터 고3 1학기까지 내신관리를 최대한 철저히 해서 내신등급을 올리고, 수능 최저등급을 맞추기 위해 노력해야 한다. 3년간의 노력이 인생을 좌우하는 것은 한국사회에서는 어쩔 수 없는 현실이다. 한국의 공교육체계가 핀란드처럼 무시험의 사고력 위주 교육 시스템으로 획기적 전환을 하기란 사실상 불가능하다. 진단고사를 없애니 기초학력 수준이 떨어지는 현상이 드러나면서 다시 시험이 부활되는 등 갈팡질팡하는 정책 혼선까지 벌어진다.

기초학력이 상승하는 동시에 재미있게 공부할 수 있도록 내실 있는 교육개혁에 대한 성찰이 필요한 시점이다. 한국인의 교육열과 교육 시스템이 전 세계적으로 유례가 없는 초고속 경제성장의 힘 덕분이었다는 사실에는 이견이 없다. 그러나 부작용도 만만치 않은 실정이다. 교실에서 소외된 학생들에게 어떻게 학습동기를 부여하고 그들이 공부를 통해 성취감을 맛보도록 도울 수 있는지, 효과적인 공부 방법은 무엇인지 공교육체계 안에서 대답해야 할 시점이다.

다문화가정의 교육전략은 따로 있다

대학 등록금
알아보기

──── 저소득층 학생들이라도 대학 등록금 걱정은 하지 않아도 된다. 한국장학재단이 부모의 소득과 주택 가격을 기준 삼아 소득분위별로 등록금을 지원하기 때문이다. 소득 10분위 가정(소득이 가장 높은 가정)은 등록금을 전액 납부해야 하지만, 소득 1분위 가정(소득이 가장 낮은 가정) 자녀는 한국장학재단에서 등록금을 전액 지원한다. 생활비도 싼 이자로 대출해준다.

현재의 국가장학금제도로는 최소한 등록금 때문에 학교에 다니지 못하는 일은 없다. 국가장학금제도는 정부가 대학생들의 등록금 부담을 덜어주기 위해 소득분위별로 학자금을 지원하는 대표적 교육복지 서비스다. 한국장학재단이 소득분위에 따라 지급하는 국가장학금의 종류는 국가장학금 I 유형, 국가장학금 II 유형, 다자녀장학금으로 세분화된다. 대다수 대학생들은 국가장학금 I 유형을 신청한다. 한국장학재단 홈페이지를 참조하여 제

출서류를 확인하고 신청하면, 가구의 형편에 따라 지원을 받을
수 있다(http://www.kosaf.go.kr/).

【표 3-16】 국가장학금 지원 대상

(복지로, 《2019 나에게 힘이 되는 복지 서비스》, 126)

구분	지원 대상
국가장학금 Ⅰ 유형	국내 대학에 재학 중인 소득 8구간 이하 대학생
국가장학금 Ⅱ 유형	Ⅱ 유형에 참여한 학교에 재학 중인 학생(학교 자체 기준으로 선발)
다자녀장학금 (세 자녀 이상)	국내 대학에 재학 중인 소득 8구간 이하, 다자녀(3명 이상) 가구의 모든 대학생 (1988년 1월 1일 이후 출생자, 미혼에 한함)

【표 3-17】 국가장학금 Ⅰ 유형 2019년 소득 구간별 연간 지급 금액

(복지로, 《2019 나에게 힘이 되는 복지 서비스》, 126)

소득 구간	기초	1구간	2구간	3구간	4구간	5구간	6구간	7구간	8구간
지급액	520	520	520	520	390	368	368	120	67.5

　문제는 서울에 진학할 경우 비싼 월세 등의 주거 비용이다. 서
울 시내 대학가 근처의 어지간한 고시원 원룸은 월세가 40만원
이상이다. 보증금 3,000만원에 월 50만 원 정도를 내야 1년간 전
세 개념으로 방을 구할 수 있다. 매년 대학가 근처에서는 방 구
하기 전쟁이 벌어진다. 특히 유용한 정보는 도마다 운영하는 기

1　소득 구간이란 맞춤형 학자금 지원을 위해 신청 학생 가구의 재산, 소득을 조사하고 기준 중위소득을 고려해
　소득을 10개 구간으로 설정한 제도다. 복지로, 《2019 나에게 힘이 되는 복지 서비스》(2019), 126.

숙사를 신청하는 방법이다. 지방 출신 학생들은 다음에 표시한 해당 도와 시에서 운영하는 기숙사를 찾아서 지원해보자.

> ▶ 남도학숙(www.ndhs.or.kr)
> ▶ 충북학사(www.cbhs.kr)
> ▶ 탐라영재관(http://www.jeju.go.kr)
> ▶ 강원학사(injae.gwd.go.kr)
> ▶ 경기도장학관(www.gbfh.co.kr)
> ▶ 전라북도 서울장학숙(seoul.jbdream.or.kr)
> ▶ 전주 풍남학사(https://www.jeonju.go.kr/index.9is?contentUid=9be517a74f8de
>   e91014f95aedaa21493)
> ▶ 화성시 장학관(www.hstree.org/c03/c03_00.php)

지방 출신 학생은 1년간 대학 기숙사 입주가 가능하고, 2학년 부터는 성적 우수자들만 입주할 수 있다. 열심히 공부해서 기숙사에 입주하는 것이 경제적으로 이득이다. 방학 동안 부지런히 아르바이트를 하면 한 학기 생활비, 식비, 교통비, 교재비를 모을 수 있다.

교육부의 학생부종합전형 입시결과 보고서에 따르면 서울 시내 13개 대학 신입생 중에서 소득 8구간 이하(기초생활수급자·차상위 포함)의 국가장학금 수혜자 비율은 4년 평균 30.1%, 3구간 이하는 13.2%로 나타났다(교육부 학생부종합 조사단, 2019. 11. 5:27).

지방 출신 저소득층 자녀가 서울에 있는 대학에 진학했을 때 가장 힘든 점은 방 구하기와 월세 문제다. 학생들이 아르바이트로 용돈과 책값을 번다고 해도, 부모들은 자녀의 월세와 생활비로 매월 70만원 정도 송금해야 하는 것이 현실이다. 이러한 현실을 반영해 서울시가 청년임대주택정책을 내놓았으나 수요자에 비해 당첨이 어렵다는 단점이 있다. 대학생, 취업 준비생, 사회 초년생을 위해서 청년임대주택을 대폭 확대하는 정책적 배려가 필요하다. 뿐만 아니라 지방 거점도시 대학생들에게도 유사한 정책적 배려가 있어야 한다. 자녀가 대학을 졸업하기까지 들어가는 비용이 2억원이라고 가정할 때 이러한 교육복지정책, 주거정책 같은 제도적 배려가 병행되어 부모의 경제적 부담이 경감되는 효력이 발휘되기를 기대한다.

다문화가정의 교육전략은 따로 있다

part
IV

다문화가정 자녀를 위한
진로와 직업교육

문재인 정부의
교육복지정책

―― 국정기획자문위원회(2017)는 국정 운영 5개년계획에서 '국가가 책임지는 보육과 교육'을 국정전략으로 설정하고 교육격차 개선정책으로 다양한 국정과제와 실천과제를 제시했다. 특히 '유아기부터 대학까지 교육의 공공성 강화'를 국정과제로 삼고 유아교육 국가 책임 확대, 온종일 돌봄체계 구축, 고교 무상교육 실현, 대학 등록금 및 주거비 부담 경감을 실천과제로 설정했다. 세부적으로 문재인 정부 교육복지의 방향성은 다음과 같이 요약할 수 있다.

첫째, 국정기획자문위원회(2017)는 저소득층, 사회적 취약계층의 교육평등을 위한 '교육의 희망 사다리 복원'을 목표로 사회적 배려 대상자 대입 지원, 사회 취약계층 교육 지원, 고졸 취업자 지원 확대, 학력·학벌주의 관행 철폐를 실천과제로 설정했다. 문재인 정부 교육복지정책의 특징은 저소득층 초중고 학생 교

육비 지원 및 고교 무상교육 실현을 목표로 한다(교육인적자원부, 2017a:5).[1]

둘째, 교육당국은 학습부진, 학습결손을 겪고 있는 다문화가정 학생들이나 저소득층 가정 학생들의 학습동기와 학습능력을 향상시킬 지원 방법 마련에 관심을 기울여야 한다. 심각한 학습결손, 학습 부적응 상태에 놓인 다문화가정 자녀들이 학교수업의 어려움을 해소할 수 있도록 교과목마다 개념과 내용 이해의 어려움을 해소해줄 학습 지원이 필요하다. 2019년 6월 교육인적자원부는 전국의 중3, 고2 학생 가운데 3%(2만 6,225명)를 대상으로 학력평가를 실시했다. 그 결과 중3은 학력 미달 학생의 비율이 국어 4.4%, 수학 11.1%, 영어 5.3%로 나타났고 고2는 국어 3.4%, 수학 10.4%, 영어 6.2%로 나타났다.[2] 이번 조사결과는 수학에서 기초학력 미달 중고교생이 10%를 넘었다는 점에서 충격을 주었는데 이러한 현상은 2006년 이후 처음이다. 사교육 천국 한국에서 70% 이상의 중고교생이 사교육을 받는데도 왜 수학에서 이처럼 학력 미달인 학생들이 10%가 넘을까? 진지한 고민과 반성이 필요하다. 기초생활수급 학생이 많은 학교가 적은 학교보다 낮은 학업성취도를 보이고 있고, 이러한 차이는 상급학교로 갈수

---

[1] 설세훈, 〈포용사회를 위한 현 정부 교육복지정책 교육의 공공성 강화를 통한 모두가 행복한 교육 만들기〉, 《교육개발》 45(5)(한국교육개발원, 2018), 9.

[2] 동세호, 〈중고생 기초학력 계속 하락⋯원인 분석도 못 하는 교육부〉, 《SBS 뉴스》(2019. 3. 28).

록 벌어지고 있다(교육인적자원부, 2017:9)[3]

셋째, 학습부진 학생에 대한 대안을 마련해 교육격차를 해소할 수 있도록 질적 개선 프로그램의 개발이 절실히 필요하다. 소외계층 학생들을 통합적으로 지원하기 위해 학생들의 교육적 경험을 체계적으로 관리하고 지원할 필요가 있다(설세훈, 2018:22). 문제는 사각지대에 방치된 학생들의 학습결손과 학습부진, 심리적·정서적 문제, 불우한 가정환경에서 어려움을 겪는 학생들을 어떻게 발굴하고 현실적으로 지원할 것인가 하는 데 있다. 사회복지사의 지속적인 생활 밀착형 모니터링 그리고 학교에서는 교사와의 상담을 통해 이중 삼중으로 어려움을 겪는 학생들을 발굴하고 지원책을 강구해야 한다. 문제 개선을 위해 학생들의 교육적 경험들을 체계적으로 관리하는 시스템을 구축하고 지속적으로 질을 관리하는 시스템을 도입할 필요가 있다.

넷째, 교육부는 〈2022학년도 대입제도 개편 방안〉을 안정적으로 추진해 학생·학부모의 예측 가능성을 높이고, 대입전형의 공정성 및 투명성 강화 및 단순화를 지속 추진해 입시 부담을 경감할 예정이다(교육인적자원부, 2019. 3. 13:9). 또한 대학의 평가 기준과 선발결과 공개를 확대해 대입과정의 투명성을 높이기로 했다. 아울러 교육부는 대입전형의 단순화를 지속 추진할 예정

---

3 기초학력 향상 지원 사이트 꾸꾸(http://www.basics.re.kr/), 학습부진 학생의 자기주도학습 지도. http://www.basics.re.kr/eduClass/view.do?eduBoard=17&eduSeq=121&s=kucu&m=040502

이다. 교육 유발 요인이 크다고 지적되는 논술전형·특기자전형 축소를 지속 추진해 대입전형 방법을 단순화하며, 전형 명칭 표준화를 통해 학생 및 학부모의 대입전형에 대한 이해를 용이하게 할 것이다. 대입정보포털(어디가ADIGA) 기능 고도화, 찾아가는 대입 설명회(600회), 대입상담센터 운영 등을 통해 대입정보 안내도 강화한다.

교육부는 자사고 및 특목고 학생들이 일반고 학생보다 입시에 더 유리하다는 비판에 따라 학생부종합전형에 필수인 〈학교생활기록 작성 및 관리 지침〉을 개정(2019. 1. 18. 개정, '19. 3. 1. 시행)해 과도한 경쟁과 사교육을 유발하는 항목과 요소를 정비하고 정규 교육 과정 교육활동 중심의 학생부 기록이 이루어지도록 했다(교육인적자원부, 2019. 3. 13:10).

> ▶ 수상 경력·자율 동아리 : 대입 제공 수상 경력 개수를 학기당 1개로 제한, 자율 동아리는 학년당 1개에 한해 객관적으로 확인 가능한 사항만 기재
> ▶ 소논문 : 학생부 모든 항목에서 소논문 기재를 전면 금지
> ▶ 봉사활동·청소년단체 활동·스포츠 클럽 : 학교 교육계획에 따라 정규교육 과정에 포함된 활동 중심으로 기록

다섯째, 교육인적자원부가 제공하는 방과후교육 프로그램이란 학생과 학부모의 요구와 선택을 반영해 수익자 부담 또는 재정 지원으로 이루어지는 정규수업 이외의 교육 및 돌봄활동(교육

부 고시 제2013-7호 및 제2015-74호)이며, 학교계획에 따라 일정한 기간 동안 지속적으로 운영하는 학교교육 활동이다(최윤정 외, 2018: 374, 377). 교육인적자원부는 저소득 가정 학생들에게 연간 60만 원의 방과후학교 자유수강권을 지원해 학생들 자신이 원하는 방과후학교 프로그램을 선택 수강하도록 지원한다. 어려운 여건의 학생들에게는 방과후학교 수강료를 지원하지만 기본적으로는 수익자 부담을 원칙으로 한다. 방과후학교의 세부목표는 예체능 등을 통한 소질·적성·진로 계발과 교과의 심화 및 보충 등 다양한 사교육 수요를 흡수 대체해 사교육비를 경감하는 것이다. 교육인적자원부는 도시 저소득층과 농어촌 소재 학생에 대한 방과후학교 수강 지원을 확대해 교육격차를 완화하고, 돌봄이 필요한 학생들에게 돌봄 서비스를 제공하며, 지자체와 대학 등 지역의 인적·물적 자원을 활용해 지역사회 학교를 실현하는 것을 세부목표로 설정하고 있다.

필자는 교육복지 차원에서 현재 교육인적자원부가 지원하는 방과후학교의 학습 보충 기능을 더욱 적극적으로 지원할 것을 교육당국에 제안하고 싶다. 수학 등 위계를 가진 교과목의 경우 전 학년, 전 학교부터 누적된 학습결손을 정규수업만으로는 극복하기가 쉽지 않다. 1수업 2교사제, 방과후학교 등을 활용해 교육과정에 근거한 학생별 성취 수준에 따라 개개인의 학습을 보완하는 교육을 제공하는 방향으로 개선될 필요가 있다(박경호,

2017:219). 통계청(2019)의 조사에서도 유·무상 방과후학교 참여율은 51.0%에 불과하다. 학교급별로 유상 방과후학교 참여율은 초등학교 49.4%, 고등학교 43.5%, 중학교 16.1%로 나타났다. 초등 저학년 다문화가족 자녀 중에서 전체의 58.1%만이 방과후학교 프로그램에 참여하고 있다(최윤정 외, 2018:45).

교육인적자원부는 '모든 아이는 우리의 아이'라는 교육철학 아래, 고른 교육기회를 달성할 수 있도록 다문화학생 교육의 사각지대 해소가 필요하다고 보고 다문화교육정책의 방향을 다음과 같이 제시했다.[4] 뿐만 아니라 교육인적자원부는 다문화가정 학생들에 대한 보다 안정적인 교육 지원을 위해 (가칭) 〈다문화교육지원법〉 제정 등 관련 법령도 정비할 계획이다.[5] 2019년 시행 중인 교육인적자원부의 다문화교육정책을 살펴보면 다음과 같다.

첫째, 유아기부터 맞춤형 다문화 지원을 확대하고 성장주기별 지원을 강화하는 것에 초점을 두고 다문화유치원을 17개 전체 시·도 90개원으로 확대했다.[6] 학교생활 적응은 학습부터 시작한다. 이를 위해서는 어린 시절부터 양질의 교육을 받을 수 있는 기회를 제공하고 누적적인 학습결손을 예방하기 위해 유아교육부터 내실화해야 한다. 맞벌이가정 자녀를 위해 누리과정의 질을 향상

---

4 교육인적자원부, 《2018년 다문화교육지원계획》(세종: 교육인적자원부, 2018. 2), 1.

5 안민석 의원 외 발의, 〈다문화교육지원법안〉, 《의안법안 14745》(2018. 8. 6).

6 여성가족부, 《2018년 청소년백서》(세종: 여성가족부, 2018), 386.

시켜서 '엄마품 온종일 돌봄교실' 운영을 활성화하고 지역아동센터의 질적 개선도 지원하는 방안을 수립했다(교육인적자원부, 2018:9).

둘째, 교육인적자원부는 학교 구성원의 다문화 이해를 돕기 위해 모든 학생을 대상으로 연간 2시간 이상 다문화교육 관련 교과·비교과활동을 실시하고 다문화교육을 실시하는 다문화 중점학교를 확대하고 있다(교육인적자원부, 2018:5). 특구 내 다문화학생 밀집학교를 시범학교 등으로 지정, 교육과정 편성·운영의 자율성을 부여하고, 지역 여건에 맞는 프로그램을 운영할 수 있도록 할 예정이다(교육인적자원부, 2018:11). 교육인적자원부는 다문화교육 활성화 기반 마련을 목표로 지역다문화교육지원센터(13개)에서 지역 맞춤형 다문화교육을 추진하고 있으며 시·도 교육청 평가를 통해 시·도 교육청의 책무성을 제고하고 있다(교육인적자원부, 2018:3, 8). 중앙다문화교육센터가 운영하는 '다문화교육 포털'(nime.or.kr)을 다문화교육 허브 공간으로 개편 추진한다(교육인적자원부, 2018:17).

셋째, 다문화가정 학생 중에서 품행이 단정하고 학업 성적이 우수한 학생들은 잠재능력을 개발해 우수 인재로 성장할 수 있도록 특화교육 프로그램을 제공하기로 결정했다. 교육인적자원부는 다문화학생의 강점 개발을 위해 글로벌브릿지를 확대 운영하고 이중언어 말하기 대회를 주최하고 있다(교육인적자원부, 2018:6; 최윤정 외, 2018:387).

넷째, 교육인적자원부는 중도 입국·외국인 가정 학생들이 공교육에 진입하도록 한국어·한국문화 교육을 위한 예비학교를 160개 학급으로 늘려 확대하고 한국어(KSL) 교육과정을 개정했다(교육인적자원부, 2017a:8). 다문화가정 자녀 중에서 학습 부적응이 가장 심각한 그룹은 중도 입국, 외국인 가정 자녀들이다. 한국어 능력이 부족하고 입국 초기인 중도 입국, 외국인 가정의 경우, 외국어 능력을 갖춘 대학생을 멘토로 선발해 학생의 모국어로 멘토링을 실시하는 방안도 마련했다. 한국어 학습을 지원할 수 있도록 학교와 일상생활 표현 및 어휘를 정리한 교재(초등·중등)를 배포했다. 한국어가 미숙한 다문화학생이 가능한 언어로 교육을 받을 수 있도록 다문화언어 강사의 활용, 이중언어 교과서 편찬, 이중언어 몰입교육을 제공하고 있다.[7]

다섯째, 교육인적자원부는 다문화학생의 특성에 맞춘 심리·정서상담 및 진로 탐색을 지원하는 '전문상담 역량 강화 시범사업'을 확대(경기·충남·전남에 인천을 추가)해, 다문화학생의 특성을 고려한 상담을 실시하고 있다. 시·도 교육청의 지역 여건에 따라 전문상담(교)사의 상담 역량을 강화하고 다문화학생을 대상으로 찾아가는 상담을 실시하고 있다. 일선 학교에서는 교사들이 '다문화학생 전문상담 현황 및 사례 분석 연구'를 개발 제작해 다문화

---

7 장인실, 〈한국 다문화교육정책의 방향〉,《교육개발》 제45집 제5호(한국교육개발원, 2018), 27.

다문화가정의 교육전략은 따로 있다

학생 상담 절차를 활용할 수 있도록 안내하고 있다. 사각지대에 방치된 저소득층 다문화가정 자녀, 보호와 돌봄이 필요한 다문화자녀의 심리치료와 상담, 직업교육에 촘촘하게 지원하는 프로그램을 개발할 필요가 있다.

여섯째, 교육인적자원부는 다문화학생들의 학교 부적응과 학습부진 개선 그리고 기초학력 보장을 위해 초등학교 입학 예정인 다문화학생의 학교생활을 지원하는 징검다리학교(학습부진 학생의 학습, 정서, 복지 등 다중적·통합적 지원을 위한 학교 내 지원 시스템)를 도입했다(교육인적자원부, 2018:10). 반드시 알고 넘어가야 할 학습 내용을 제때 배우지 못한 학생들은 누적되는 학습결손으로 인해 상급학교에 진학할수록 지속적으로 학업에 어려움을 겪으면서 학습에 대한 흥미를 상실하고 결과적으로 상위 그룹 학생들과의 교육격차가 점점 더 벌어질 수밖에 없는 악순환이 반복된다(교육인적자원부, 2017a:9). 다문화가정 청소년의 이러한 교육격차와 학력 차이에 관한 대책 마련이 필요하다는 의견에 따라 학교급별·과목별로 다문화학생이 어려워하는 중학교 수학·과학 교과의 주요 개념 및 어휘를 알기 쉽게 설명한 보조교재를 신규 개발하고 기초학력이 부족한 다문화학생들에게 보급할 예정이다(교육인적자원부, 2018:10).[8]

일곱째, 교육인적자원부는 대학생 멘토링제도를 도입 및 운영

---

8 최인재·오수연, 〈청소년의 학업성취에 영향을 미치는 관련 변인들의 구조적 관계: 부모 지원, 자아존중감 및 학교 적응을 중심으로〉, 《미래청소년학회지》 7(3)(한국청소년정책연구원, 2010), 95~11.

하고자 한다. 대학생 멘토는 다문화학생의 학습, 숙제 지도, 고민상담을 지원하고 멘토에게는 활동시간당 1만 2,500원의 근로장학금을 지급하도록 규정했다. 지도교수의 추천을 받은 90개의 참여 희망대학의 대학생들에게 초중고 다문화학생과 1:1 우선순위로 매칭을 주선하고 있다. 이때 시간대와 교과목을 고려해 저소득층 · 한부모가정, 기초학력 부족 학생 등 취약계층 다문화학생이 멘토링 혜택을 누릴 수 있도록 했다(교육인적자원부 2018:10~11). 다문화학생 진로 탐색을 위해 어울림 원격 영상 진로 멘토링을 시작했지만, 체계적으로 수학 학습부진 학생들의 학력을 진단하고 적절한 학습기회를 제공해 고등학교 수학을 이해하기 위해 필요한 중학교 및 초등학교 단계의 수학 학습능력을 보완해줄 수 있는 진단 및 보정 자료가 필요하다(노원경·박지선·오택근, 2017:124).

여덟째, 다문화가정 학생들이 학교생활에 흥미와 즐거움을 느끼고 잘 적응하려면, 교사의 이해와 적극적인 역할이 가장 중요하다. 개별 교과만을 담당하는 입시경쟁 위주의 공교육 현장에서 교사가 다문화가정 학생들의 어려움을 세세하게 살핀다는 것이 결코 쉽지 않은 현실이다. 교사들이 다문화가정 학생의 특성을 이해하고 적절한 지도를 하도록 교육연수를 확대하는 것도 필요하다.[9]

---

9 다문화교육지원단과 교사의 자발적 연구를 지원하고 내실화를 도모하기 위해 다문화교육 교사연구회를 운영하거나 다문화교육 우수 사례 공모전(2017. 9~11월)과 다문화교육 포럼 및 성과 보고회(2017. 12월)를 개

다문화가정의 교육전략은 따로 있다

이와 같이 다문화교육에 대한 계획은 장기적 관점에서 점진적으로 개선될 것이다. 문제는 학습결손 현상, 학습부진 현상, 학교 부적응 현상에 노출된 다문화가정 학생들이 짊어진 다양한 어려움들을 해결하기 위해서 교육복지 사업을 시행하는 시민단체, 전문적 역량을 갖춘 강사, 지역사회와 교육청, 민간단체들이 협력해 학습 멘토링과 학습 코칭을 실시하는 것이다. 이는 교육 격차를 줄일 수 있는 사회적 자본으로서의 기능과 역할을 수행할 수 있을 것이다.

최해 다문화교육 성과를 확산하도록 정책적으로 독려하고 있다. 교육인적자원부, 《2018 다문화교육지원계획》(세종 : 교육인적자원부, 2018), 3, 5, 7, 9.

자녀에게 도움이 되는
교육 지원 서비스

—— 현재 교육인적자원부는 형편이 어려운 아이들도 희망을 품고 공부할 수 있도록 교육급여 및 교육비를 적극적으로 지원하고 있다. 교육급여란 기초생활수급자에 대해 적정한 교육의 기회를 제공해 자립할 수 있는 능력을 배양하고 가난의 대물림을 차단하는 교육 서비스이다.[1] 학교 또는 시설(초중고, 특수학교)에 입학 또는 재학하는 생계·의료·주거·교육급여 수급자와 의사상자의 자녀에게 교육급여를 지원하는데 2019년에는 최저 교육비[2]를 100% 수준으로 인상할 계획이다.

첫째, 어떻게 하면 교육급여를 받을 수 있을까? 교육인적자원부는 기준 중위소득 50% 이하 가정의 초중고 학생들에게 교재

---

1 보건복지부 교육급여, http://www.bokjiro.go.kr/wellInfo/retrieveGvmtWellInfo.do?wellInfSno=281

2 사회 구성원으로서 자아를 실현하고 정상적으로 사회생활을 수행할 수 있는 수준의 교육을 위해 지출되어야 하는 최소한의 비용.

다문화가정의 교육전략은 따로 있다

비·부교재비, 학용품비, 고교 수업료와 입학금, 급식비, 방과후 수강권 및 교육정보화 지원 등을 공급하는 국가 의무지출 성격의 사업을 시행함으로써 이미 약 78만명의 저소득층 학생들에게 혜택을 주고 있다.

[표 4-1] 교육급여(기준 중위소득 50%)

(보건복지부·국토교통부·교육부, 《보도자료》, 2019. 7. 30, 2)
(보건복지부, 《보건복지부 고시 제2018-144호》, 2018. 7. 24)   단위: 원

구분	1인 가구	2인 가구	3인 가구	4인 가구	5인 가구	6인 가구
2019	85만 350	145만 3,264	188만 16	230만 676	273만 3,520	316만 272
2020	87만 859	149만 59	193만 52	237만 458	281만 3,886	325만 3,184

교육급여에 대해 살펴보면 2019년 기준으로 1인 가구는 85만 350원, 2인 가구는 145만 3,264원, 3인 가구는 188만 16원, 4인 가구는 230만 676원, 5인 가구는 273만 3,520원, 6인 가구는 316만 272원이다. 읍·면·동 주민센터에 직접 방문해서 신청하거나 인터넷으로 신청하면 교육급여 혜택을 받을 수 있다.[3] 이는 저소득층 다문화가정에는 매우 유용한 복지 시스템이다. 학기초에 학교에서 알림장이 발송되므로 잘 읽어보고 주민센터에 가서 신청하면 지속적으로 교육급여 혜택을 받을 수 있다.

---

3 교육급여 신청하기, https://online.bokjiro.go.kr/apl/info/aplInfoApplEduView.do

【표 4-2】 교육급여 지원 내용

(복지로, 《2019 나에게 힘이 되는 복지 서비스》, 120)

구분	부교재비	학용품비	교과서	입학금 및 수업료
초등학생	132,000	71,000	–	–
중 학 생	209,000	81,000	–	–
고등학생	209,000	81,000	해당 학년의 정규교육 과정에 편성된 교과목의 교과서 전체	학교장 고지 금액 전액
지급 방법	연 1회	연 1회	연 1회	입학금은 입학 시 1회, 수업료는 분기별 지급

【표 4-3】 기타 교육급여 서비스

(복지로, 《2019 나에게 힘이 되는 복지 서비스》, 118~119, 121~122)

구분	학교 우유 급식 급식비 지원	아동 급식	방과후학교 자유수강권	초중고 학생 교육정보화 지원	여성 청소년 보건위생 물품 지원
지원 대상	기초생활수급권자 · 차상위계층 · 한부모가족 등 저소득 가구의 초중고 학생 자녀				
지원 내용	학기 중 중식비 지원, 학기 중·방학 중 우유 지원	단체급식소, 일반 음식점 이용, 도시락 배달, 부식 지원, 식품권 제공	원하는 방과후 학교 강좌 선택 수강 1인당 연간 60만원 이내	가구당 컴퓨터 1대, 인터넷 통신비 월 1만 7,600원 지원	보건위생 물품 구입비로 월 1만 500원, 연 최대 12만 6,000원의 국민행복카드 바우처 포인트 지원

　　일본의 경우 '취학원조제도'를 통해 다양한 교육활동비까지 지원함으로써 저소득층 학생의 교육기회 보장을 강화하고 있는데, 참고할 만하다. 일본의 교육복지는 한국보다 더욱 다양한 지원이 이뤄진다는 특징이 있다. 저소득층 학생을 위한 교육복지를 위해서 교육인적자원부가 더욱 꼼꼼하게 세부적 지원 내용을 보완할 필요가 있다.

[표 4-4] 일본의 의무교육 단계 취학원조제도 지원 단가(문부성, 2015)

(교육인적자원부, 2017. 3. 8, 5)

항목	학용품비	통학용품비	교외활동비	체육실기공구비	수학여행비	교통비	클럽활동비	학생회비	PTA회비	의료비	급식비	보조급식비	우유급식비
초등학생	11만원 (20만원)	2만원	3만원	스키 26만원, 스케이트 11만원	21만원	39만원	2만원	4만원	3만원	12만원	51만원	39만원	8만원
중학생	22만원 (23만원)	2만원	6만원	유도 7만원, 검도 51만원, 스키 37만원, 스케이트 11만원	57만원	79만원	29만원	4만원	4만원	12만원	60만원	44만원	8만원

둘째, 아동수당은 0세부터 만 6세 미만(0~71개월)의 아동에게 월 10만원씩 지급함으로써 아동의 건강한 성장환경을 조성해 아동의 기본적 권리와 복지 증진에 기여하기 위해 도입되었다. 보호자 또는 대리인이 아동의 주민등록상 주소지 읍·면·동 주민센터에 신청하면 아동수당을 지급받을 수 있다.[4] 아동수당은 2019년 9월부터 만 7세 미만으로 확대되었다. 조부모, 외조부모 등이 아동을 돌보더라도 양육비 지원 등으로 부모로서 의무를 하고 있으면 보호자에 해당된다. 부모가 사망, 이혼, 가출, 관계 단절, 교정시설 입소, 중증질환, 해외 체류 등으로 아동을 보호할 수 없는 경

---

4 아동수당 신청하기, http://www.ihappy.or.kr/

우에는 사실상 아동을 보호, 양육하는 사람이 보호자가 된다. 아동의 보호 상태에 따라 조부모 또는 외조부모, 친인척(삼촌, 이모 등), 위탁부모, 예비 양부모, 아동시설장 등이 보호자가 될 수 있다. 보호자의 친족 등은 보호자의 대리인이 되어 아동수당을 신청할 수 있다. 이때 가족관계등록부 등 가족관계를 입증할 수 있는 서류와 보호자의 위임장을 함께 제출해야 한다. 사회복지 전담 공무원, 시설 입소 아동인 경우 시설 종사자도 해당된다. 보호자가 부모가 아니라면 읍·면·동 주민센터를 방문해서 신청해야 한다.

셋째, 교육인적자원부는 맞벌이, 저소득층, 한부모가정의 부모가 안심하고 생업에 종사할 수 있도록 초등학생 자녀를 대상으로 방과후에 자녀를 돌봐주는 초등돌봄교실을 운영하고 있다(복지로, 2019:116). 초등돌봄교실의 프로그램은 창의성을 높이기 위한 단체활동 프로그램 및 숙제, 독서, 휴식 등 개인활동을 지원한다. 또한 교육급여, 한부모가정, 조손가정, 다문화가정, 장애가정 등 지역사회 내 방과후 돌봄 서비스를 필요로 하는 만 18세 미만의 아동을 대상으로 지역아동센터를 지원하고 있다. 지역아동센터는 아동 보호(안전교육, 급식 제공), 교육 기능(일상생활 지도, 학습능력 제고), 정서적 지원(상담, 가족 지원), 문화 서비스(체험활동, 공연), 지역 연계(인적, 기관 연계) 프로그램을 운영한다(복지로, 2019: 117). 초등학교 4학년~중학교 3학년을 대상으로는 청소년 방과

후 아카데미 운영을 지원하는데 학습 지원, 캠프, 다양한 전문체험 활동 프로그램(예술, 과학, 진로 개발, 봉사, 리더십 개발, 동아리활동)을 운영한다(복지로, 2019:117). 특히 교육인적자원부는 만 19세 미만, 학령 전환기 청소년(초4, 중1, 고1) 가운데 인터넷, 스마트폰을 과다하게 사용하는 청소년을 대상으로 스마트폰, 인터넷중독에 관한 상담, 치유를 지원하는 프로그램을 운영하고 있으며, 기준 중위소득 60% 이하 가정의 중독 고위험군 청소년의 치료비도 지원하고 있다(복지로, 2019:145).

넷째, 2003년부터 시작된 교육복지 우선지원사업[5]은 지역아동센터(보건복지부), 방과후학교(교육부), 두드림존(여성가족부), Wee프로젝트 사업이다. 교육인적자원부는 심리적·정서적 문제로 학교부적응 등 어려움을 겪고 있는 학생(학교폭력, 학업 중단 위기, 학습부진, 따돌림, 대인관계 부적응, 비행 등) 및 학생과 관련된 상담을 희망하는 보호자와 교사를 대상으로 Wee클래스·Wee센터·Wee스쿨 상담 지원을 운영하고 있다(www.wee.go.kr). Wee프로젝트는 학교적응 지원 및 학업 중단 예방을 위한 심리검사, 상담, 체험 프로그램을 제공한다.

주목할 만한 것으로 만 9~24세의 위기 청소년이 가정, 학교, 사회로 안전하게 돌아갈 수 있도록 상담, 보호, 교육, 자립

---

5 교육부는 교육격차 해소를 중심으로 사교육비 경감과 학습, 심리적 역량 개발, 보건복지부와 여성가족부 사업은 가정과 학교의 기능을 보완하는 것을 목적으로 하고 있다.

[표 4-5] Wee프로젝트

(복지로, 《2019 나에게 힘이 되는 복지 서비스》, 146)

구분	지원 내용
Wee클래스 (학교)	잠재적 위기 학생을 대상으로 개인상담, 집단상담, 교육 프로그램, 심리검사, 자문 수행
Wee센터 (지역교육지원청)	학교에서 의뢰한 위기 학생 및 상담 희망 학생 진단 상담, 치유 원스톱 서비스, 심층심리검사, 정서행동 특성검사 후속 상담, 지역사회 연계 등 서비스 제공
Wee스쿨 (시·도 교육청)	장기위탁교육, 고위험군 학생의 장기간 치유 및 교육, 교과활동, 직업진로교육, 방과후활동, 상담활동 등 프로그램 운영
가정형 Wee 센터 (시·도 교육청)	이혼, 방임, 학대 등 가정적 요인으로 학업 중단 위기에 놓인 학생을 대상으로 돌봄(주거)·상담·교육통합 지원 서비스 제공

등 맞춤형 서비스를 제공하는 지역사회 청소년 통합지원체계 (Community Youth Safety-Net：CYS-Net) 프로그램이 있다. 이 프로그램은 위기 청소년의 통합 지원 및 연계 협력, 상담 및 활동 지원, 청소년 전화 1388 운영, 긴급 구조, 일시 보호, 교육 및 자립 등의 맞춤형 서비스를 제공한다(복지로, 2019：147). 청소년의 일상적 고민, 다양한 위기(가족 갈등, 교우관계 문제, 학업 중단, 가출, 인터넷중독, 진로 및 학업문제)를 겪고 있는 청소년에게 상담 서비스를 제공하는 청소년 전화 1388도 운영되고 있다(복지로, 2019：147). 교육인적자원부는 가족 해체, 학교폭력 및 가정폭력, 비행범죄 등으로 가출해 가정의 돌봄을 못 받는 청소년을 대상으로 청소년 쉼터를 운영 지원한다(복지로, 2019：48). 그 내용은 의식주 생활 보호, 의료 및 법률자문 지원, 진로 탐색 및 직업 지도, 직업훈련 및 취업 지

원, 검정고시와 학업 복귀 지원 등 개별 가출 청소년에게 필요한 맞춤형 서비스를 제공하는 것이다. 임시 쉼터는 24시간~7일, 단기 쉼터는 3개월 이내, 중장기 쉼터는 3년 이내로 운영된다.

다섯째, 보육시설을 이용하는 만 0~5세 다문화가족 아동을 대상으로 월 22만~45만 4,000원의 다문화아동 보육료를 지원하고 있다(복지로, 2019:273). 보건복지부는 만 12세 이하 다문화가족 자녀를 대상으로 언어 발달 정도를 평가한 후 어휘, 대화, 읽기 등 언어 발달 촉진교육을 목적으로 언어 발달 교육을 지원한다(복지로, 2019:276). 초중고에 재학 중인 다문화가정 자녀와 탈북 학생을 대상으로 한국어 기초학습 지도, 학교생활 및 진로 관련 상담과 놀이학습, 한국문화 체험 등의 멘토링도 지원한다. 이때 학기당 450시간 이내, 1일 8시간, 주당 20시간, 방학 중 주당 40시간의 활동시간을 지원한다(복지로, 2019:275).

대학에 진학하지 않아도
성공하는 사회

—— 모든 부모는 자녀가 공부를 잘해서 상위권 대학, 대기업에
입사하고 성공적으로 사회에 적응하는 것을 꿈꾼다. 출생부터
볼 때 출발점은 동일하지만 자녀들 인생의 결과는 저마다 다르
다. 그 이유는 어떤 가치관으로, 어떤 방식으로 교육하느냐에 따
라 자녀의 미래가 달라지기 때문이다. 초기 다문화가정이 배출
되었던 1990년대 초반에는 다문화가정의 자녀교육에 대한 관심
이 높지 않았고 정부 차원의 지원도 부족했다. 연구자들이 다문
화가정의 실태를 연구하면서 교육인적자원부도 다문화가정 자
녀의 교육 문제에 관심을 갖고 정책을 수립하게 되었다. 1990년
대 초반 한국에 입국한 결혼이주 여성들의 자녀는 그만큼 시행
착오를 많이 겪으면서 자녀를 양육했는데 이 시기에 출생한 자
녀들이 이제는 대학을 졸업하고 직장인이 되거나 결혼을 하는
세대에 진입하고 있다.

그런데 한국사회는 성적지상주의, 학벌지상주의, 혈연, 학연, 지연으로 얽힌 공동체의 특성을 가진다. 중산층 가정은 너 나 할 것 없이 유치원부터 영어를 가르치거나 한글 선생님을 통해 한글을 교육한다. 상류층은 자녀를 월 몇백 만원짜리 영어유치원에 보내어 조기교육을 시킨다. 한국 부모의 뜨거운 교육열은 경제개발 과정에서 성장동력이 되기도 했고, 전 국민에게 보편적 교육 확대를 이루었다는 긍정적 측면도 있다. 그러나 그 이면에는 사교육비를 감당하기 위해 중산층 부모들이 노후 준비를 포기하거나 저소득층의 경우 높은 사교육비를 감당할 수 없어서 교육격차가 발생하는 부작용도 빚어졌다.

특히 저소득층이 많은 농어촌 지역 다문화가정에서는 자녀교육에 경제력을 집중 투자할 여력이 없다. 다문화가정 자녀가 한국사회에 정착해 건강한 시민으로 살아가려면 양질의 직업을 선택해 생활이 안정되도록 하는 관점의 전환이 필요하다. 즉 대학 진학에 목숨을 걸고 노후자금까지 투자하기보다 자녀의 재능, 특기, 적성을 고려해 어릴 적부터 관심 있는 분야에서 재능을 꽃피우고 이를 바탕으로 직업을 선택하도록 직업교육을 통해 미래 설계를 돕는 것이 훨씬 현실적이다.

미국의 칼리지 서밋(College summit) 프로그램은 각 학교에서 학생을 선발해 대학 진학 관련 교육을 실시한다. 프로그램에 참여한 학생들이 학교로 돌아가 '3개 대학 이상 지원', '장학금 지원서 작성', '장래희망과 대학 연결고리 찾기' 등의 캠페인을 벌여 학교 내 대학 진학 분위기를 조성하도록 권유하고 있다.[1]

다문화가정·탈북 학생들은 일반 학생에 비해 학업 중단율이 높은 상황이며, 교우관계 및 학업 등의 문제로 학교생활에 어려움을 겪는 학생들이 상당수 있다. 2015년 학업 중단율을 살펴보면 일반 학생은 0.77%인 데 비해 다문화가정 학생은 0.85%, 탈북 학생 2.2%로 나타났다(교육인적자원부, 2017. 3. 8:7). 2015년 여성가족부 다문화가족 실태조사에 따르면 다문화가정 학생의 학교 부적응 이유는 친구들과 잘 어울리지 못해서(64.7%), 학교 공부에 흥미가 없어서(45.2%)로 나타났다. 2015년 통계청이 다문화가정 자녀의 학업 중단 이유를 조사한 결과에 따르면 학교 공부의 어려움과 학교생활 부적응 문제로 중도에 학업을 포기한 응답자는 38.04%로 나타났으며, 경제적 문제로 학업을 중단한 응답자는 23%에 달하는 것으로 나타났다.[2] 즉 61.04%가 학교생활 부적응과 경제적 문제로 학업을 중단했다는 것은 다문화가정 자녀들이 입시경쟁 시스템에서 소외되는 현실을 보여준다. 특히 고등학교에 진학 후엔 학업 중단율이 2017년 1.5%로 최근 3년간 계속 증가하고 있으며, 초등학교와 중학교에 비해 2배 이상 높

---

1 https://www.collegesummit.org (접속일자 2019. 8. 1).

2 통계청, 〈다문화가족 자녀가 한국에서 학교를 다니다 그만둔 이유〉(2016. 8. 17), http://kosis.
krtHtml/statHtml.do?orgId=154&tblId=DT_MOGE_1001300979&vw_cd=MT_ZTITLE&list_id/
sta=154_11779_30&seqNo=&lang_mode=ko&language=kor&obj_var_id=&itm_id=&conn_path=MT_ZTITLE

다문화가정의 교육전략은 따로 있다

다. 이는 학습부진이나 학습결손 현상과도 연계되는 현실을 반영하기 때문에 교육당국이 관심을 갖고 특단의 대책을 마련해야 한다.[3] 우리가 주목할 부분은 학업 관련 부적응 학생과 학교 규칙 위반, 대인관계 부적응을 이유로 자퇴한 학생들이다. 일반계 고등학교를 자퇴한 학생은 총 1만 5,069명 중에서 질병 729명, 가사 124명이며, 학업 관련 부적응 1,587명, 대인관계로 인한 부적응 179명, 학교 규칙 위반 138명, 기타 1,514명, 해외 출국 2,851명으로 학교 부적응 학생은 총 3,418명으로 나타났다(교육인적자원부, 2018:284). 고등학교 1학년 자퇴생은 7,802명, 2학년은 6,000명, 3학년은 1,267명이었으며, 특히 고등학교 1학년 때 학업 관련 부적응으로 자퇴를 선택한 학생이 838명으로 가장 높은 비율을 보였다. 이는 그만큼 학업 스트레스, 학업부진이 고등학생의 자퇴에 중요한 영향을 미치는 요인이기 때문이다. 학교폭력이나 학칙 위반으로 자퇴를 선택한 고등학생은 총 272명이며 이 중 학교폭력대책자치위원회 요청으로 퇴학당한 학생은 58명, 학칙 위반에 따른 징계는 214명으로 나타났다. 또한 제적 69명, 유예 71명, 면제 5명으로 나타났다(교육인적자원부, 2018:284).

다문화가족 자녀 중 만 15세 이상 자녀의 재학 여부와 취업 상태를 교차 분석한 결과, 전체의 71.2%는 전일제 학생(재학중)이고,

---

3 보건복지부, 《2018 통계로 보는 사회보장》(세종 : 보건복지부, 2018), 25.

[그림 4-1] 만 15세 이상 다문화가족 자녀의 재학×취업 상태(2015, 2018)

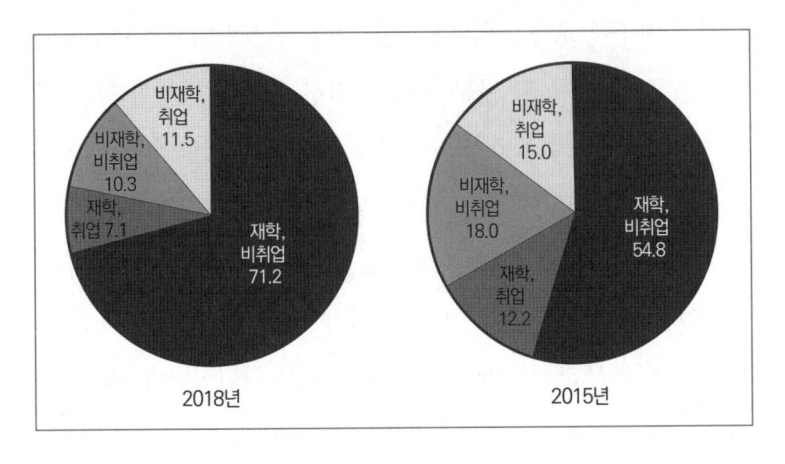

7.1%는 학교에 다니는 동시에 일을 하는 학생이며, 학교에 다니지 않고 취업하고 있는 비율은 11.5%, 학교도 다니지 않고 취업도 하지 않은 상태의 NEET 청소년은 10.3%인 것으로 나타난다(여성가족부, 2018: 641). 이 결과는 2015년 조사보다 높은 수치를 보여준다.

교육인적자원부뿐만 아니라 한국사회가 지속적인 관심을 갖고 주의 깊게 살펴보아야 할 대상은 다문화가족 자녀 가운데 학교에도 다니지 않고 취업도 하지 않은 NEET 상태인 자녀들이다. 연령별로는 15~17세(58.2%)가 18~24세(44.6%)에 비해 "특별히 하는 일이 없었다"는 응답률이 높다. 그 외 "무엇인가를 했다"고 응답한 경우, 18~24세의 경우는 "취업 준비를 했다"는 응답(20.2%)이 15~17세(7.8%)에 비해 높고, 15~17세(25.2%)는 18~24세(13.6%)에 비해

다문화가정의 교육전략은 따로 있다

"진학 준비를 했다"는 응답이 높아서 연령집단별 차이를 보여주고 있다(한국여성정책연구원, 2018: 643). 그 외 "군 입대 대기 또는 군 복무 중"이라는 응답은 18~24세가 7.9%였고, 15~17세에는 전혀 없었다. "귀화 준비를 한다"는 응답도 18~24세에서만 6.1%가 있었고, "한국사회 적응 프로그램 참여"라는 응답도 18~24세가 3.0% 있는 것으로 나타났다. 15~17세는 "가사 또는 육아"라고 응답을 한 경우가 7.1%로 나타났다. 문제는 미래를 위해 공부해야 할 15~17세의 청소년이 학교에 다니지 않고 가사나 육아를 한다면 비록 그 수가 소수일지라도 대안이 필요하다는 사실을 방증한다.

진학 준비를 하는 다문화가정 자녀의 경우를 살펴보면, 국내에서만 성장한 자녀의 18.5%, 외국 거주 경험자의 20.7%가 "진학 준비를 하고 있다"고 응답했다. 심각한 경우는 외국에서 주로 성장하다가 부모의 국제결혼으로 한국에 입국해 중고등 과정에 중도 입학하거나 중고등학교를 졸업한 자녀들이다. 이들 중에서 7.4%만이 "진학 준비를 하고 있다"고 응답했다. 이를 한국 국적과 관련해 살펴보면, 한국 국적이 없는 자녀의 52.2%는 특별히 하는 것이 없었고, 12%만이 "취업 및 진학을 준비한다"라고 응답했다.

따라서 외국에서 주로 성장하다가 한국에 입국했으나 현재 한국 국적이 없는 자녀들에 대한 대안이 필요하다. 저소득층 다문화가정 자녀들 중에서 할일 없이 놀거나, 미래에 대한 꿈을 갖지 못한 채 허송세월하거나, 직업교육이나 직업훈련을 받지 않는 경우는 그대로 방치했을 때 잘못된 친구관계 등으로 여러 가지 사회적 문제점을 노출할 수 있으므로 대책을 마련해야 한다.

이러한 현상은 한국여성정책연구원(2018:644)의 조사결과에서도 여실히 드러났다. "특별히 하는 일이 없었다"라는 응답은 50% 이상으로 나타났고, 취업 준비의 경우도 소득 수준이 낮은 집단의 응답 비율이 비교적 높게 나타났다. 이와는 달리 소득 수준이 높은 경우 진학을 준비한다는 응답률이 비교적 높은 것으로 보아 NEET 비율과 경제적 환경에 상관관계가 있는 것으로 보인다. 이들이 직업 없이 NEET족으로 살도록 방치해서는 안 되며 직업교육, 재능교육에 더 많은 사회적 관심과 지원책을 강구해야 한다.

교육인적자원부는 다문화가족 청소년, 국내 적응에 어려움을 겪는 북한 이탈 청소년, 중도 입국 청소년을 대상으로 하는 이주배경 청소년 지원 프로그램으로 맞춤형 정보 서비스, 입국 초기 지원교육, 진로 지원 및 직업훈련 프로그램, 통합상담 가족 연계 프로그램, 역량 강화 프로그램을 제공하고 있다.

보건복지부는 입국 5년 이하의 결혼이민자와 중도 입국 자녀를 대상으로 다문화가족 방문교육 서비스를 시행하고 있는데, 교육 내용은 생활언어를 익히고 한국문화를 이해할 수 있도록 한국어 교육 서비스를 제공하거나, 자녀양육과 관련한 교육·정보 서비스를 부모에게 제공하거나, 만 3~12세 이하 다문화가족 자녀와

【표 4-6】이주 배경 청소년 지원

(복지로, 《2019 나에게 힘이 되는 복지 서비스》, 152)

구분	내용
맞춤형 정보 서비스	이주 배경 청소년의 체류, 정착, 교육, 취업 진로, 생활 전반의 안내, 레인보우 스쿨(Rainbow School) 등 활동 프로그램, 통합상담, 사례관리 연계 및 기관 연계 지원
입국 초기 지원교육	중도 입국 청소년을 위한 한국어, 사회문화, 심리 프로그램 지원, 전일제 겨울학교, 여름학교, 주말 야간 프로그램 운영 및 북한 이탈 청소년 초기 적응을 위한 비교문화체험 및 동기 모임 실시
진로 지원 및 직업훈련 프로그램	진로 지원이 필요한 중도 입국 청소년을 위한 진로 탐색 및 직업훈련 (10대 후반부터 20대 초반 중도 입국 청소년 대상)
통합상담 가족 연계 프로그램	온오프라인상 일반 청소년 상담 및 찾아가는 상담 실시, 개인집단 맞춤형 상담 및 통번역 상담 실시, 이주 배경 청소년 가족의 관계 향상을 위한 가족캠프
역량 강화 프로그램	이주 배경 청소년의 심리적·정서적 안정과 학습능력 향상을 위한 멘토링, 이주 배경 청소년과 일반 청소년이 함께하는 '통·통·통' 통합캠프 실시

중도 입국 자녀를 대상으로 자녀생활 서비스를 제공하는 것이다 (복지로, 2019: 277).

　이렇듯 여러 가지 제도적 지원과 관심이 제공되므로 부모는 자녀의 성적이 나쁘다고 포기해서는 안 된다. 자녀의 꿈과 미래의 가능성을 믿으면서 재능 있는 분야에 매진하도록 지원하는 것이 훨씬 합리적이다. 아이들은 열두 번 변한다. 때로는 너무나 착하게 성장하다가도 어느 순간 중2병을 앓으면서 고집불통이 된다. 주변 지인들 자녀를 보면 중2병이 왔을 때는 부모와 싸우거나 방문을 걸어 잠그기도 하고, 고래심줄처럼 질기게 말을 안 듣고 반항하는 경우가 대부분이었다. 사춘기는 자연스럽게 겪어나가야 할 인생의 통과의례이기 때문에 적절히 받아들이고 소통하는 것이 필요하다.

청소년기는 진로 발달이 촉진되기 시작하는 발달 단계로 진로 정체감을 형성하고 확립하는 데 중요한 시기다.[4] 진로 정체감이란 직업과 관련해 자신의 목표, 흥미 및 능력에 대한 확신을 가지고 진로에 대해 명확하고 안정된 상을 갖추는 것으로[5] 효과적인 진로계획의 수립은 일과 자신을 연결 짓는 토대가 된다. 중학생 시기의 진로 정체감 발달은 고등학교 및 대학교 진학에 있어 진로와 연계된 전공을 선택하는 데 도움이 된다.[6]

부모의 소득계층은 진로 정체감에 직접적인 영향을 미치는 동시에 사회자본을 통해 영향을 준다. 부모의 소득계층은 자녀의 직업 포부에 영향을 미친다.[7] 사회자본 중에서도 부모의 양육태도, 친구 및 교사와의 유대관계 등이 청소년의 진로 정체감과 관계가 있다.[8] 지역 공동체에서의 사회참여 및 체험활동 기회도 진

---

4 박은정·이유리·이성훈, 〈부모의 소득계층별 청소년의 사회자본이 진로 정체감에 미치는 영향: 중학교 3학년을 중심으로〉, 《청소년학연구》 23(5)(2016), 237~263.

5 신임선·장윤옥, 〈커리어포트폴리오형 및 교사 주도형 진로 탐색 프로그램이 중학생의 진로 성숙도와 진로 정체감에 미치는 효과〉, 《한국가정과교육학회 학술대회》 2012(1)(2012), 122.

6 손연아·신수지·손은정, 〈중학생의 진로 정체감에 영향을 주는 변인 연구〉, 《진로교육연구》 27(1)(2014), 109~125.

7 신수영·김경근, 〈가정 배경이 직업 포부에 미치는 영향: 가족 내 사회자본의 역할을 중심으로〉, 《한국교육학연구》 18(1)(2012), 121~141.

8 김성경, 〈청소년의 진로 정체감에 영향을 미치는 사회자본의 경로모형 연구〉, 《한국아동복지학》 51(2015), 23~46.

로 정체감에 영향을 미치는 중요한 요인으로 나타난다.[9] 소득 하위계층은 학대, 방임, 친구관계, 공동체의식, 지역사회, 인식, 진로 정체감이 상대적으로 취약한 것으로 분석되었다(박경호 외, 2017: 42). 이들은 상대적 빈곤감과 문화적 박탈감을 경험하며 성장하기 때문에 진로 탐색에 부정적 영향을 받게 될 가능성이 높다(박은정 외, 2016:237~263). 현실적으로 저소득층 청소년들은 진로·직업체험에서 부모의 관심과 피드백 기회를 갖기가 어렵다.

한국청소년정책연구원이 중고생의 진로활동 및 진로체험 참여 실태를 조사한 결과, 수업 중심의 진로활동보다는 진로체험을 희망하는 비율이 높았으며, 진로체험 중에서도 현장 직업체험과 현장 견학 참여를 희망하는 비율이 높게 나타났다.[10] 진로체험 세부 항목별로는 중고생 모두 직업인 특강·멘토(강연형·대화형) 참여율이 가장 높았고, 현장 견학이 그다음 순서를 보였다. 고등학생의 경우 직업인의 강연이나 특강이 여전히 가장 일반화된 형태로 나타났다. 학생들 입장에서는 현장 직업체험과 현장 견학에 대한 참여 희망 비율이 높게 나타났는데, 중학생은 진로캠프 참여 요구가 높고, 고등학생은 학과체험의 참여율이나 참여 희망 비율이 상대적으로 높았다. 이는 대학입시를 앞둔 고등학생들이 학과 선택에

9 조남억, 〈청소년기의 사회적 신뢰 형성에 관한 연구: 청소년 집단활동 참여를 중심으로〉, 《한국사회연구》 12(1)(2009), 137~162.

10 통계개발원 통계분석실, 〈한국의 사회 동향 2018〉, 《보도자료》(대전: 통계청, 2018. 12. 13), 12.

대한 관심이 더 높기 때문이다. 일반계고와 특성화고 학생들의 진로체험 체감 효과는 상대적으로 낮은 편이지만, 과학고·외고·국제고 및 마이스터고, 예술고·체육고는 진로체험에 대한 체감 효과가 높게 나타났다(통계개발원 통계분석실, 2018:13).

다문화가족 자녀의 취업 후 상태를 살펴보면 현실적으로 사회 적응과 불안정성, 빈곤 세습과 일정 부분 관련이 있다는 사실이 드러난다. 2015년 통계청이 다문화가족 자녀의 지난 3개월간 월평균 임금을 조사한 결과에 따르면 월평균 임금 200만원 미만을 받는다고 응답한 다문화가정 자녀는 총 91.2%로 나타났다. 사례별로 살펴보면, 임금 보수가 없는 경우는 0.6%, 50만원 미만은 31.3%, 50~100만원 미만은 21.1%, 100~150만원은 26.6%, 150~200만원은 11.6%, 200~250만원은 7%, 250~300만원은 0.9%, 300만원 이상은 0.6%였다.[11] 사례별로 살펴보면 상용 근로자는 21%, 임시 근로자는 42.2%, 일용 근로자는 35.4%, 고용인이 없는 자영업은 0.8%, 무급 가족 봉사자는 0.6%, 고용원이 있는 자영업자는 0%로 나타났다.[12]

대다수 복지 전문가들도 빈곤 문제 해결을 위해서는 양질의 정규직 취업이 가장 확실한 복지정책이라는 사실에 이견이 없다. 양질의 취업을 위해서는 학업성취 능력이 향상되어야 하며 양질의 교육 혜택을 받아야 한다. 2015년 통계청이 다문화가족 자녀

---

11 통계청, 〈다문화가족 자녀의 지난 3개월간 월평균 임금〉(2016. 8. 17).
12 통계청, 〈다문화가족 자녀의 종사상 지위〉(2015).

가 일하면서 느꼈던 어려움을 조사한 결과에 따르면 별 어려움은 없다는 응답자는 전체 79%, 각종 불편함과 어려움이 있다는 응답자는 21%였다. 사례별로 살펴보면 임금을 적게 받거나 늦게 받는다는 응답자가 9%, 수당 없이 초과근무를 한다는 응답자가 5.9%, 다치거나 병에 걸렸다는 응답자가 2.4%, 부당한 해고가 1.3%, 처음 약속과는 다른 일을 시켰다는 응답자가 1.7%, 한국말 대화가 어렵다는 응답자가 5.2%, 폭언과 폭행이 2%이다.[13]

결국 다문화가정 자녀들은 양질의 정규직에 취업하지 못해 상대적 빈곤에 노출될 확률이 높다고 볼 수 있다. 다문화가정 자녀의 종사상 지위를 조사한 결과에 따르면 삶의 질, 빈곤과 직접적 관련성이 높은 임시·일용직 근로자로 근무하는 다문화가정 자녀가 전체 응답자의 77.6%라는 점에서 빈곤 세습의 가능성이 높다. 이는 다문화자녀들이 소득 향상을 통해 안정적 삶을 살아가려면 양질의 직업을 선택하고 준비하도록 진로와 취업교육이 절실히 필요하다는 사실을 방증한다.

충청도에 사는 열아홉 살 한국-일본 다문화가정 자녀 효민이의 사례를 살펴보자. 효민이는 유치원 때부터 ADHD 증세를 겪다가 학습부진으로 학교 부적응 현상을 겪어왔다. 아버지는 할아버지와 함께 벼농사, 밭농사를 지었고, 일본인 어머니도 농사일로 아들을

---

13 통계청, 〈다문화가족 자녀가 일하면서 느꼈던 어려움(복수 응답)〉(2015).

돌볼 수가 없었다. 시력장애가 있는 시어머니가 양육을 도왔지만 하루 종일 TV를 시청하도록 방치하는 수준이었다. 유치원에 입학하자 효민이는 제때 등원하기가 어려울 정도로 힘들어했다. 1주일에 두세 번은 유치원에 가지 않겠다고 떼를 쓰거나 도중에 집에 가겠다고 억지를 부려 선생님들이 고개를 절레절레 흔들 정도였다. 엄마 아빠가 농사일에 전력하는 동안 효민이와 누나 둘을 양육한 할머니는 그의 증세를 알아차리지 못한 채 성질이 고약하고 말 안 듣는 아이라며 야단만 쳤다.

초등학교에 진학해서도 효민이는 지각대장의 습관을 버리지 못하고 지각과 조퇴, 결석을 밥먹듯 했다. 학교 선생님과의 상담을 통해 효민이 엄마는 효민이가 수업시간에 집중하지 못하고 잠을 자기 일쑤라는 걸 알게 되었다. 학교에 꼬박꼬박 출석하는 것만으로도 칭찬을 들을 정도였다. 효민이는 특별한 목표나 꿈이 없었다. 초등학교 4학년 때에는 수업시간에 독도 문제, 역사 관련 내용이 나왔을 때 반 친구들이 효민이 엄마가 일본 사람이라며 심한 말을 하자 홧김에 싸우다가 선생님에게 불려가 혼이 난 적도 있었다. 효민이의 엄마는 사고뭉치 아들이 학교에 적응하지 못하니 엄청난 스트레스를 받았다. 초등학교 고학년이 되어서야 소아신경과 검사에서 효민이의 학습 부적응 원인이 ADHD라는 사실이 밝혀졌다.

엄마와 아빠가 일하러 나가면 효민이는 할머니와 둘이 집에 남아 학습과 관련된 교육이나 도움을 받지 못한 채 방치되었으니 원인을 조기 발견할 수 없었던 것이다. 그러던 어느 날 효민이 엄마의 지인이 우연히 요리와 관련된 비디오를 보내주었다. 엄마가 일을 하러 나가면 효민이는 그 요리 비디오를 틀어보곤 했다. 언제부턴가 효민이는 요리에 흥미를 느꼈고 엄마에게 재료를 사달라고 부탁했다. 처음에는 쉬운 식재료 다듬기부터 시작해서 피자와 스파게티를 만들게 되었다. 효민이의 요리를 먹어본 가족들은 재능이 있다며 칭찬했다. 부쩍 자신감이 생긴 효민는 다양한 요리를 만들어 친구들에게 먹여보았다. 평소에 무시하던 친구들도 효민이가 만들어오는 소시지빵, 오징어튀김, 떡볶이를 먹으면서 요리 솜씨를 칭찬하기 시작했다. 함께 요리를 만들어 먹고 놀러 다니면서 친구들과의 서먹했던 관계가 개선되고 서로 오해를 풀고 사이좋게 지내게 되었다.

효민이는 초등학교 때부터 공부를 멀리했기 때문에 수학은 기본 공식이나 개념조차 이해하지 못한 상태에서 중학교에 진학했다. 자연스럽게 수학은 포기하게 되었고, 영어도 마찬가지 상태였다. 중3이 된 효민이는 요리, 미용 특성화고에 진학하고 싶었지만 결석이 많아서 불가능했기에 그보다 급이 낮은 학교에 진학했다. 학교에서 이혼으로 인한 한부모가정, 조손가정 친구들과 어울리며 자신은 그 아이들보다 행복한 환경이라고 생각했다. 효민이는 어느 날 가출한 친구 엄마를 친구와 함께 찾으러

다닌 일을 들려주면서 엄마에게 고맙다고 했다. 그러면서 대성 통곡을 했다.

"엄마도, 아빠도 열심히 일하는데 왜 우리는 월세집을 못 면하고 가난하게 살아야 해요? 나는 커서 돈 많이 벌어서 부자가 될 거예요. 엄마 아빠처럼 가난하게 살지 않을 거예요."

다른 다문화가정 친구들처럼 비뚤어지거나 문제아가 되지는 않았지만 철부지 효민이의 마음을 후빈 것은 부모의 가난이라는 현실이었다.

직업교육을 중시하는 고등학교에 진학한 효민이는 요리사를 꿈꾸기 시작했다. 이렇게 해서 구체적 목표가 생기니 체계적으로 미래를 준비해야겠다는 생각이 들었다. 그의 재능을 발견한 담임선생님은 공부는 하위권이라도 요리학원에 등록해서 정식으로 요리를 배우고 한식 조리사 자격증을 취득하라고 권유했다. 선생님 조언대로 한식 조리사 자격증을 취득한 효민이는 현재 일식 조리사 자격증을 목표로 준비 중이다. 그리고 2020년 수시전형에서 요리 전문학교 진학을 결정했다. 군대도 다녀올 생각이다. 그는 한식과 일식의 퓨전요리 스타일에 관심이 많다. 요리전문학교를 졸업한 뒤에는 일본 요리학교에 진학해 일식을 더 심층적으로 배우겠다는 목표를 정했다. 효민이는 평소에는 관심도 없던 일본어를 공부하기 시작했으며 일본어 학원에 등록하고 저녁에는 아르바이트를 해서 학비를 벌었다. 아르바이트를 해서 모은 돈으로 친구들과 일본 여행을 다녀왔는데 오사카 지역 맛집에도 가보면서 자기만의 레시피를 개발하겠다고 다짐했다. 일본으로 요리 유학을 가기 전에 일식 조리사와 양식 조리사 자격증도 취득할 생각이다. 요리학교를 졸업하면 일본에서 현지 레스토랑이나 일식 가이세키 요리 전문식당에 취업해 밑바닥부터 배우고 경험을 많이 쌓을 계획이다. 이제 효민이의 꿈은 한국에 돌아와 자기만의 레스토랑을 오픈하고 오너 셰프가 되는 것이다.

학교 공부를 포기했지만 자신의 재능을 발견하고 평생직업을 찾은 효민이의 케이스는 특별하다. 어려운 가정환경 때문에 일찍 현실을 자각했던 것이다. 그는 공부보다는 돈을 많이 벌어서 엄마를 행복하게 해주고 싶다는 말을 입버릇처럼 해왔다. 현실에 눈을 뜬 효민이는 공부로 성공하는 것보다 빨리 돈을 벌 수 있는 길을 선택한 것이다. 대학을 졸업하고도 적성에 맞지 않아서 전공과 다른 선택을 하거나 한국의 취업난 때문에 일본 회사 취업을 준비하는 대학생들도 많은 것이 현실이다.

효민이의 경우 이중언어를 사용하는 다문화가정 자녀라는 것이 장점이 되었다. 일본에 요리 유학을 가더라도 언어 습득과 문화 적응에 유리하기 때문이다. 일본 여행을 하면서 효민이는 일본사회에서 잘 적응할 수 있으리란 자신감이 생겼다. 학교수업 후엔 편의점에서 아르바이트를 하며 돈을 모았다. 효민이는 엄마에게 오너 셰프로서의 꿈을 털어놓으며 처음으로 도와달라는 부탁을 했다. 아르바이트를 해서 1,000만원을 모을 예정이니 엄마 아빠가 1,000만원만 더 보태주면 유학비로 쓰겠다고 제안한 것이다. 효민이는 결심대로 오로지 스스로의 노력만으로 벌써 600만원을 저금했다.

효민이는 공부에는 재능이 없지만 인간관계, 사회생활, 현실생활에 적응이 빠른 아이다. 그의 선택은 환경 때문에 시작되었지만 요리에 대한 관심과 재능, 노력이 결합되면서 한 발자국씩 진전되고 있다. 그는 스스로 관심과 재능을 찾아내어 미래의 꿈을 향해 도전한 케이스로, 대학 진학을 목표로 하지 않고 재능과 적성, 취미를 미래의 직업과 연결했다. 그의 삶의 만족도와 행복감은 인문계 고등학교 학생보다 높은 편이다. 그는 스스로 한 계단씩 올라가면서 성취감을 느꼈고 노력으로 미래를 만들어갈 가능성을 발견했다. 요식업은 이미 포화 상태다. 하지만 자본과 오너 셰프가 결합된 남다른 레시피를 통해 맛집으로 인정받으면 어느 정도는 수익이 창출되는 레드오션이라는 사실이 중요하다. 10년 후면 그는 자신의 스시집을 운영하는 오너가 되어 있을지도 모른다. 공부보다는 요리에서 재능을 발견하고 그 즐거움 속에서 꿈을 찾은 효민이의 케이스는 특별하다. 새삼 직업교육과 진로교육의 중요성을 느끼게 된다.

사각지대를 없애야
진짜 교육복지

―― 출생률 감소와 그에 따른 인구절벽 현상은 한국사회의 재
앙이다. 따라서 학령인구가 감소하는 한국의 교육에 질적 변화
를 가져와야 할 시점이다. 대학의 입학정원보다 입학인구가 적
기 때문에 대학입시 경쟁도 질적으로 변화되어야 한다. 한국인
가정의 자녀와 다문화가정의 자녀가 동등한 양질의 교육을 통해
우수한 인재로 성장하도록 지원하는 방향으로 향후 교육정책을
개선해야 한다. 특히 입시경쟁 위주의 공교육체계에서 학습부진
을 겪거나 경제적 빈곤으로 학습 지원을 받지 못하는 저소득층
자녀, 저소득 다문화가정 자녀를 위해 교육 지원 정책의 질적 변
화가 있어야 한다. 또한 교육인적자원부는 다문화 학습부진 학
생, 일반 학습부진 학생들의 학습능력 향상에 관심을 갖고 지원
방법을 모색해야 한다. 그럴 때만이 교육격차를 줄일 수 있다.
다문화가정 학생들의 학습부진 원인을 분석하고 보육이 필요한

학생, 심리·정서적 지원이 필요한 학생, 학습결손 누적의 해결이 필요한 학생, 학습태도와 동기유발이 필요한 학생으로 구분해 지도하는 것이 바람직하다(오상철 외, 2017: 112). 부모가 맞벌이를 하거나 자녀교육에 무관심한 경우 돌봄을 통해서 자녀의 학습동기를 북돋아주고, 왕따, 학교폭력, 차별, 가정 문제 등으로 심리적 스트레스를 받는 학생들이라면 심리상담과 치료를 통해 자아존중감을 회복시키며, 저력은 있으나 학습동기, 학습목표, 학습방법을 몰라서 학습에 집중하지 못하는 학생들, 학습결손이 누적된 학생들에게는 과목별 학습법을 멘토링하거나 과목별 멘토를 통해 학습성취를 돕는다면 효과적으로 학습능력을 향상시킬 수 있다.

　다문화교육을 연구하다 보니 저소득층 다문화가정과 그 자녀, 학습부진의 늪에 빠진 다문화가정의 자녀, 학교 부적응에 힘들어하는 다문화가정의 자녀를 위해 국가가 과연 무엇을 했는가 하는 의문이 들었다. 한국어를 능숙하게 하지도 못하고, 입시정보나 교육정보도 얻지 못하는 다문화가정 어머니가 자식의 교육을 위해 무엇을 할 수 있을지 답답한 심정이다. 다문화가정뿐만 아니라 한국인의 가정도 이혼, 사별, 별거로 인한 한부모가정 자녀와 저소득층 자녀를 방치하는 문제가 심각하다. 교육복지 차원에서 정부와 사회가 좀 더 촘촘하게 사회적 안전망과 교육 지원을 제공해야 한다고 생각한다. 인구절벽 현상으로 출생률이 감소하는 한국사회의 당면한 과제는 사회가 협력해 현재 성장하는 아이들을 잘 양육하고 교육 지원을 통해 그들의 재능과 능력이 발휘되도록 돕는 것이다.

첫째, 다문화가정 자녀들의 학교 부적응, 학습부진, 학습결손 현상을 방지하고 개선하기 위해서 교육당국은 이것이 개인이나 가정의 문제라는 소극적 태도에서 벗어나 관심을 갖고 대책을 마련해야 한다. 다문화가정 자녀들이 차별, 학교폭력, 학교생활 부적응을 심각하게 경험하는 시기는 사춘기에 해당하는 초등학교 고학년에서 중학생 때까지다. 일반적으로 다문화가정 자녀들은 저소득층이 많아 경제적으로도 주변부에 있으므로 학업성취 측면에서 일반 자녀들에 비해 상대적으로 불리하다. 다문화가정 청소년들은 한국어 구사능력이 떨어지고, 학습능력도 뒤처져 상급학교 진학률이 낮으며, 문화적 이질감으로 학교생활에 부적응 현상까지 보인다는 점에는 이견이 없다.

원인 없는 결과는 없다. 학습결손이나 학교 부적응 현상을 보이는 데는 여러 가지 원인이 복합적으로 작용한다. 학교생활에 재미를 붙이려면 가장 중요한 여러 가지 조건이 맞아야 한다. 지금 우리 사회는 1970~1980년대처럼 헝그리 정신으로 공부해 개천의 용이 되라고 강요할 수 없는, 다양성이 넘치는 세상이 되어버렸다. 아이들에겐 갖고 싶은 것, 하고 싶은 것, 먹고 싶은 것이 너무 많다. 호기심이 가장 발달하는 사춘기에 가난과 부모의 무관심에 방치되면 공부하려는 의욕이 떨어진다. 아이들이 공부를 하도록, 미래에 대한 꿈을 가지도록 다양한 당근을 주어야 한다. 공부를 강요해서도 안 된다. 경제적 풍족함의 바탕 위에서 사교육으로 자녀의 대학입시에 과감하게 투자하는 상위층 자녀와 저소득층 다문화가정 자녀의 간극이 얼마나 크겠는가? 출발점부터 기울어진 운동장에서 시작한다는 것은 평등한 기회가 없고 과정도 공정하지 않다는 사실을 반영한다. 중산층에서도 과도한 사교육비는 부모의 노후를 갉아먹는 원인이다. 그러니 부모 노릇하기 얼마나 어려운 세상인가? 정부가 국민에게 세금을 걷는 이유는 헌법이 보장한 국민의 기본권, 생존권을 보장하고 복지를 증진시키기 위해서다. 국민의 세금을 사각지대에 방치된 저소득층과 위기 가정 자녀를 위해 사용하는 것이 복지국가로 향하는 올바른 행보다. 멘토링 프로그램을 활용, 공부방이나 지역학습센터를 통해 지원할 때 다문화가정 청소년의 적응에 좋은 영향을 미칠 수 있다.

둘째, 교육인적자원부와 여성가족부, 보건복지부는 다문화가정 청소년들의 심리 문제 해결과 정신건강 증진을 위해 교사, 사회복지사, 청소년상담사, 심리상담사 등과 협업해 청소년기 정신건강의 문제를 조기에 발굴하며, 중증 상태로의 진행을 막고 사전에 예방하는 방향으로 관점을 바꿔야 한다. 이를 위해 다문화가정 청소년에게 적합한 정신건강 진단도구를 개발하고, 적용 방안에 대한 정신건강 매뉴얼을 제작, 보급하며, 어려움이 발생했을 때 즉각적 개입을 시도해야 한다. 다문화가정 청소년의 심리사회적인 문제와 특성을 고려한 일원화된 지원체계가 필요하다. 현재의 다문화가정 청소년 지원체계는 중앙부처, 지방자치단체, 교육청 등이 각각 다르게 정책적인 지원을 하도록 되어 있으며, 각 기관끼리의 협력체제도 미흡한 상황이다.[1] 지방자치단체, 교육과 복지에 관심이 있는 비영리기구, 재능기부가 가능한 자원봉사자의 참여는 일종의 사회적 자본이다. 다문화·탈북 등 취약계층 학생, 우울증 등의 정서적 문제를 가진 학생, 가정폭력에 노출된 학생 등을 위해 지역자원 연계를 통한 전문인력을 학교에 배치하는 것도 한 방법이다.

멘토링을 활용해 지역학습센터에서 제공하는 다양한 프로그램은 다문화가정 자녀들에게 사회적인 관심과 지원을 제공하며, 가정폭력이나 학교폭력을 경험한 다문화가정 청소년들의 불안심리를 완화시킬 수 있다. 또한 또래관계와 친구관계에서 우정을 통해 정서적 지지를 얻고, 자발적으로 새로운 대인관계를 형성하는 기초가 될 수 있다. 또래상담 프로그램이나 멘토링 프로그램, 지역내 대학생 자매결연 프로그램, 지역사회 프로그램을 활용해 사회적 지지체계를 개발함으로써 고위험군 다문화가정 자녀들의 심리

---

1 신명주, 〈다문화가정 청소년의 사회환경적 요인이 자아 정체감에 미치는 영향 : 사회 정체성, 사회 맥락 요인, 사회적 지지를 중심으로〉(상지대학교 박사학위논문 2018), 86.

적·정서적 적응을 도울 수 있다.

셋째, 대학입시만을 위한 것이 아니라 진로 및 취업을 통해 성인기를 준비하는 평생교육이 중요하다. 다문화가정이라는 특수성을 고려해 진로, 문화, 취미, 여가활동 등 다양한 프로그램을 제공해야 한다. 현재 다문화가정에 대한 지원 프로그램은 많지만 청소년을 대상으로 진행되는 프로그램은 상대적으로 부족한 편이다. 다문화가정 청소년이 다양한 교육 프로그램을 통해 개개인의 특성과 강점을 발견하고 또래관계 및 소속감을 높일 수 있도록 적극적으로 프로그램을 개발, 지원해야 한다.

넷째, 자녀의 학습성취에 영향을 미치는 세 가지 요인(부모, 교사, 친구) 중에서 자녀의 가족생활 적응에 중요한 변수인 친밀한 부모-자녀 관계의 정립이 필요하다. 부모교육 및 역량 강화 프로그램을 충분히 제공해야 한다.

전문 기관을 통해 부모-자녀 간의 의사소통 기술을 훈련하고 언어적 장벽으로 인한 갈등을 해소하도록 지원해야 한다. 부모와의 상호작용이 긍정적일수록 자아 정체감이 높다는 연구결과가 있다. 다문화가정 청소년들이 가정 내에서 안정감을 갖도록 외국인 부모의 특성과 장단점을 고려해 공감할 수 있는 부모교육 프로그램, 교육 및 진로에 대한 실질적이고 도움이 되는 교육을 충분히 제공해야 한다. 또한 한국사회에 적응해나가는 사춘기 자녀의 문제행동에 대한 올바른 대처 방법, 소통 방법 및 자녀의 진로와

다문화가정의 교육전략은 따로 있다

진학 관련 학부모 교육 매뉴얼을 제작 보급해 어려움이 발생했을 때 1차적 지지자로서 개입이 이루어지도록 해야 한다. 가족 응집력은 부부관계 및 부모-자녀의 관계가 양호할 때 높아지므로 가족 응집력 제고를 위해 가족 특성을 반영한 가족관계 향상, 가족 기능 강화를 위한 제도적 지원이 필요하다. 다문화 이해에 대한 교육을 확대할 경우 다문화가정 청소년들의 심리적·정서적 적응과 문화 적응을 위한 환경 요인을 구축할 수 있다. 특히 부모의 출신 국가에 대한 이해를 증진시키고 부모와 자녀가 함께 참여하는 자긍심 향상 프로그램을 제공하는 것도 바람직하다.

따라서 다문화가정의 관계 증진을 위해 다문화가정의 스트레스와 역경에 대한 이해와 적응, 가족 응집력을 증진시키는 신념 체계를 활용한 프로그램이 필요하다. 가족의 지지를 경험한 자녀는 가족생활 적응능력이 향상되어 학교생활과 사회에 적응하는 능력도 높아질 수 있다. 또한 가족 간에 관심과 사랑을 표현하는 훈련, 의견을 지지하는 훈련 등을 통해 가족의 지지능력을 향상시킬 수 있다.

다문화가정 자녀들은 대개 경제적으로 저소득층이 많기 때문에 사교육, 진로와 상담, 서울 시내 상위권 대학 진학률 등에서 상대적으로 불리한 입장이다. 학습부진 현상을 겪는 다문화가정 학생들은 한국어 구사능력이 떨어지고, 학습능력도 뒤처져 상급학교 진학률이 낮으며, 문화적 이질감으로 학교생활에 부적응 현상까지 보인다. 학교에서도 전체 학생을 위한 다문화교육에 앞서 다문화가정 학생들이 지닌 잠재적 문제 요인을 해결하고 다문화가정 자녀들의 원활한 학교생활이 이루어지도록 다양한 지원 프로그램을 운영해야 한다.

미국에서는 재능 있는 저소득층 자녀들이 유수 대학에 진학하는 것이 구조적으로 크게 차단된다는 인식이 퍼져 있었다. 이를 극복하기 위한 방안으로 퀘스트 브리지(Quest Bridge)와 포시재단은 고등교육 진학 단계에서의 기회 형평성 확대를 위해 대학과 저소득층 학생들의 중간자 역할을 수행하고 있다. 두 민간단체는 잠재력 있는 학생들이 우수한 교육환경에서 학습할 기회를 제공함으로써 인재 양성 및 사회통합의 증진과 발전을 견인하는 역할을 수행하고 있는데 한국에서도 벤치마킹할 필요가 있다(김영철, 2011: 72). 퀘스트 브리지는 저소득층 학생들이 미국 내 유수 대학에 진학하도록 돕는, 2005년에 설립된 비영리 민간단체다. 현재 이 단체는 미국 내 명문 30여 대학들과 파트너십을 구축하고, 재능 있는 저소득층 학생들과 이들 대학의 중간자 역할을 수행한다. 이 단체의 대표적인 프로그램은 '대학 매칭 프로그램(National College Matching Program)'[2]이다. 이 프로그램의 목적은 재능 있는 저소득층 학생들이 미국 내 명문대학에 진학해 재

---

2 https://www.questbridge.org/high-school-students/national-college-match

다문화가정의 교육전략은 따로 있다

정적 어려움 없이 생활할 수 있도록 돕는 것이다. 파트너 대학들은 매칭 프로그램을 통해 선발된 학생들에게 4년 전액 장학금뿐만 아니라 기숙사비 및 식비까지 제공하며, 건강보험이나 교재비 등 일체의 경비를 지급하고 생활비를 마련할 수 있도록 근로장학(Work-Study) 프로그램도 제공한다(김영철, 2011: 73). 이를 위해 필요한 자금으로는 자체 장학자금, 주정부와 연방정부의 지원금 등을 활용한다.

퀘스트 브리지의 '대학 매칭 프로그램'은 경제적 어려움 속에서도 우수한 학업 성적을 보이는 학생들을 주 대상으로 선발한다. 이 프로그램의 특징은 SAT, 소득 기준 등을 획일적으로 적용하지 않는다는 것이다. 연간 가구 소득 외에 가구원 수, 거주지역의 물가 수준, 주택 및 기타 자산 소유 여부 등 경제적 상황을 종합적으로 살펴보며, 내신성적과 SAT 같은 정량화된 점수들 이외에 에세이와 추천서, 생활기록부 등의 정성적 평가 요소도 함께 검토한다(김영철, 2011: 74). 특히 부모의 학력이 고졸 이하인 경우, 가족의 생계를 돕기 위해 일하는 경우, 지역사회 활동에서 리더십을 발휘한 경우 등은 가산점으로 작용한다.

프로그램에 대해 구체적으로 얘기하자면 우선 전국 각지에서 지원자들을 받는다. 지원하는 학생의 규모는 2009년에는 대략 6,000명으로 추산되며, 이 중 약 40%의 학생들이 매칭 프로그램 대상자로 선발되었다(김영철, 2011:74). 30여 파트너 대학 중

8개 대학의 '매칭 프로세스(Matching Process)'를 통해 지원하게 되며, 이후 입학 허가를 받은 대학 중 가장 선호하는 대학에 입학해 전액 장학금과 일체의 경비를 보조받는다. '매칭 프로세스'를 통한 입학에 실패하더라도 각 대학의 정시모집(Regular Decision Process)에 자동으로 원서가 접수되어 재도전이 가능하다(김영철, 2011: 74). 2009년 입시에서는 800명 이상의 매칭 프로그램 대상자들이 정시모집을 통해 추가 합격해, 평균 12만 달러가량 장학금을 수여받았다.

퀘스트 브리지는 고등학교 2학년 저소득층 학생들의 대학 진학 준비를 돕는 프로그램을 진행하는데 대표적인 것이 대학 준비 장학금(College Preparation Scholarship) 프로그램이다. 퀘스트 브리지는 입시정보가 필요한 저소득층 학생들에게 매년 1,000여 건 이상의 혜택(Awards)을 제공하는데 구체적으로 다음과 같다.[3] ① 명문대 여름캠프 참가: 하버드, 노트르담, 유펜, 스탠퍼드, 예일 등의 여름캠프 참가비 전액 보조, ② 대학 진학 컨설팅: 경험이 풍부한 전문 상담사에게서 8시간의 진학 컨설팅을 제공받으며, 대학 전형 기간 동안 수시로 이메일과 전화로 상담 가능, ③ 캠퍼스 방문: 파트너 대학의 초청으로 매년 200명가량의 학생들이 캠퍼스를 방문하고 며칠간 예비 대학생활을 체험, ④ 대학생 멘

---

3 https://www.questbridge.org/high-school-students/student-resource-center/
  preparing-for-college

토링: 매년 120여 명의 학생들을 애머스트칼리지의 대학생들과 매칭해 대입 준비과정에 대한 전반적 멘토링 제공, ⑤ 대학 진학 컨퍼런스 초대: 저소득층 학생들의 성공적인 대학 진학 방법에 관한 워크숍 및 주요 대학 입학사정관들과의 간담회 제공 등이다(김영철, 2011 : 74~75).

포시재단(Posse Foundation)은 1989년 사회경제적 취약계층 자녀들의 고등교육 진학 및 이들의 리더십 개발을 위해 설립되었으며, 이후 포시 프로그램을 운영하면서 미국의 대표적인 장학재단으로 성장했다.[4] 포시 프로그램은 도시 빈민 지역에 거주하며 학업능력과 리더십 면에서 우수한 잠재력을 지녔음에도 경제적으로 어려운 환경에서 충분한 자기계발을 하지 못했거나 성취도 위주의 대입 선발과정에서 쉽게 간과될 수 있는 인재들을 찾아서 장학생으로 선발해 성공적으로 고등교육을 이수하도록 돕는 프로그램으로 유명하다.[5] 포시재단의 목표는 미국 내 유수 대학들이 다양한 배경을 지닌 학생들을 선발할 수 있도록 지원자 풀(pool)을 확대하고, 대학들이 어떤 배경의 학생들에게도 우호적 환경을 조성하도록 지원하며, 포시 장학생들이 성공적으로 대학을 졸업해 사회에서 리더로서의 역할을 할 수 있도록 돕는 것이

---

4 https://www.possefoundation.org/posse-facts

5 20년 동안 포시 프로그램을 통해 선발된 학생들은 총 3,665명이며, 이들이 파트너 대학들에서 제공받은 장학금 규모도 총 4억 600만 달러 규모다. 포시 장학생들의 고등교육 이수율도 90% 안팎에 이른다.
https://www.possefoundation.org/recruiting-students/the-nomination-process

다(김영철, 2011:75).

첫째, 포시재단은 입학 전 '프리칼리지 트레이닝(Pre-Collegiate Training)' 프로그램을 통해 포시 장학생들이 팀원들과 서로 만나 교감하고 매주 2시간의 훈련과정에 참여하도록 독려한다.[6] 훈련과정에는 다양한 문화의 이해, 리더십 훈련, 학업성취 능력의 향상, 팀 협동능력 배양 등의 내용이 포함된다(김영철, 2011:77).[7] 둘째, 온라인 데이터베이스를 통해 포시 장학생으로 최종 선발되지 못한 우수 후보들을 파트너 대학과 연결해주는 '포시 액세스(Posse Access)'라 불리는 서비스를 제공한다. 이는 학생 구성에서의 다양성을 추구하고, 불우한 환경 가운데서도 잠재력을 보인 우수 학생들을 선발하기를 희망하는 미국 내 유수 대학들의 호응을 얻고 있다.[8] 셋째, 대학 진학 이후 포시재단의 전담 요원이 1년에 네 차례 각 대학을 방문하고 포시 팀원들 및 멘토들과 상담하는 '캠퍼스 프로그램(Campus Program)'을 제공한다. 각 캠퍼스 멘토들은 포시 팀과 매주 회합을 갖고 각 학생들과는 격주로 면담한다. 선발된 학생들은 대부분 공립 고등학교 출신으로, 이들을 10명씩 묶어 '포시(Posse)'를 구성하도록 한 뒤 포시 내 장학생들을 한 대학에 입학시켜 대학생활을 영위하는 동안 상호 협

---

6 https://www.possefoundation.org/supporting-scholars/pre-collegiate-training

7 https://www.possefoundation.org/connecting-alumni/the-alumni-leadership-conference

8 https://www.possefoundation.org/supporting-scholars/college-university-partners

다문화가정의 교육전략은 따로 있다

력하는 체계를 갖추도록 한다(김영철, 2011:75). 같은 대학에 진학한 문화적 배경이 다른 학생들을 함께 섞어 이들이 다양한 문화를 서로 공유하면서 인격적·학업적 발전을 이룰 수 있도록 한다. 이들은 서로 도우면서 생활하고 캠퍼스의 실제적인 문제들에 관해 토의하며, 대학 공동체의 발전을 위해서도 서로 협력한다.[9] 넷째, 포시재단은 대학 졸업을 앞둔 장학생들을 위해서 100개 이상의 사업체 및 단체들과 파트너십을 체결해 포시 장학생들에게 인턴십을 제공하는 '커리어 프로그램(Career Program)'을 운영한다(김영철, 2011:77). 그리고 포시재단의 동창회 네트워크와 취업상담 서비스 등을 통해서 장학생들의 취업을 지원한다. 다섯째, 포시 스탬프(Posse STEMP) 프로그램은 과학, 기술, 공학 및 수학 분야의 학생들을 모집, 훈련, 지원하며 미국에서도 성공적 프로그램으로 평가받는다.[10]

한국은 1970년대 중반 이후 평준화 조치와 과외금지 조치 등으로 인해 기회 형평성을 누렸다. 그러나 2000년대 이후 사교육이 보편화되고 선행학습이 유행하면서 사회경제적 계층 간의 교육격차가 심화되고 있다. 지역 간의 교육환경이 점차 양극화되면서, 양질의 사교육 인프라를 갖추고 학교의 학습환경이 우수한 강남 3구와 농어촌 지역의 교육격차는 기정사실이 되었다. 교

---

9 https://www.possefoundation.org/supporting-scholars/campus-program
10 https://www.possefoundation.org/shaping-the-future/posse-stem-program

육격차의 확대는 단순히 기회 형평성의 문제일 뿐만 아니라 인재 육성의 효율성 측면에서도 문제를 양산하며 사회통합을 저해하는 요인이 된다. 아무리 뛰어난 재능이 있더라도 가난한 가정에서 성장한 학생들은 상위권 대학에 진학할 기회가 차단되기 때문에 부의 대물림과 사회 양극화로 인해 사회적 갈등이 증폭된다.

한국의 사회통합을 위해서는 앞서 살펴본 미국의 예들처럼, 저소득층과 다문화가정 학생을 위한 기회균형 선발 비율이 확대되어야 할 것이다. 기회균형 선발로 대학에 입학한 학생들이 학교생활에 잘 적응하고, 부족한 학업성취 수준을 극복하며, 대학교육을 성공적으로 이수하도록 하려면 민간단체와 학교당국의 특별한 배려가 필요하다. 해외 유수 대학들이 특별 선발된 이들에 대한 멘토링과 수준별 수업 제공, 평가에서의 유연성 확대 등을 통해 숨겨진 재능 발현을 위한 최적의 환경을 조성하고자 노력하는 것을 벤치마킹해 체계적 지원을 할 필요가 있다.

가난은
공부를 포기하게 만든다

── 다문화가정의 상대 빈곤은 한국인 가정보다 더 심한 상태라고 보아도 무방하다. 다문화가정의 빈곤 문제는 한국사회에서 논란이 되고 있는 사회적 양극화, 사회적 불평등 현상의 부분집합으로, 방치할 경우 사회통합에 많은 논란을 발생시킬 가능성이 높다. 2019년에도 다문화가정의 월평균 소득 수준은 한국인가정보다 상승하지 않은 것으로 나타났다. 표4-7과 같이 2018년 한국여성정책연구원이 조사한 전국 다문화가족 실태조사에 따르면, 다문화가구의 가구 소득은 200~300만 원 미만이 26.1%로 가장 높게 나타났다. 그다음으로는 가구 소득 100~200만원 미만(22.4%)으로 나타났으며, 가구 소득 300~400만 원 미만은 20.1%, 가구 소득 100만원 이하는 9.7%, 가구 소득 400~500만원 미만은 11.5%, 가구 소득 500만원 이상은 10.2%에 불과했다.

【표 4-7】 다문화가구의 월평균 가구 소득

(최윤정, 《2018년 전국다문화가족 실태조사 연구》, 《연구 보고서 2019-01》: 55~57)　　　　단위: %, 가구

항목	100만원 미만	100~200 만원 미만	200~300 만원 미만	300~400 만원 미만	400~500 만원 미만	500~600 만원 미만	600만원 이상
2015년							
전체	8.8	23.8	30.4	20.5	9.4	4.2	2.9
동	9.3	22.9	29.5	20.7	9.8	4.5	3.4
읍면	7.4	26.8	33.1	19.6	4.7	3.4	1.4
2018년							
전체	9.7	22.4	26.1	20.1	11.5	5.1	5.1
동	10.4	21.5	25.4	19.9	11.6	5.5	5.8
읍면	7.6	25.5	28.6	20.7	11	3.7	2.8

　　2015년 실태조사 결과와 2018년 실태조사 결과를 비교해보자. 2018년도에 300~400만원 이상 다문화가구의 월평균 가구 소득 비율(41.8%)은 2015년도 동일 구간의 다문화가구의 월평균 가구 소득 비율(37%)보다 전반적으로 상승했다. 반대로 2015년도 동일 구간 다문화가구의 가구 소득 비율은 63.0%였으나, 2018년도 300~400만원 이하 구간의 월평균 다문화가구 소득 비율은 58.2%로 4.8%p 감소하였다. 이러한 결과가 의미하는 바는 최근 들어 한국경제가 어려워지면서 다문화가구의 가구 소득도 줄어들었다는 것이다. 경제가 어려워지면 저소득층 다문화가구가 빈곤해질 확률이 높아진다는 의미다.

　　표 4-7에 나타난 것처럼, 거주지별로 살펴보면 2018년도 도시 지역(동부) 다문화가구의 월평균소득 100만 원 이상~400만원 미

만 비율은 66.8%인데 농촌 지역 비율은 74.8%로 훨씬 높게 나타난다. 2015년도 도시 지역에 거주하는 결혼이민자 가구의 월평균 소득 100만 원 이상~400만원 미만의 비율은 73.1%인 반면에 2018년 도시 지역에 거주하는 월평균 소득 100만 원 이상~400만원 미만 결혼이민자 가구의 비율은 66.8%로 감소하였다. 2015년도 농촌 지역에 거주하는 결혼이민자 가구의 월평균 소득 100만 원 이상~400만원 미만 비율은 79.5%인 반면에 2018년 농촌 지역(읍면부)에 거주하는 결혼이민자 가구의 동일 구간 소득 비율은 74.8%로 소폭으로 감소하였다(최윤정 외, 2019: 55). 2015년도 농촌 지역에 거주하는 100만원 미만 농촌 지역 다문화가구 비율은 7.4%이지만, 2018년도는 7.6%로 소폭 상승했다. 2018년 도시 지역의 100만원 미만 다문화가구 비율은 10.4%로 2015년도의 9.3%에 비해 소폭 상승했다. 이는 도시 지역 다문화가구가 농촌 지역에 거주하는 다문화가구보다 최저 소득 및 고소득 비율이 상대적으로 더 높은 양극화 경향을 보인 것이다. 또한 도시 지역 거주 다문화가구 사이의 소득 불평등이 상대적으로 더 심화되었음을 보여준다.

한국 다문화가구의 전체 78.3%가 보건복지부(2019)가 정한 빈곤선에 해당하는 기준 중위소득(4인 가족 기준 461만 3,536원)에 미치지 못하는 것으로 조사되었다. 2018년의 기준 중위소득은 451만 9,202원(4인 가구), 368만 3,150원(3인 가구), 284만 7,097원(2인 가구),

167만 2,105원(1인 가구)이다.[1] 보건복지부는 기준 중위소득에 근거해 복지 수혜자를 결정한다. 이는 다문화가구의 경제적 빈곤 문제가 심각한 사회적 양극화 현상의 일부이며, 사회통합에도 좋지 않다는 의미로 볼 수 있다.

최근 한국경제는 부부가 맞벌이를 해도 중산층 진입이 어려운 저성장의 늪에 빠져 있다. 과거 1970~1980년대처럼 경제개발정책으로 인한 초고속 경제성장은 불가능하며 경제성장의 엔진이 꺼져가는 경기 침체기에 진입하고 있다. 경제평론가들은 일본의 잃어버린 30년처럼 장기불황의 터널에 진입했으며 1998년 외환위기, 2008년 글로벌 금융위기와는 근본적으로 성격이 다른, 향후 30년을 강타할 수 있는 진짜 위기에 진입하고 있다고 경고하기도 한다. 그렇기 때문에 장기불황, 경기 침체기에 들어서면 한국사회의 취약계층인 저소득층 다문화가정에는 예외 없이 경제적 어려움이 가중될 수밖에 없다. 한국인 부부는 맞벌이를 통해 소득 증대 방법을 찾을 수 있지만 한국어에 서툰 결혼이민자들은 취업시장에서 여러 가지 다양한 어려움에 부딪치는 이방인으로서 저소득층으로 살아가야 한다. 그리고 다문화가정 자녀들도 학업 문제, 학습 부적응 문제, 심리적·정서적 문제, 사회성 문제

---

[1] 여기서 기준 중위소득이란 〈국민기초생활보장법〉제20조의 제2항에 따라 중앙생활보장위원회 심의·의결을 거쳐 고시하는 국민 가구 소득의 중위값을 의미한다. 최저생계비를 대신해 기준 중위소득은 국민의 최저생활을 보장하고 자활을 돕는 것을 목적으로 하는 국민기초생활보장 급여의 기준을 정하는 중요 지표다. 통계청, 〈기준 중위소득 추이〉, 《e-나라지표》(2018).

등 다양한 어려움을 겪을 수밖에 없다.

어른들은 청소년들에게 헝그리 정신이 없다고 말하지만 요즘 아이들은 경제적 지원과 양육, 정서적 충만감, 다른 아이들이 가진 핸드폰, 노트북, 팬덤문화 등을 남들처럼 누리고 즐기려는 심리가 강한 세대다. 그러한 특성을 이해해야 아이들과의 대화와 소통이 가능하다. 청소년, 청년층들이 가장 싫어하는 행동은 이른바 '꼰대질'이다. TV를 보다가도 정치인 등이 현실 무시한 발언을 하면 꼰대라며 채널을 돌려버린다. 청소년들은 사회 변화에 민감하고, 적극적으로 자신의 의견을 표현하며, 매사 분명한 입장을 표명한다. 어찌 보면 50대 이상 어른 세대와 질풍노도의 시대를 살아가는 10대 청소년들의 가치관이 비슷하기를 바라는 건 무리일지도 모른다.

나아가 요즘 세대 청소년, 즉 청년 세대들은 공정을 정의로 생각하고 판단하는 경향이 강하다. 청소년과 청년들은 돈 많은 부모 백으로 취업 청탁하는 것을 불공정으로 생각하며, 일하고 노력한 만큼 대가가 돌아오는 기회균등의 원리를 공정으로 생각한다. 그런 사회 분위기에서 소득 양극화로 발생하는 경제적 빈곤은 청소년들의 마음에 그림자를 드리우는 원인 가운데 하나다. 경제가 어려워지고, 청년실업이 증가하면서 비관론은 더욱 확대되었다. 경제적 빈곤 경험은 아동, 청소년의 심리에도 심각한 타격을 준다. 빈곤 가정에서 성장한 자녀들은 일반 중산층 가정 자녀들보다 심리적 위축감, 우울증, 무기력증이 높다. 한국사회에서는 흙수저가 금수저가 될 수 없다는 비관론이 팽배하다. 대다수 아이들의 고민은 학업 성적 향상이지만 다문화가정 자녀들은 경제적 빈곤 때문에 현실적으로 사교육은 꿈도 꿀 수 없다. 가난해서 기본적 교육 지원을 받지 못한다면 아이들에게 이 세상은 그만큼 살아가기 힘든 것으로 인식되고 심리적 위축감, 무기력감, 자포자기, 우울감 같은 부정적 감정이 싹틀 수밖에 없어서 악순환으로 이어진다. 빈곤은 가족 구성원의 심리를 위축시키고, 심각해지면 이혼, 별거, 파산 같은 최악의 상태로 내몬다. 그 과정에서 저소득층 한국인 가정, 저소득층 다문화가정, 한부모가정 자녀들이 희생된다. 정부는 이러한 위기 가정을 위해 긴급복지 지원을 실시하지만 임시 처방에 불과하다. 저소득계층 가정의 자녀들이 맘 편히 공부하고, 직업교육을 받아 진로를 선택하도록 현실적 지원 방법이 필요하다는 뜻이다.

극소수 고학력자와 능력자를 제외하면 결혼이민자나 귀화자가 한국사회에서 정규직에 취업하는 건 하늘의 별따기처럼 어려운 일이라고 보아야 한다. 물론 한국인이 선진국에 이민 가서 살아도 비슷한 경험을 할 수밖에 없다. 이민자들이 선진국에서 그 사회 주류집단으로 진입하는 것은 언어능력, 교육 수준, 직업 등과 필연적 상관관계를 갖는 일이다. 결혼이민자 82.2%는 비정규직이나 임시직에 취업한다. 특히 저개발 국가 출신 결혼이민 여성이나 남성이 한국사회에서 양질의 정규직에 취업한다는 것은 사실상 불가능한 '넘사벽'이나 마찬가지이다. 대부분의 결혼이민자는 취업 경험이 없으며, 질과 안정성이 상대적으로 낮은 서비스직 및 단순 노무직 경력이 상대적으로 높게 나타난다.

이러한 현실을 뒷받침하는 자료가 2018년 여성가족부의 결혼이민자와 기타 귀화자의 종사상 지위를 조사한 결과다. 결혼이민자의 41.7%는 사용 근로자로 나타났고, 임시 근로자는 22.3%, 일용 근로자는 18.2%, 고용원이 있는 자영업자는 3%, 고용원이 없는 자영업자는 7.4%, 무급 가족 종사자는 7.4%로 나타났다(최윤정 외, 2018:232). 임시직이나 일용직 결혼이민자와 기타 귀화자는 40.5%로 나타났다. 결혼이민자, 기타 귀화자의 월평균 임금은 150~200만원 미만 25.3%, 100~150만원 미만 22.3%로 47.6%가 100~200만원의 임금을 받는 것으로 나타났다(최윤정 외, 2018:233~235). 월평균 임금이 200~300만원은 20.0%, 300만원 이상은 8.9%, 임금이 100만원 미만은 15.8%, 임금, 보수가 없는 경우는 6.6%로 나타났다.[2]

직종별로 살펴보면, 장치·기계 조작 및 조립 종사자, 사무 종사자 중 상용직이 높은 데 비해 임시직 비율은 서비스 종사자, 단순 노무 종사자, 전문가 및 관련 종사자가 높은 수준이다(최윤

---

2 결혼이민자·귀화자의 경제활동 참가율은 69.5%, 비경제활동 인구 비율은 30.5%이다.

정 외, 2018: 233). 설상가상으로 결혼이민자가 전문직에 종사한다고 해도 25.2%가 임시직으로 나타났다. 이는 외국인이 한국사회처럼 무한경쟁에서 살아남아야 하는 경쟁사회에 적응하려면 많은 노력이 필요하고 기회와 배려가 필요하다는 의미다.

여성가족부는 결혼이민자의 70%가 월평균 200만원 미만 정도를 버는 것으로 보고 있다. 결과적으로 다문화가정, 결혼이민자 가구의 저소득 현상은 자녀양육과 자녀교육에도 중대한 영향을 미쳐 자녀에게까지 빈곤을 세습화할 가능성이 높다는 점에서 사회 양극화의 또 다른 변수로 작용한다(이삼식·최효진·박성재, 2009: 102). 경제 문제는 삶의 질, 삶의 만족도, 가정의 안정, 자녀교육, 노후 문제의 직접적 원인으로 작용한다. 경제가 하락하고 소득수준이 떨어지면 빈곤 문제는 취약계층과 저소득층에 직접적 타격을 준다. 그 여파는 저소득층, 한부모가정, 저소득층 다문화가정의 자녀교육에도 직접적 영향을 미친다.

표 4-8에 나타난 것처럼 다문화가족 중에서 국민기초생활보장 수급 대상이 되는 가구의 비율은 5.7%로 우리나라 전체 수급가구(103만 2,996가구) 중 1.7%를 차지한다. 통계청(2018)이 발표한 인구총조사 결과(인구센서스 방식) 우리나라 가구 중 다문화가구 비중이 1.6%임을 감안할 때 모집단 비율과 비슷한 수준으로 파악된다. 다문화가구라고 해서 국민기초생활보장 수급 비율이 특이하게 높은 수준은 아니다. 2015년(5.1%)과 비교하면 2018년 0.6%p 상

[표 4-8] 다문화가구의 국민기초생활보장제도 지원 대상 여부

(여성가족부, 2018 : 56)

		수급	비수급	합계
전체		5.7% (17,513 가구)	94.3% (289,483 가구)	100% (306,995가구)
다문화가구 유형	결혼이민자	5.8%	94.2%	100%
	기타 귀화자	5.2%	94.8%	100%
거주 지역	동부	5.9%	94.1%	100%
	읍면부	5.1%	94.9%	100%

승한 것으로 나타난다. 국민기초생활보장 수급 대상 가구의 규모는 2015년 1만 4,135가구에서 2018년 1만 7,513가구로 3,378가구 증가했다. 가구 유형별로는 결혼이민자(5.8%) 가구가 기타 귀화자 가구(5.2%)보다 약간(0.6%p) 높게 나타난다. 거주지별로는 동부(5.9%)가 읍면부(5.1%)보다 약간(0.8%p) 더 높게 나타난다.

한국사회에서 자산 형성의 주요한 수단은 주택 구입이다. 다문화가구의 주거 유형은 단독주택이 40.9%로 가장 많고, 그다음으로 아파트 37.5%, 다세대주택 13.7% 순서다(최윤정 외, 2018 : 51). 읍면 같은 농촌 지역에 거주하는 다문화가구 60% 이상이 단독주택에 거주한다. 가구 소득이 높을수록 아파트에 거주하는 비율이 높아지지만 소득이 낮을수록 단독주택과 다세대주택 거주 비율이 높아지는 경향을 보인다. 다문화가구가 현재 거주하는 주택이 자기 집인 경우는 45.8%, 월세로 거주하는 경우는 30.0%, 전세로 거주하는 경우는 17.6%, 무상으로 거주하는 경우는 3.5%,

보증금 없는 월세로 거주하는 경우는 3.1%로 나타났다(최윤정 외, 2018: 51~52). 한국에는 다른 나라에 없는 독특한 전세제도가 있다. 자가로 주택을 소유하지 못한 경우 전세금을 지불하고 월세를 내거나, 월세 없는 전세금으로 2년 정도 집을 구해서 사는 경우가 많다. 전세로 거주하는 경우 2년마다 전세금을 올려줘야 하기 때문에 저소득층 다문화가구에는 경제적으로 큰 부담이 된다. 뿐만 아니라 월세로 거주하는 다문화가구도 주택 비용 지출이 높기 때문에 자녀교육에 투자할 여력이 없다. 보증금 있는 월세 다문화가구에 대해 조사해본 결과, 월평균 소득 100만원 미만(41.3%) 다문화가구와 월평균 소득 200~300만원 미만(42.2%) 다문화가구 비율이 600만원 이상(12.0%)보다 3배 이상 높게 나타났다. 가구 소득이 낮을수록 사글세라 불리는 보증금 없는 월세로 거주하는 비율, 무상으로 거주하는 다문화가구의 비율이 높은 것으로 나타난다. 이같이 다문화가정은 자가 주택보다는 전세, 월세로 거주하는 비율이 더 높게 나타나고 있었다. 일반 서민들처럼 다문화가정도 주택 문제 해결이 가장 중요하기 때문에 자녀교육에 투자할 경제적 여력이 없다고 보아야 할 것이다.

왜 학교생활에 적응하지 못하고
방황할까

—— 청소년기는 아동기에서 성인기로 이행하는 과도기적 단계로, 다양한 발달 영역의 변화와 사회성을 배우는 중요한 시기다.[1] 대부분을 학교에서 보낸다는 점에서 학교생활에서 겪는 교우관계, 교사와의 관계 같은 인간 상호관계는 한국 모든 청소년의 인성 발달 및 자아 정체감 형성에 중요한 변수로 작용한다.[2] 그러한 점에서 학교는 한국 청소년의 인격 형성과 성장 발달 역할 그리고 사회적 환경 속 올바른 적응을 위한 교육적 힘의 배양 역할을 수행하는 사회화 기관이다. 초등학교는 자아 형성 과정에 있는 학령기 아동들이 신체적·정서적·지적 발달 과정에 가장 중요한 영향을 미치는 환경체계로서 의미가 있다. 중고등학교는 학문적

---

1 변해진, 〈부모의 긍정적 및 부정적 양육행동과 자아탄력성이 청소년의 학교생활 적응에 미치는 영향〉(이화여자대학교 석사학위논문, 2013), 7.

2 한국청소년개발원, 《청소년 환경론》(서울 : 교육과학사, 2004), 159~182.

기술과 중요한 비인식적 능력의 발달에 영향을 미친다.

한국의 청소년들은 학업에 대한 부모의 과도한 기대, 대학입시 중심의 교육제도, 획일적이고 경쟁적인 학교 분위기 등을 경험하면서 누적된 스트레스를 받고 행복하지 않다고 느끼며 자신과 미래를 부정적으로 인식해 좌절하거나 절망하기도 한다.[3] 한국의 청소년들은 입시에 대한 과도한 중압감을 느끼므로 성적이나 학교에서의 인정 등이 삶의 만족도에 절대적인 영향을 미친다.[4] 한국 청소년의 삶의 만족도 수준과 학교생활 만족도 수준은 거의 일치하기 때문에 청소년들의 학교생활 적응도 그들 삶의 만족도와 밀접한 관련이 있다.[5] 대부분의 한국 청소년들은 대학입시를 위해 학교에서의 학습과 학교생활뿐만이 아니라 사교육에도 몰입하고 있다.

다문화가정 청소년들도 학습과 학교생활 적응 여부에 가장 많은 영향을 받는다. 그들도 한국인 가정 자녀들처럼 청소년기의 대부분을 학교에서 보내기 때문에 교우관계, 교사와의 관계 같은 인간 상호관계가 인성 발달 및 자아 정체감 형성에 큰 영향을 미친다. 학교생활 적응은 청소년기의 사회정서 발달에 큰 영

---

3 박현숙·장은희·유명숙·구현영, 〈청소년의 흡연, 자아존중감, 적개심 및 우울과의 관련성 분석〉, 《상담학연구》 6(4)(한국상담학회, 2005), 1321~1333.

4 Cha, K. & Kim, M., "Subjective well-being and psychological characteristics among high-school students," *Journal of the Korean Psychology Association(2002)*, 203~209.

5 안선정·이현철·임지영, 〈다문화가정 청소년의 부모 자녀 갈등, 또래관계, 학교생활 적응이 삶의 만족도에 미치는 영향: 자아존중감의 매개 효과를 중심으로〉, 《한국가정관리학회지》 31(2)(2013), 77~91.

향을 미치며 성인기 사회생활 적응에까지 영향을 미치기 때문에 매우 중요하다.[6] 또한 초등학교와 중학교 학교생활에 적응하지 못할 경우 누적된 학습결손이 발생하고 문제행동을 유발할 가능성이 높기 때문에 학교생활 적응은 청소년의 발달과정에서 중요한 요인이 된다. 학교생활에 적응력이 높은 아이들은 학업성취가 높은 반면 학교생활 적응력이 낮은 아이들은 반사회적 행동 경향을 보인다. 가정불화, 빈곤 같은 문제는 아이들의 학교 적응 및 학업성취에 부정적 영향을 미친다는 사실을 기억하자.

다문화가정 청소년은 일반 청소년보다 언어 문제, 친구 문제, 소통 문제 등으로 학교생활에 어려움을 겪기 때문에 전문적 관심이 필요하다. 교육인적자원부(2006)의 연구 보고서는 다문화가정 자녀들이 공통적으로 학습결손, 편견, 집단적 따돌림 등 차별로 인한 학교 부적응을 겪고, 이로 인해 학교를 포기하는 사례가 증가해 사회문제가 될 우려가 있다고 지적했다.[7]

보건복지부(2005)의 조사결과에 따르면 부모 중 한 사람이 외국인일 때 자녀가 겪는 어려움 중에서 또래집단으로부터 집단따돌림을 경험했다고 하는 비율은 17.6%였다(설동훈 외, 2005 : 138).

청소년기의 교사관계와 친구관계는 개인의 정서적 측면에 긍

---

6 정희선·조민아, 〈부모-자녀 의사소통과 학교생활 적응의 관계 : 정서 조절 전략 매개 효과〉, 《청소년학연구》 21(12)(2014) : 153~182.

7 교육인적자원부, 《다문화가정 자녀교육 지원계획》 (서울 : 교육인적자원부, 2006), 7.

정·부정적 영향을 미치는 중요한 요인이다.[8] 특히 교사가 학생이 공부에 흥미를 갖고 노력하도록 용기를 북돋고 칭찬해주면, 학생도 학교생활을 즐겁게 하게 되고 노력하고 싶은 마음이 생긴다. 다문화가정 청소년들이 학교생활을 잘하고 재미를 느끼는 데는 교사의 역할이 절대적이다. 교사가 학생과 긍정적인 상호관계를 맺고 학생이 선택한 관점을 인정, 격려, 지지해주면 학생의 입장에서도 쉽게 공감과 이해를 할 수 있다.[9] 결국 학교생활에 잘 적응한다는 것은 같은 반 학생들과 원만한 관계를 유지하고, 학교수업에 적극적이며, 학교 규범에 순응해 학업성취를 이루고, 원만한 생활을 한다는 것이다. 청소년의 학업을 연구해온 많은 전문가들은 이구동성으로 선생님, 또래친구, 가족에게 지지를 많이 받을수록 학교생활 적응력이 높아진다고 말한다.

아울러 정상적인 사회성 발달, 인간관계의 성장을 위해 청소년들에게 좋은 교우관계는 필수적이다. 청소년들은 가정에서 부모와의 관계, 학교에서 교사와의 관계보다는 비슷한 연령의 또래와의 관계를 통해 많은 영향을 받는다. 학교생활은 졸업 후 성인이 되어서도 생활방식, 성취, 사회생활에 중요한 영향을 미친다. 청소년들은 친구들과의 관계를 통해서 심리적 안정감, 사회

---

8 이혜경, 〈청소년이 지각하는 가족 건강성과 학교생활 부적응과의 관계〉(중앙대학교 석사학위논문, 2009), 85.

9 김종렬, 〈부모와 교사의 자율성 지지, 내재적 미래목표와 수업 참여 간의 구조적 관계 분석〉, 《초등교육연구》 21(1)(2012) : 147~167.

성 발달 등 긍정적인 자원을 얻는다. 또래관계는 청소년의 유능성 동기를 향상시키며 이를 통해 자아 기능의 효율성을 강화하고, 자아존중감을 증진시킨다.[10]

물론 다문화가정 청소년들도 학교생활에 적응하지 못하고 방황하거나 각종 문제에 부딪치기도 한다. 학교생활 적응에 영향을 미치는 주요 요인처럼 학교생활 부적응에 영향을 미치는 주요 요인도 가족, 교사, 친구관계이다.[11] 학교생활에 적응하지 못하면 친구가 없거나, 선생님과의 관계가 좋지 않아 학교에 가기 싫어하게 된다. 학교를 중심으로 형성된 친구관계는 청소년들에게 행동 혹은 가치 결정의 중요한 준거집단 역할을 하는데 친구관계가 부정적 유대관계로 지속될 경우 학교생활에 적응하지 못하고 학교로부터도 거부될 가능성이 높다.[12] 또래친구들은 사소한 것을 가지고 미움의 대상으로 삼기도 하고 왕따를 시킬 수도 있다. 실제로 피부색이 한국인과 다른 아이들은 차별의 대상이 되는 경우가 있다. 다문화가정 부모들은 자녀들이 정서적으로, 인격적으로 원만하고 건강하게 성장하는지, 대인관계에 문제는 없는지, 친구들과의 관계는 원만한지, 학교생활에 잘 적응하는

---

10 D. L. Vandell&S. E. Hembree, "Peer social status and friendship: Independent contributors to children's social and academic adjustment," *Merrill-Palmer Quarterly 40*(1994), 461~477.

11 정현영, 〈다문화가정 자녀의 학교생활 적응에 영향을 미치는 요인에 관한 연구: 아시아 여성과 한국 남성의 이중문화 가정 자녀를 중심으로〉(숭실대학교 석사학위논문, 2007), 49, 53, 56~63.

12 신현숙·박용재·박주희·류정희, 〈교사 보고형 초등학교 학교 적응 행동평정 척도의 개발과 타당도 검증〉, 《한국심리학회지: 학교》 3(2)(2006), 1~26.

지를 꼼꼼하게 살펴보아야 한다.

부모가 자녀교육에 활발하게 참여할수록 아동 및 청소년의 학업성취에 긍정적인 영향을 미친다는 것은 상식이다.[13] 이혼이나 사별로 인한 한부모 다문화가정 청소년들은 부모 동거 가족보다 낮은 학업 성적을 보이기 때문에 학령기 청소년 시기에 다양한 문제가 발생할 수 있다.[14] 부모의 이혼과 별거 등으로 인한 가족의 와해는 자녀의 정서 및 행동 문제의 증가와 관련이 깊기 때문이다.[15] 부모와 함께 생활하는 동거 가족보다는 이혼, 사별로 인한 해체 가족의 자녀는 학교생활 부적응 수준이 더 높고, 초등학교보다는 중학교와 고등학교 청소년들의 학교생활 부적응 수준이 더 높게 나타난다. 뿐만 아니라 부모 간의 갈등과 이혼, 사별로 인한 가정의 해체는 청소년들에게 부정적 영향을 미쳐 스트레스와 가출, 흡연, 음주 같은 위험 행동을 일으킨다.[16] 이처럼 잘못된 가족구조는 청소년들의 부정적인 문제에 원인으로 작용하는 악순환을 발생시킨다. 연령에 차이 없이 학교생활 적응과 가족 건강성은 매우 관련이 있다.[17]

---

13 신원영, 〈빈곤 청소년의 사회적 자본이 학업성취에 미치는 영향〉(숙명여자대학교 석사학위논문, 2008), 23~24.

14 이진석, 〈해체 다문화가족의 안정적 정착을 위한 정책 방안에 관한 연구 : 부산 지역 이혼 베트남 여성 결혼 이민자 심층면접을 중심으로〉, 《인문사회 21》 9(3)(아시아문화학술원, 2018. 6), 771~784.

15 오경자·문경주, 〈빈곤 가정 청소년의 심리사회적 적응 가족 위험 요인의 부모자녀 관계의 매개 효과 검증〉, 《한국심리학회지 : 임상》 2(1)(2006), 59~76.

16 전귀연·배문조, 〈가출행동 빈도에 따른 청소년의 가족 특성 비교〉, 《한국가족복지학》 6(1)(2001), 107~125.

17 임정아·이인수, 〈청소년기의 가족 건강성과 학교 적응 연구〉, 《아동교육》 15(2)(2006), 37~62.

따라서 다문화가정 부모는 자녀 방임 수준이 낮고 부모 갈등이 적을수록 자녀의 자아존중감은 높아진다는 사실을 기억해야 한다(안선정, 이현철, 임지영, 2013:77~91). 저소득층 다문화가정이라도 부모가 자녀에게 많은 관심을 가지고 있으면 자녀의 심리적 안정 수준이 높아질 수 있다는 사실을 잊지 말자.[18]

---

18 신효선, 〈다문화가정 자녀의 생활환경이 학교 부적응에 미치는 영향에 관한 연구〉(대구대학교 석사학위논문, 2008), 61, 65.

영혼을 파괴하는
학교폭력은 이제 그만

── 작년에 인천에서 한국−러시아 가정의 중학생이 학교폭력에 시달리다가 자살한 사건이 발생하면서 학교폭력 문제의 심각성을 일깨워주었다. 이 비극적 사건의 발단은 다문화가정 자녀에 대한 학교폭력이었다. 가해자 중학생들은 반성이나 뉘우침의 기색이 없었다. 학교폭력을 관리하지 못한 학교 측의 관리 소홀과 학교폭력자치위원회의 유명무실로 발생한 비극이었다.

왕따는 초등학교 고학년 시기에 나타나는 심각한 학교폭력 유형이다. 왕따 사례와 이에 대처하는 부모의 양육태도에 관한 사례를 소개하고자 한다.

한국여성정책연구원(2018)이 초중등학교에 다니는 다문화가족 자녀 중 지난 1년간 학교폭력을 당한 경험이 있는 학생이 어느 정도 되는지 조사한 결과 8.2%로 나타났다. 이는 지난 2015년 다문화가족 실태조사(5.0%)에 비해 3.2%p 증가한 것이다. 초등학교 고학령기인 만 9~11세의 경우 학교폭력 피해 경험률이 9.9%에 달하지만 18세 이상은 4.6%로 낮아진다.

학교폭력 유형을 살펴보면 초중고등학교 재학 자녀들이 가장 많이 겪는 학교폭력은 말로 하는 협박이나 욕설이 61.9%로 가장 많았고, 그다음은 집단따돌림(왕따) 33.4%, 인터넷 채팅, 전자우편, 휴대전화를 통한 욕설과 비방 11.4%로 나타났다(최윤정 외, 2018:539). 신체폭행 피해는 초등학교 고학년 연령기인 9~11세(10.5%)에서 가장 많이 발생하는 것으로 나타났으나, 사이버폭력 피해는 중학교 연령기인 12~14세(25.1%)에서 가장 높게 나타났으며, 집단따돌림은 고등학교 연령기인 15~17세(46.8%)부터 급격히 높아져 18세 이상에 이르면 70.8%가 피해를 당했을 정도로 심각해지고, 18세 이상에서는 언어폭력(29.2%)이 다른 연령대에 비해 급격히 줄어든다(최윤정 외, 2018:540). 성장 배경별로는 언어폭력(73.1%)을 비롯해 집단따돌림(57.6%), 사이버폭력(14.2%)은 외국 거주 경험이 있는 자녀들이, 신체폭행(13.0%)은 외국에서 주로 성장한 자녀들이 상대적으로 더 많은 피해를 보고하고 있다(최윤정 외, 2018:538). 왕따, 학교폭력을 가하는 아이들은 뚜렷한 이유도 없이, 무차별적으로 특정 아이들을 괴롭히는 경향이 많다. 요즘 학교에는 학교폭력위원회가 있어서 학교폭력, 왕따 행위를 민감하게 처벌하고 학생부에 기재할 정도로 가해자에게 불이익을 준다. 청소년기에 예민해진 아이들은 학업 스트레스를 풀 곳이 없어서 스트레스 풀이 대상으로 왕따를 만들기도 한다. 초등학교 때는 노골적으로 왕따를 시키지만 중고등학교로 올라가면 괴롭히는 방법이 교묘하게 진화하는 경향이 있다.

연령별로 보면 초등학교 고학년(12~14세)에서 가장 높은 피해 유형은 말로 하는 협박과 욕설(53.6%), 집단따돌림(36.3%), 인터넷 채팅, 전자우편(이메일), 휴대전화를 통한 욕설과 비방(22.3%), 강제 심부름 같은 괴롭힘(6.8%)의 순서로 나타났다. 초등학교 저학년(9~11세)에서 가장 높은 피해 유형은 말로 하는 협박과 욕설(72.5%)이 가장 높게 나타났으며, 그다음이 집단따돌림(30.2%), 손과 발 또는 도구로 맞거나 특정한 장소에 갇힘(15.5%), 돈 또는 물건을 빼앗김(13.7%)으로 나타났다.[1] 중학생 시기(15~17세)에 발생하는 가장 높은 피해 유형이 말로 하는 협박과 욕설(50.7%), 집단따돌림(51.6%), 인터넷 채팅, 이메일, 휴대전화를 통한 욕설과 비방(16.1%)의 순서로 나타났다면, 18세 이상 고등학생 시기에 가장 많이 발생하는 학교폭력 피해 유형은 집단따돌림(왕따)이 100%로 주된 폭력 유형이었다.

가족 특성별로는 결혼이민자(8.7%) 가족 자녀가 기타 귀화자(3.8%) 가족 자녀보다 2배 이상의 학교폭력 피해 경험이 있는 것으로 나타났으며, 외국계 아버지(6.9%)를 둔 자녀의 학교폭력 피해 경험이 가장 낮고, 외국계 어머니(8.1%)를 둔 자녀나 아버지와 어머니 모두 외국계(8.3%)인 자녀는 비슷한 수준을 보인다. 가구

---

1 통계청, 〈다문화가족 자녀의 학교폭력 피해 유형(복수 응답)〉(2016. 8. 17).

소득별로는 대체로 소득이 낮을수록 학교폭력 피해 경험률이 높아져, 200만원 미만의 저소득 가구(100만원 미만 10.1%, 200만원 미만 9.2%) 자녀들에게서 학교폭력 피해가 많이 일어나는 것으로 나타났다(최윤정 외, 2018:538).

필자 지인의 자녀는 초등학교 5학년 때 같은 반 아이를 왕따시키는 데 참여했다고 한다. 이유는 키가 큰 피해 학생이 화장을 한 채 학교에 등교하고 체육시간에 얼굴에서 땀을 흘리는 모습이 이상해 보여서라고 했다. 그 학생을 싫어하는 아이들을 모아 네이버 카페를 만들고 모임을 결성한 것이 같은 반 아이들에 의해 알려졌고 학생의 어머니가 그 사실을 알게 되면서 학교에서 대소동이 일어났다. 가해 학생들의 부모도 교사의 연락을 받고서야 상황을 알게 되었다. 가해 학생들 중 선동하는 역할을 한 학생의 부모는 피해자 가정을 방문해서 사죄하고 자신의 자녀를 엄하게 꾸짖어 두 번 다시 왕따 같은 차별 행위를 하지 못하도록 철저히 교육했지만 주도적 역할을 했던 가해 학생과 부모는 끝까지 발뺌과 변명만 했다. 그런 가정에서 자란 아이가 제대로 인격교육을 받을 수 있었을까? 결과는 독자 여러분 상상에 맡기겠다. 자녀가 올바른 인성을 갖고 성장하는 것은 전적으로 부모의 양육태도와 양육방식에 달려 있다는 사실을 알게 해준 사례였다.

학교폭력은 가해자와 피해자 모두에게 치명적 상처를 입힌다. 특히 피해자는 평생 트라우마와 지워지지 않는 기억으로 고통받기도 한다. 왕따를 당한 피해자는 자신감과 자존감이 떨어진다. 아울러 왕따를 시키는 학생들 마음속에도 병이 들었는지 모른다. 가해 학생들도 성장하면서 내면의 상처를 겪거나, 잘못된 양육방식, 부모의 무관심 등 여러 가지 가정 내 요소로 인해 문제아가 되었다고 보아야 한다.

학교폭력 문제에서는 피해자 구제가 우선이지만 가해자 역시 학교폭력이 자신의 삶도 망가뜨린다는 사실을 인지하고 스스로 개선하게끔 심리상담과 치료를 병행해서 받아야 한다. 학교폭력의 위험성을 인지한 교육인적자원부가 학교마다 학교폭력자치위원회를 두어 관리하지만 은밀하게 벌어지는 왕따 등 다문화에 대한 근본적 인식 변화가 없는 한 학교폭력이 완전하게 사라진다고 장담할 수 없다. 학교폭력을 당했다면 부모가 학교에 피해실태를 적극적으로 알리고, 가해 학생을 학교폭력자치위원회에 회부해 적절한 처벌을 받게 하거나, 가해자를 다른 학교로 전학시켜 피해 학생이 2차 피해를 받지 않도록 차단해야 한다. 학교는 피해자와 가해자 모두 심리상담을 통해 문제점을 찾고 심리치료를 통해 극복하도록 도와야 한다. 다시 말해 피해자의 심리적 상처가 남지 않도록 상담과 치료에 적극적 관심을 갖고 대응해야 한다. 학교폭력은 가해자에게도, 피해자에게도 평생 지울 수 없는 상처가 되고 잘못된 인생의 흔적을 남긴다는 사실을 모든 청소년이 인지하도록 인식 개선 교육이 꾸준히 전개되어야 할 것이다.

다문화가정의 교육전략은 따로 있다

다문화가정 자녀에게 유리한
다중언어 교육

—— 언어는 개인뿐만 아니라 사회적·국가적 경쟁력을 증강시키는 핵심 요소다. 언어, 특히 영어 열풍은 어제오늘의 문제가 아니다. 능숙한 언어 습득이야말로 글로벌 시대를 개척해나가는 첨단의 무기가 되는 것이다.[1] 지금까지 우리나라는 단일민족 국가라는 자부심으로 인해 배타주의로 일관해왔다. 이민족에 대한 정책적 배려는 거의 없었다고 해도 과언이 아니다. 5·16군사혁명 이후 한반도 내의 유일한 이민족으로 불리던 화교는 1945년 해방 당시 60여 만 명에서 1975년에는 5만 7,000여 명으로 줄었다. 이후 본격적 다문화 시대가 출현한 것은 1990년대 정부의 세계화 추세에 발맞춰 국내 자본시장과 노동시장 개방이 전개되면서부터다. 국제결혼 증가도 다문화사회를 앞당기는 중요한 요인이 되었다.

---

1 안성호, 〈다중언어 능력은 글로벌 시대 최대의 자원〉, 《Overseas Koreans Times》 250(해외교포문제연구소, 2015), 39~43.

우리 사회는 이제 빠른 속도로 다문화·다인종 국가로 이동하고 있으며, 2050년에는 그 비율이 전체 인구의 10%를 넘을 것이라는 전망이 나온다. 이런 관점에서 본다면 지금이야말로 다문화가정의 이중언어 문제에 본격적 관심을 기울일 시점이다. 다문화가정 결혼이주자의 경우 문화적 충격과 더불어 가장 먼저 접하는 적응과 관련된 문제가 언어장애다. 다문화가정의 자녀 역시 학습은 물론 친구 간의 교류 등 수많은 난관에 부딪치기 마련이다. 특히 다문화가정 결혼이민자들이 이중언어에 관심을 가져야 하는 가장 큰 이유는 자신의 모국어로 자녀들의 취학이나 취업의 대안을 넓혀줄 수 있다는 '언어자본으로서의 가능성' 때문이다.[2]

그러나 영어권이나 유럽에서 이주한 가정의 경우 자녀들에게 적극적으로 모국어를 교육하는 반면, 동남아 등 후진국에서 이주한 부모들은 모국어 교육에 소홀하다. 생활수준에 따라서도 이중언어에 대한 교육은 많은 차이를 나타낸다. 그러다 보니 소득이 낮은 가정의 경우 가족 간 대화시간이 짧고 모국어 사용 빈도도 낮다. 부모의 거주 지역도 이중언어 사용에 많은 영향을 미친다. 농어촌 지역에 거주하는 가정은 대도시에 거주하는 부모에 비해 상대적으로 이중언어를 습득하고 사용하는 환경이 열악하다.

---

2 Seong Man Park, 〈자녀의 다중언어 발달에 관한 캐나다 한인이민 부모의 인식연구〉, 《교육문화연구》 24(4)(인하대학교교육연구소, 2018. 8), 679~706.

가정에서 엄마라는 존재는 자녀양육의 주체다. 엄마가 한국어에 능통해야 한국인의 정서, 한국사회의 문화와 시스템을 이해하고 적극적으로 자녀교육에 나설 수 있다. 영국의 경우 이민자 가정은 무조건 영어를 의무적으로 배우도록 명시하고 있다. 외국인 출신 이민자들이 영국사회에 효율적으로 정착해 생활하게끔 도와주려는 목적 때문이다. 외국인 이민자 출신 다문화가정이라면 자녀들 교육의 질을 위해서 부모도 영어를 배워야 한다는 의미다. 외국인 출신 어머니가 한국생활에 잘 적응하거나 한국어가 가능한 경우에는 다문화가정 자녀가 학습에 어려움을 겪는 일이 드물고 일반 학생과 차이가 나지 않는다. 혹은 일반 학생보다 우수한 학업성취를 보이기도 한다.

이러한 결과는 다문화가정 자녀의 한국어 능력 향상을 돕는 동시에 그들의 부모를 지원해야 한다는 사실을 시사한다. 많은 연구자들이 외국인 결혼이민자, 귀화자에게 한국어를 교육해야 그들의 자녀교육에도 도움이 된다는 연구결과를 내놓았지만, 실제로는 지방자치단체가 결혼이민자, 귀화자를 위해 한국어 교육을 지원하는 경우가 많지 않다. 한국어 교육을 받으려고 이민자 스스로 비용을 마련하거나, 배우자가 지원하는 경우가 대다수다. 엄마가 한국어를 제대로 구사하면서 글로 자신의 생각을 표현하고, 다양한 정보와 자료를 읽고 이해하는 능력이 있어야 아이들의 학습 지도와 진로 지도, 교육 문제에 적극적인 역할을 할 수 있다. 한국어를 잘하지 못하면 자녀들이 고등학교에 진학해 진로나 진학 과 관련해 선택하고 결정하는 과정에서 엄마가 조언을 하거나 도와줄 여지가 많지 않다.

그러므로 다문화가족센터의 역할이 더욱 중요하다. 외국인 엄마가 한국사회에 잘 정착하도록 한국어 습득을 위한 언어교육 지원 방안을 만들어야 한다. 저소득층의 경우 자비로 한국어학당에 등록해 한국어를 배우는 사람들은 극소수다. 여성가족부에서는 반드시 외국인 부모를 위한 한국어 교육과정을 체계적으로 제공해야 한다. 뿐만 아니라 성장해 성인기가 된 후의 직업 선택, 결혼, 출산 등 자녀의 인생 설계에 도움을 주려면 외국인 부모의 한국어 능력이 향상되어야 한다. 언어는 생각을 이해하는 통로다. 문화, 관습, 사회 시스템, 법률, 경제, 의학상식, 생활상식을 이해하는 기본적 도구이기도 하다. 그렇기 때문에 한국어 습득은 결혼이민자, 귀화자에게 중요한 생존도구가 된다. 필자의 가족이 미국에 정착할 수 있었던 비결도 아내와 내가 영어를 배운 덕분이다. 결혼이민자와 귀화자가 한국사회에 잘 적응하고 행복하게 살아가려면 한국어를 배워 실생활에 활용할 수 있어야 하며, 한국어가 제2의 인생에 도전하는 한 가지 방법이 되어야 한다.

다문화가정 자녀들의 언어능력과 교육 수준은 앞으로 우리 사회와 국가에 커다란 영향을 끼칠 것이다. 어느 사회든 그 사회가 지닌 중핵적 가치체계는 정교한 언어를 교육함으로써 전수되기

다문화가정의 교육전략은 따로 있다

마련이고, 학생들은 이러한 언어를 학습하면서 사회의 유능한 일원으로 성장한다. 다문화가정 자녀에게 모국어는 단순히 의사소통의 수단일 뿐 아니라 심리적 안정감을 주고 자아 정체성과 일련의 응집력으로 가족을 연결하는 매우 강력한 가치체계가 된다. 이와 더불어 한국의 언어와 문화만을 강요할 것이 아니라 가정과 학교, 지역사회에서 이주민들의 모국어와 문화를 존중하고 교육해야 한다. 이렇게 될 때 다문화가정 이주민들 스스로도 모국어와 모국의 문화에 자긍심을 갖고, 공동체의 문화를 함께 발전시켜 나아갈 수 있다.

이중언어 능력은 다문화가정 자녀가 지닌 선천적 자산이다. 현재 교육인적자원부는 다문화가정 자녀의 이중언어 능력을 지원하기 위해 '글로벌 브릿지' 사업 등을 펼치고 있다. '다문화언어강사'를 제외하고, 대부분의 다문화교육정책은 다문화가정과 학생의 약점을 지원하는 형태로 운영하는 추세이다(장인실, 2018 : 27). 2015년 교육부 정책 방향은 다문화인재 육성에 강조점을 두고 있으나, 다문화가정 학생의 강점과 장점을 강조하는 프로그램을 운영하기보다는 한국화하는 교육에 좀 더 중점을 둔 채 약점을 지원하는 형태의 사업이 이루어지고 있다.

우리나라 교육부에서도 다문화학생을 위해 여러 프로그램을 도입해 운영한다. 그중 이중언어 말하기 대회가 있다. 대회에서는 지역 교육청에서 선발된 초등부와 중등부 학생들이 한자리에 모여 자신의 언어능력을 과시한다. 지금까지 일본어와 중국어가 주를 이루었으나 7회째에 접어든 지금은 몽골어, 베트남어를 비롯해 스페인어, 러시아어, 아랍어까지 등장했다. 이 대회는 다문화사회에서 이문화 간 갈등을 해소하고 소통과 이해를 증진시켜 궁극적으로 사회통합에 기여하는 프로그램이기에 권장되어야 마땅하다. 한편 경상북도는 다문화가족 지원기금을 조성해 자녀들에게 베트남 현지 이중언어 캠프를 실시하고 있다. 다문화가족 자녀의 강점인 이중언어 능력을 강화해 미래의 글로벌 인재로 키우기 위한 행사다. 캠프는 베트남에 있는 대학에서 열흘간 열리는데 베트남 출신 다문화가정 초중등 자녀 중 이중언어 대회 수상자, 국내 캠프 성적 우수자 등 20명을 대상으로 이중언어 집중학습, 베트남 문화 이해 및 탐방, 현지 대학생들과의 멘토링 등 다양한 프로그램을 통해 집중훈련을 실시한다.

이중언어 교육은 세계적 트렌드다. 최근에는 영어는 기본이고 제2외국어를 포함한 다중언어 교육에 관심이 높다. 연구결과에 따르면 다중언어로 수업을 듣는 어린이는 외국어뿐 아니라 모국어도 더 체계적으로 쉽게 습득하는 것으로 나타났다. 언어 구사력뿐만 아니라 연산력, 기억력에서도 모국어로만 수업을 듣는 어린이보다 뛰어나다는 것이다.[3]

3 권문화, 〈다문화영역 이중언어 교육연구 동향 분석〉, 《학습자중심교과교육연구》 19(5)(학습자중심교과교육학회, 2019), 931~959.

필자가 15년 정도 거주했던 미국의 많은 주에서는 의외로 수업의 상당 부분을 영어가 아닌 다른 언어로 진행하는 학교가 많았다. 다양한 외국어를 유창하게 구사하는 능력이야말로 더 많은 기회를 가져다준다고 믿는 학부모들이 늘어났기 때문이다. 그런데 다중언어를 교육할 때 놓치지 말아야 할 점이 있다. 아무리 말 못하는 유아라도 모국어부터 먼저 교육해야 한다는 것이다. 그 후 아이의 꾸준한 관심과 호기심을 자극하는 정도에서 외국어 공부를 시켜야 한다고 전문가들은 조언한다. 즉 유아기의 언어는 학습능력에 집중할 것이 아니라 아이의 흥미를 유발하는 단계에 머물러야 한다는 것이다.

다중언어 교육을 치열하게 하는 대표적인 나라가 스위스다. 스위스 청소년들은 4~5개의 외국어를 자유자재로 구사한다. 이를 잘 아는 다국적 기업들은 취리히 근교 대학에서 공학을 전공하고 몇 개의 언어를 구사하는 스위스 청년들을 채용하려는 경향이 강하다. 덕분에 스위스는 유럽에서도 가장 취직이 잘되는 인적 자원을 지닌 나라로 평가된다.

이제부터 다중언어 능력을 지닌 한 대학생을 소개하려 한다. 경희대 2학년에 재학 중인 관선의 모국은 아프리카 콩고다. 그녀는 중학교 과정부터 한국 일반 학교에서 공부했는데 대학 입학을 위해 작성한 자기소개서부터 남달랐다. 관선은 콩고 토착어는 기본이고 프랑스어와 영어, 한국어와 일본어까지 5개 국어를 자연스럽게 구사할 수 있다고 자기존재감을 알렸다. 자기소개서를 읽은 대학 관계자들은 국적이나 경제 형편과는 상관없이 언어능력을 보고 관선을 선발했다. 이토록 뛰어난 언어능력 덕분에 원서를 제출한 대학마다 모두 합격한 관선은 장학 혜택이 많은 경희대를 선택했다며 행복해했다.

　이처럼 다중언어 구사능력은 글로벌 디지털 노마드 시대의 능력자라는 자격증과도 마찬가지다. 이중언어 능력의 토대를 갖춘 다문화가정 자녀들이 미래사회의 자산인 이중언어를 자연스레 구사할 수 있도록 부모들의 세심한 관심이 필요하다.

글로벌 디지털 노마드 시대에
걸맞은 자녀로 키우자

── 《로마인 이야기》의 저자 시오노 나나미는 로마제국이 흥했던 이유를 그들의 개방성에서 찾았다. 열린 길을 통해 수없이 신선한 바람을 맞으며 로마를 새롭게 했다는 말이다. 즉 개방과 포용을 통한 공존이 한 국가의 흥망성쇠를 결정한다고 본 것이다. 그러한 점에서 필자는 대한민국의 다문화사회 진입은 선택이 아니라 역사와 시대의 필연이라고 말하고 싶다. 어느 시대든 역사적으로 융성하고 강대했던 나라는 다민족·다문화국가였으며 다른 문화에 개방적이었다.

우리는 최첨단 정보통신 기술의 발달 덕분에 국제 교류 면에서 치열하게 경쟁하는 글로벌 시대에 살고 있다. 그리고 트위터, 페이스북, 카카오톡, 라인, 텔레그램 같은 SNS의 확산 덕분에 국경을 넘어 태평양 건너 미국에서, 유럽에서, 일본에서 시시각각 소식을 전하고 교류할 수 있는 글로벌 커뮤니케이션 시대를 살아간다. 1980년대 일본이 경제대국으로 전 세계를 누빌 때 뉴욕 심장부 요지에 일본 기업의 광고판이 즐비하던 시절이 있었다. 요새는 바로 그 자리에서 '아미'라는 글로벌 팬들이 홍보하는 한국의 유명 아이돌 상위 그룹 BTS의 생일축하 광고, 신규앨범 광고까지 볼 수 있으니 감개무량하다. 미국의 콧대 높은 가전기업 월풀의 냉장고와 세탁기보다 삼성과 LG의 가전제품이 최첨단 이미지를 뽐내며 미국 중산층 이상 가정의 필수품으로 선택되는 현실이니 격세지감을 느낀다. 이제는 실시간으로 미국 뉴스가 한국인의 핸드폰에 전송되고 유튜브를 통해 개인의 취미와 기업 홍보, 아티스트들의 예술, 각종 뉴스와 정치평론까지 손쉽게 공유할 수 있는 글로벌 커뮤니케이션 시대가 왔다.

그렇다면 다문화가정 부모들은 어떻게 우리의 자녀를 글로벌 시대의 인재로 키울 수 있을까? 단순히 부모가 태어난 나라의 언어를 구사하는 것으로 해당 국가를 온전히 이해할 수는 없다. 그 나라의 문화를 수용하고, 나와 생각과 가치관이 다른 그들과 소통, 대화하며 열린 사고를 해야 글로벌 시대에 걸맞은 글로벌 마인드를 갖출 수 있다.

우리의 젊은 세대들이 가야 할 곳은 저 넓은 세계다. 아직도 도전과 기회가 풍부한 지역이 많다. 그런 점에서 모국어를 자유자재로 구사하는 다문화가정 청소년들은 지역 전문가로 성장해도 좋을 것이다. 유아기와 초등학생 시기에 다문화가정 부모들은 자녀와 함께 세계지도를 펼쳐 다양한 나라들이 어디에 있는지 알아보고, 외국인과 마주치면 헬로, 신차오, 니 하오, 곤니치와 같은 간단한 인사말을 나누도록 가르치자. 여러 나라의 맛있는 음식을 함께 만들어보거나 사먹으면서 열린 사고와 다양성을 기르도록 유도하는 등 글로벌 교육을 할 필요가 있다.

교육인적자원부는 다양성 강화 차원에서 빈곤국가를 포함한 다양한 나라의 문화 콘텐츠를 수업에 활용하거나 알뜰시장 놀이 등으로 다른 나라 문화를 체험하는 다문화 수업을 장려한다. 다문화 가정의 부모는 자녀가 중고등학생이 되면 월드비전 봉사단원 되기, 유니세프 대원 체험하기 등을 활용해 국제기구, 비정부단체의 활동을 체험하고 글로벌 마인드를 배우도록 장려할 필요가 있다. 눈높이와 관심, 재능에 맞추어 글로벌 활동에 참여하게 함으로써 훨씬 개방적이고 다양한 글로벌 노마드로 키울 수 있을 것이다.

그렇다면 우리 자녀가 글로벌 시대에 걸맞은 글로벌 인재로 성장하기 위한 선행조건은 무엇일까? 첫째, 언어 구사 능력이 원어민과 유사할 정도로 상당한 수준에 도달해야 한다. 글로벌 인재의 필수조건은 영어를 비롯해서 진출하려고 하는 국가의 현지 언어를 상당한 수준으로 구사하는 능력이다. 기업이 해외로 진출하면서 중국어, 스페인어, 러시아어 등 제2외국어까지 구사할 수 있다면, 이는 금상첨화이다.[1]

---

1 박영훈·이동수, 《디지털 노마드를 위한 구글 애드워즈 마케팅》(서울: 경향PB, 2018).

둘째, 글로벌 관점에서 사고할 수 있는 지적 수준을 갖추어야한다. 역사와 세계사 지식, 지구촌의 현안 이슈, 관심을 갖고 있는 해당 국가에 대한 지식을 갖추는 것은 물론, 지속적 관심을 갖고 스스로 여러 자료를 찾아보고, 신문이나 잡지 등을 통해 현지 정보를 습득하는 것이 중요하다. 요즘은 페이스북, 트위터 등으로 외국인들과도 소통하며 친구가 된다. 언어를 자유자재로 구사할 수 있다면 의사소통 능력, 사고방식, 문화까지 배울 수 있으니 더할 나위 없이 유리할 것이다.

그리고 어린 시절부터 자녀에게 독서, 특히 다독의 중요성을 가르치고 실천하게 하자. 학자들은 지식의 종말이자 지식의 빅뱅 시대가 도래했다고 보면서 현대사회를 지식정보화 시대라고 정의한다. 미래학자 버크민스터 풀러는 인류가 가진 지식의 총량이 비약적으로 증가할 것이라고 예측했다. '지식 2배 증가 곡선' 이론에 따르면 현재 지식의 총량이 2배가 되는 데 걸리는 시간이 13개월이지만 미래에는 12시간으로 단축될 거라고 한다. 이제는 학교에서 배운 지식도 불과 몇 년이 지나면 옛 지식이 되고 말 것이다. '얼마나 많이 아는가'보다는 오히려 세상의 변화를 읽어내고, 필요할 때 원하는 지식을 찾아내 활용할 수 있는 능력이 더없이 중요한 시대가 다가오고 있다. 이러한 능력을 기르는 키워드는 상상력과 통찰력이다. 그리고 상상력과 통찰력은 다독에서 나온다.

다문화가정의 교육전략은 따로 있다

셋째, 자녀를 다문화에 대한 편견이나 선입견이 없는 열린 마음을 가진 인재로 키워야 한다. 피부색, 성별, 출신 국가 등 자칫 편견을 가져올 수 있는 요인들에 대해 열린 마음과 태도를 가진 인재가 글로벌 인재다. 실례로 한국의 유명 아이돌 그룹 BTS의 글로벌한 팬모임 '아미'들은 세계 곳곳에서 자발적 팬덤문화를 만들어왔다. BTS의 미국과 영국 진출, 해외 가수로서 최초의 사우디아라비아 공연은 언어와 문화, 종교를 초월한 글로벌 팬들의 열정과 후원 덕분에 가능했다.

그렇다면 국가는 어떤 노력을 기울여야 하는가? 글로벌 코리아의 새로운 위상 정립을 위한 국가브랜드위원회가 출범한 지 오래다. 지식정보 산업사회에서 국가 브랜드는 국가에 대한 호감도와 신뢰도 등을 총칭하는 개념으로 개별 국가의 품격, 이미지 등과 밀접한 관련이 있다. 필자는 우리 모두 국가 브랜드의 가치를 더 높이기 위해 노력해야 한다고 주장한다. 우리 사회의 경제적·사회적 개방은 가속화되고 있으나 시민의식은 글로벌 수준에 미치지 못한다. 글로벌 사회에 걸맞은 시민의식이 부족하다는 뜻이다. 배타적 단일민족주의에서 탈피해 다문화를 포용하는 능력과 아량을 더 길러야 할 것이다.

국제사회에서의 봉사와 기여 또한 필요하다. 우리나라는 세계 10위권의 경제대국인데도 그동안 개도국 지위에 안주했기에 경제적 위상에 걸맞지 않게 국제사회에 대한 기여도가 높지 않았다. 앞으로는 개도국에 대한 공적개발원조(ODA)를 확대할 필요성이 있고 기후 변화, 그린에너지 개발, 인권, 질병 등 글로벌 이슈에 대한 적극적 참여가 요구된다. 나아가 관광자원을 개발하고 외국인 관광객 유치에 노력해야 한다. 국가 브랜드 제고에는 외국인 관광객 유치만큼 효과적인 것이 없다. 정부 차원에서 출입국관리제도를 개선하며, 지역별 관광자원을 개발하고 지방과 대도시 간 관광 인프라를 연계 구축해 많은 외국인 관광객이 우리나라를 재방문하게끔 관광환경을 만들 필요가 있다. 국가 브랜드를 높이는 것이 요란한 구호에 그쳐서는 안 된다. 단기적 성과를 내는 데 급급해서도 안 된다. 중장기적 마스터플랜을 구축해 지속적이고 연속적이며 구체적인 정책을 개발해야 할 것이다. 아울러 우리 국민의 준법정신과 글로벌 시민의식을 향상시키는 것이야말로 국가 이미지와 국가 브랜드를 높이기 위한 시급한 과제가 아닐까 생각한다.

지금 세상은 물질의 시대에서 정신의 시대로, 경쟁의 시대에서 공존과 화합의 시대로 넘어가는 거대한 전환의 시점에 와 있다. 이러한 변화에 맞추어 제대로 적응해나가는 사람이 인류의 미래를 이끌어가는 참다운 글로벌 인재가 될 것이다.[2] 20세기 후반, 우리의 선배들은 유창하지 못한 영어지만 배짱으로 무장한 채 세계

---

2 국수미, 《나는 직장에서 디지털 노마드로 일한다》(서울: 라온북, 2018).

다문화가정의 교육전략은 따로 있다

를 누비고 다녔다. 글로벌 시대를 살아가는 우리 자녀들은 탄탄한 외국어 실력과 전문적 식견을 가지고 세계에 파고들어야 한다. 지구 전체가 운동장이자 놀이터라고 여기고 더 좋은 기회를 찾아 세계로 진출해야 한다. 그래서 동남아에서 한글을 가르치고, 아프리카 오지에서 인술을 펼치며, 남미에서 정의롭게 사업을 하는 젊은이들이 더 많아져야 한다. 고 김우중 대우그룹 회장의 말처럼 세계는 넓고, 할일은 많다.

소프트파워를 좌지우지하는
유대인의 자녀교육법

—— 유대인은 나라 없이 2,000년을 떠돌았지만 민족이 소멸되지 않은 채 현재의 세상을 움직이고 있다. 그 숫자는 많지 않으나 정치·경제·문화 등 미국의 주요 산업과 트렌드를 이끄는 주역이다. 이들은 할리우드를 만들어 미국의 영화산업을 주도했고, 주요 일간지와 유명 TV 매체를 탄생시켰다. 간단히 말해 노벨상 수상자의 20% 정도가 유대인이라는 사실은 이들의 저력을 말해준다. 유명한 금융재벌 로스차일드 가문은 전 세계 금융계를 지배하는 실세로 알려져 있다. 헤지펀드의 귀재 조지 소로스 같은 막강한 유대인의 금융 네트워크와 힘을 무시할 수 있는 국가는 드물 것이다. 미국의 대통령 선거에도 유대인 유권자협회의 자금 동원력과 후원 세력이 미치는 힘은 막강하다. 아무리 초강대국 미국이라 해도 중동정책에서 이스라엘을 무시하고 배제할 수는 없다. 유대인들은 미국사회 곳곳에서 정치, 경제, 외교, 군사,

안보, 과학, 의학 분야에 영향을 주는 엘리트로 막강한 파워를 발휘한다. 뉴욕은 유대인의 아성이라고 불릴 정도다.

5,000년을 이어온 작지만 거대한 유대인의 소프트파워를 좌우하는 비밀은 무엇일까? 그것은 바로 '교육의 힘'이다. 어려서부터 토론을 즐기고 정체성을 중요시하면서 멋지게 기부하는 삶의 방식이 오늘날의 글로벌 유대인 공동체를 일구었다. 한국 부모들도 뜨거운 교육열만큼은 전 세계에서 뒤지지 않지만 유대인들이 자녀를 양육하는 태도, 그들이 추구하는 공부 목적, 삶의 방향에 대한 교육관은 분명 우리와 다르다.

유대인들은 거의 매일 저녁 온 가족이 둘러앉아 저녁 식사를 한다. 아무리 바빠도 하루에 한 번씩은 가족이 함께 식사를 하려고 노력하는데, 그 시간에 부모는 아이들이 어떻게 지내는지를 확인하고, 대화를 통해 교감한다.[1] 식사시간은 세상을 향한 아이의 질문이 시작되는 자리이며, 때로는 편안한 토론의 장이 된다. 대화가 길어질 때는 3시간을 훌쩍 넘길 때도 있다. 특히 매주 금요일이면 전 세계 유대인들은 외출을 삼가고 가족과 저녁을 준비한다.

뉴욕에서 유대인 지인에게 들었던 그들의 가정생활은 본받을 부분이 많았다. 가정에서 자녀와 대화와 토론을 즐기는 건 기본

---

1 박기현, 《차이나는 유대인 엄마의 교육법 : 자녀교육은 유대인 엄마처럼》(서울 : 메이트북스, 2019).

이고, 잠들기 전에 책을 읽어주며, 여행이나 현장학습을 통해 살아 있는 지식을 몸으로 익히게 한다. 부모들도 만학도로서 학업에 도전하거나 사회교육에 참여하면서 자녀에게 공부하는 모습을 보여주기 때문에 유대인 가정 자녀들에게는 평생 배워야 한다는 생각이 체화되어 있다. 유대인들은 경쟁에서 살아남은 소수 엘리트에 의해서가 아니라, 다양한 개성을 가진 평범한 사람들의 조화와 협동 속에서 사회가 발전한다고 생각하는 경향이 강하다. 그래서 자녀들에게도 잘나고 돋보이는 사람이 되기보다는 사회 속에서 조화를 이룰 수 있는 사람이 되라고 가르친다. 출세하고 성공해서 부자가 되라는 말을 입버릇처럼 자녀에게 되뇌는 한국인 부모들과는 생각 자체가 다르다.

유대인의 교육방식은 '하브루타'라고 불린다. 이는 유대교 경전 《토라》를 학습하는 종교교육 전통과 관련이 있는데, 무조건 친구 둘 이상이 함께해야 공부가 시작된다. 하브루타는 단순하게 발표와 토론만 하는 것이 아니다. 어린 시절부터 《토라》와 기본 경전을 거의 암기하다시피 숙지하고, 이를 바탕으로 《토라》에 관한 자기해석을 명료하게 표현하고 집요하게 질문하는 것이 핵심이다.[2] 이러한 토대에서 행해지므로 질문 내용이 까칠하고 토론도 치열하다. 가끔 미국 영화에 유대인들이 빵모자를 쓰고 웅성거

---

2 지성희, 《생각하는 수업, 하브루타 : 아이를 강하고 특별하게 키우는 유대인 생각법》(서울: 위닝북스, 2019).

리며 암기하는 모습이 등장할 때가 있는데《토라》를 암기하고 질문하거나 대답하는 것을 보여주는 장면이다. 임신 중 태아에게 책을 읽어주고 이야기를 들려주는 것, 잠자리에서 어머니가 동화를 들려주면서 자녀와 대화하는 것, 자녀가 배운 것을 이해하기 위해 돌아다니며 스스로 묻고 답하고 중얼거리는 것도 모두 하브루타라고 할 수 있다. 학교에서 교사가 학생들에게 질문하면서 수업하고, 학생들끼리 짝을 지어 서로 가르치고 토론하는 일련의 과정도 여기에 속한다.

하브루타는 질문으로 시작해 질문으로 끝난다. 질문이 좋아야 토론이 제대로 이루어지고 날카로운 생각을 할 수 있다. 배움 역시 질문에서 시작된다. 자녀들이 원하는 대로 완벽하게 해주기보다는 어릴 적부터 끊임없이 '왜'라는 질문을 던지는 모습을 유대인 엄마들에게서 관찰할 수 있다. 이는 호기심을 자극해야 창의적 사고의 틀이 형성된다는 교육관에서 유래한 교육 방법이다. 유대인이나 핀란드인 학생들이 우리보다 공부를 덜 하는데도 창조성이 더 뛰어난 이유는 스스로 생각하고 문제 해결의 방법을 찾게 하는 쌍방향형 소통식 공부의 효율성 덕분이다. 우리의 수업은 강의와 설명을 듣고 읽으면서 외우는 것이 대부분이지만 유대인이나 핀란드 사람들은 친구와 토론하면서 서로가 부족한 점을 가르쳐주는 동안 비약적으로 사고력이 발전한다. 따라서 암기식 교육과는 근본적 차이가 있을 수밖에 없다.

유대인들은 자녀들의 성인식을 화려하게 치른다. 고급 호텔 등에서 '바르미츠바(Bar Mitzvah)'라고 적힌 표지판을 자주 볼 수 있는 것도 이 때문이다. 마치 대형 파티장을 방불케 하는 성인식에서 아이들은 멋지게 차려입고 어른들에게 최고의 대우를 받으며 즐거운 시간을 보낸다. 유대인에게는 성인식이 단순히 축하받고 즐기는 날이 아니다. 성인식의 본질은 '책임감'이다. 하객들이 전달하는 선물과 축의금 또한 아이에게 책임감을 불어넣는 도구다. 이때 주로 《토라》와 시계를 선물하는데 《토라》는 성인이 된 아이가 부모를 통해서가 아니라 신과 직접 소통하게 되었음을 뜻하고, 시계는 시간을 소중하게 여기는 유대인의 전통과 관련이 있다.

유대인들은 "가난한 것은 집안에 오십 가지 재앙이 있는 것보다 더 나쁘다"라는 탈무드의 한 구절에서 볼 수 있듯이 가난을 싫어한다. 유대인은 자녀들에게 일찍부터 돈 버는 법과 돈 쓰는 법을 가르친다.[3] 한 예로 성인식 때 받은 축의금을 헛되이 쓰지 않고, 예금이나 주식 등으로 각자 재테크 방식을 선택해 자산관리에 들어간다. 성인식을 기점으로 자신의 모든 선택에 책임을 지듯, 경제력도 인생의 중요한 부분으로 여기는 것이다. 셰익스피어의 《베니스의 상인》에 나오는 무자비한 고리대금업자 샤일록의 이미지처럼 유대인은 돈만 밝히는 수전노가 아니라, 어린 시절부터 기

---

3 진성수·양동일, 《유대인 하브루타 경제교육 : 꼬마 버핏은 어떻게 경제를 공부했을까》(서울 : 매경출판, 2014).

부(체다카)를 실천하도록 생활 속에서 배우면서 성장하는 것이다.[4] 멋지고 통 크게 기부할 줄 아는 사람들이 유대인이다. 기부와 자선은 유대인의 삶의 보람이고 방식이기도 하다. 유대인들 중에서 전 세계 금융가를 장악한 로스차일드 가문, 철강왕 록펠러 등등 금융재벌이 배출되는 이유는 어린 시절부터 경제관념과 합리적 소비 마인드, 자선의 중요성을 교육받으면서 성장하기 때문이다.

요즘 청년층에서는 아날로그 감성이 녹아난 레트로풍 문화의 틈새시장이 호황이지만, 21세기 디지털 노마드 시대, 4차 산업혁명의 시대에는 창조성과 사고력을 통해 세상을 바꿀 수 있다는 사실에 감히 아무도 이의를 제기하지 못한다. 이제 암기 위주 교육방식에서 과감하게 벗어나 친구와 토의하고, 직접 체험하며, 질문과 토론을 통해 생각하고 배운 것을 응용하는 식으로 학습 형태가 바뀌어야 한다. 일방적 강의와 설명을 들은 후 혼자 책과 씨름하는 방법은 소통하지 못하는 사람을 만들 뿐이다. 학교 수업을 토론식으로 바꾸는 것은 한국의 교육문화를 바꾸는 것이고, 한국의 미래를 밝게 하는 것이다. 역사학자 아놀드 토인비는 "이스라엘 민족의 역사는 세계사에서 하나의 경이로운 기적이다"라고 표현했다. 토인비는 유대민족의 핏줄 속에는 어떤 민족도 모방할 수 없는 무서운 열정이 숨어 있다고 지적했다.

---

4 현용수, 《자녀들아, 돈은 이렇게 벌고 이렇게 써라: 유대인 아버지의 경제교육》(서울: 동아일보사, 2007).

도대체 어떤 힘이 이 민족을 이렇게 만들었을까? 그는 신앙과 교육이라는 열정의 두 수레바퀴를 말한다. 유대인들의 자녀교육은 《토라》를 암기하고 실생활에 적용하는 신앙교육 그리고 끊임없이 질문하고 생각하고 토론하면서 지적 수준을 향상시키는 대화와 탐구식 교육방식이 특징이다. 결국 유대인들의 교육방식이 오늘날 작지만 강한 국가를 만든 원천이었던 것이다. 유대인의 인적 네트워크와 창의적이고 도전적인 인재 풀, 전 세계 금융계를 지배하는 자금의 원천은 바로 이러한 지식의 힘에서 나왔다. 이제 4차 혁명과 디지털 노마드 시대에 적합한 창의적인 융복합형 미래 인재 육성을 위해서 대한민국의 교육정책은 혁신되어야 마땅하다.

다양함이 꽃처럼 피어나야

그 숫자는 계속 늘어나지만, 아직도 자리를 잡지 못해서 헤매는 다문화가정의 학생들을 접할 때마다 안타까운 마음이었습니다. 어떻게 하면 이들을 올바른 길로 안내할까, 고민에 고민을 거듭했습니다. 그러다가 대학원에서 연구를 하면서 이들을 위한 길라잡이 역할을 해줄 모종의 준비를 시작했습니다.

2년여 동안의 작업은 쉽지 않았습니다. 다양한 부류의 사람들을 만나 그들의 삶을 듣고, 도서관 등지에서 관련 자료를 수집했습니다. 틈틈이 지방에 내려가 사람들과 함께 차를 마시면서 해결 방안을 찾으려고 부단히 노력했습니다. 이제 그 결과물을 세상에 내놓으면서도 부끄러움이 앞섭니다.

지금 대한민국은 이미 다문화사회로 진입했습니다. 이는 선택이 아니라 역사와 시대의 필연입니다. 어느 시대든 융성하고 강대했던 나라는 다민족·다문화국가였으며, 그런 국가의 유지와 발전을 가능케 한 원동력은 개방과 포용의 정신이었습니다.

기원전 3세기, 동양과 서양에서 대규모 토목사업이 시작됐습니다. 중국 진시황은 만리장성을 건설했고, 로마제국은 이 시기부터 약 500년에 걸쳐 로마 가도를 만들었습니다. 진시황은 이민족을 막는 성벽을 쌓았고, 로마제국은 세계로 연결하는 길을 내었습니다. 성벽은 단절이었고, 길은 포용이었습니다. 개방과 포용을 통한 공존이 로마를 흥하게 한 것입니다. 공존을 위한 개방성과 다양성이 꽃처럼 피어나 번영과 발전을 이끌어간 것입니다. 그러나 아직까지도 우리는 다문화에 대한 편견을 갖고 있지나 않은지 자문해볼 필요가 있습니다. "빨리 가려면 혼자 가고, 멀리 가려면 함께 가라"는 아프리카 속담이 있습니다. 상생의 삶을 강조하는 적절한 문구로 요즘 자주 인용되는 말입니다.

우리와 다른 문화에는 포용과 상생의 관점으로 접근해야 마땅합니다. 지구촌 시대를 탄력적으로 살아가려면 보다 멀리 바라보아야 한다는 뜻입니다. 우리 자녀들의 놀이터는 좁디좁은 대한민국이 아니고, 광활하게 열린 신세계이기 때문입니다. 이들이 글로벌 리더로 성장하도록 탄탄한 기반을 조성해주는 것 또한 우리 세대의 책무 아니겠습니까?

◎ 참고문헌

1. 연구 보고서

- 교육부 학생부종합전형조사단, 〈교육부, 학생부종합전형 실태조사 결과 발표〉, 《보도자료》(2019. 11. 5), 1.
- 교육부 학생부종합전형조사단, 《2016~2019학년도 13개 대학 학생부종합전형 실태조사 결과 보고서》(세종: 교육인적자원부, 2019. 11. 5), 20~22, 28~29.
- 교육인적자원부, 〈경제 · 사회 양극화에 대응한 교육복지정책의 방향과 과제 발표〉, 《보도자료》(세종: 교육인적자원부, 2017. 3. 8), 5.
- 교육인적자원부, 《다문화가정 자녀교육 지원계획》(서울: 교육인적자원부, 2006), 7.
- 교육인적자원부, 《다문화교육정책 방안 연구》(서울: 교육인적자원부, 2007), 1, 7.
- 교육인적자원부, 〈2017년 국가수준 학업성취도 평가결과 발표〉, 《보도자료》(세종: 교육부, 2017c), 1, 4.
- 교육인적자원부, 《2018 다문화교육 지원계획》(세종: 교육인적자원부, 2018), 3, 5, 7, 9.
- 교육인적자원부, 《2018 일반 고등학교 학업 중단 학생 현황》(세종: 교육인적자원부, 2018), 290~291.
- 교육인적자원부, 〈2018년 초중고 사교육비 조사결과 발표〉, 《보도자료》(세종: 교육인적자원부, 2019. 3. 13), 4.
- 국회입법조사처, 《다문화학생 교육지원정책의 개선 방향》(서울: 국회입법조사처, 2015), 7.
- 경기교육연구원, 《통계로 보는 오늘의 교육》(수원: 경기교육연구원, 2017).
- 김성식 · 류방란 · 박병영 · 강태중 · 남기곤 · 민병철, 《경제사회 불평등과 교육격차》(서울: 한국교육개발원, 2007), 17.
- 김양분 외, 〈대학 진학에 있어서 가정 배경과 학교의 영향력〉, 《주요 교육정책 성과 분석》(세종: 한국교육개발원, 2010), 117.
- 김영철, 〈고등교육 진학 단계에서의 기회 형평성 제고 방안〉, 《정책연구시리즈 2011~06》(서울: KDI, 2011), 41.
- 김태은 외, 〈초 · 중학교 학습부진 학생의 성장과정에 대한 연구 (II)〉, 《연구 보고 RRI 2017-6》(세종: 한국교육과정평가원, 2017), 505~521.
- 김희삼, 〈사회이동성 복원을 위한 교육정책의 방향〉, 《KDI Focus》 통권 제54호(서울: KDI, 2015), 4.
- 노원경 · 박지선 · 오택근, 〈일반고 부진 학생 교수학습 지원 방안 (III): 수학, 영어 교수학습 지원전략 개발을 중심으로〉, 《연구 보고서 RRI 2017-5》(서울: 한국교육과정평가원, 2018), 5, 141.
- 류방란 · 김성식, 《교육격차: 가정 배경과 학교교육의 영향력 분석》(서울: 한국교육개발원, 2006), 15.
- 류방란, 《중등교육 학령기 다문화가정 자녀교육 실태 및 지원 방안》(서울: 한국교육평가원, 2012), 85.
- 마강래, 《저출산 문제와 교육실태: 진단과 대응 방안 연구》(서울: 국회예산정책처, 2016), 31~32.
- 박경호 외, 《교육격차 실태 종합 분석: 연구 보고 RR 2017-07》(세종: 한국교육개발원, 2017), 23.
- 보건복지부 · 국토교통부 · 교육부, 〈2020년 기초생활수급자 생계급여 올해보다 2.94% 오른다〉, 《보도자료》(2019. 7. 30), 2.
- 보건복지부, 《2018 통계로 보는 사회보장》(세종: 보건복지부, 2018), 25.
- 보건복지부, 〈2019년 기준 중위소득 및 생계 · 의료급여 선정 기준과 최저보장 수준〉, 《보건복지부 고시 제2018-144호》(2018. 7. 24).

- 보건복지부 · 국토교통부 · 교육부, 《보도자료》(2019. 7. 30), 2.
- 보건복지부, 《보건복지부 고시 제2018-144호》(2018. 7. 24).
- 복지로, 《2019 나에게 힘이 되는 복지 서비스》(세종: 보건복지부, 2019), 158.
- 백승주, 〈부모 소득에 따라 자녀의 대학 진학 유형과 첫 일자리 임금이 다르다〉, 《2018 KEDI Brief》 2(서울: 고용정보원, 2018), 2~3.
- 설동훈 · 이혜경 · 조성남, 《국제결혼 이주여성 실태조사 및 보건 · 복지 지원 정책 방안》(서울: 보건복지부, 2005), 118.
- 설동훈 · 이혜경 · 조성남, 《국제결혼 이주여성 실태조사 및 보건 · 복지 지원 정책 방안》(서울: 여성가족부, 2006), 174~176, 179, 216.
- 설세훈, 〈포용사회를 위한 현 정부 교육복지정책 교육의 공공성 강화를 통한 모두가 행복한 교육 만들기〉, 《교육개발》 45(5)(한국교육개발원, 2018), 9.
- 안종석, 《정부의 대학교육비 지원 현황과 문제점, 개선 방향》(한국조세재정연구원, 2012).
- 여성가족부, 《2018년 청소년백서》(세종: 여성가족부, 2018), 386.
- 오상철 · 구영산 · 장경숙 · 이화진, 〈다문화 학습부진 학생의 기초학력 향상을 위한 교수 · 학습 지원 방안〉, 《KICE Report》(서울: 한국교육과정평가원, 2014. 5), 84~86, 97~98.
- 이삼식 · 최효진 · 박성재, 〈다문화가족의 증가가 인구의 양적 질적 수준에 미치는 영향: 연구 보고서 2009-34-1)(세종: 보건사회연구원, 2009), 97.
- 이상민 의원실, 《교육혁신 근본 문제 해결 프로젝트: 대학 서열 어떻게 해결하나》(서울: 국회의원회관 제2세미나실, 2019. 5. 8), 55.
- 이화진 · 정경숙, 〈학습부진 학생 지도의 실효성 제고를 위한 지원 연구: 학교-지역사회 연계를 중심으로〉, 《KICE 연구리포트》(서울: 한국교육과정평가원, 2013), 8~9.
- 이혜영 · 강태중 · 김수영, 《교육복지투자 우선지역학교와 타 지역 학교의 교육격차 분석연구》(한국교육개발원, 2004), 9~10.
- 임완섭, 〈최근 빈곤 및 불평등 추이와 시사점〉, 《보건 · 복지 Issue&Focus》(세종: 보건사회연구원, 2013), 2.
- 장수명, 〈대학 서열의 경제적 분석〉, 《한국교육》 33(2)(서울: 한국교육개발원, 2006), 91, 95~107.
- 장인실, 〈한국 다문화교육정책의 방향〉, 《교육 개발》 제45집 제5호(한국교육개발원, 2018), 27.
- 정해식 · 김미곤 · 김문길 · 강지원 · 우선희, 《사회통합 실태 진단 및 대응 방안 V: 사회 갈등과 사회통합》(세종: 한국보건사회연구원, 2018), 85.
- 조성호 외, 《결혼이민자 및 그 자녀의 인구 자질에 대한 연구: 연구 보고서 2014-22-4)(세종: 보건복지부, 2014), 118.
- 최윤정 외, 《2018년 전국 다문화가족 실태조사 연구: 연구 보고 2019~01)(세종: 여성가족부, 2019), 550, 555, 582.
- 통계개발원 통계분석실, 〈한국의 사회동향 2018〉, 《보도자료》(대전: 통계청, 2018. 12. 13), 12.
- 통계청, 〈다문화가구 및 가구원-시군구: 2015~2017〉(세종: 통계청, 2018. 8. 27).
- 통계청 조사관리국 인구총조사과, 〈2017 인구주택 총조사〉, 《보도자료》(세종: 통계청, 2018. 8. 27).
- 통계청 사회통계국 사회기획과, 〈2018년 초중고 사교육비 조사결과〉, 《보도자료》(대전: 통계청, 2019. 3. 11), 1.
- 한국교육과정평가원, 《2017 국가 수준 학업성취도 평가 주요결과: 중학교 국어》(세종: 한국교육과정평가원, 2017), 37.
- 한국고용정보원, 〈2017 대졸자 직업이동 경로조사 기초 분석 보고서〉, 《기본사업 2018~108)(서울: 고용정보원, 2018), 57~58.
- 한국청소년정책연구원, 《대학생 졸업 유예 실태 및 지원 방안 연구》(세종: 한국청소년정책연구원, 2016), 99~100, 171, 173.

2. 단행본

- 강일욱, 《다문화사회와 교육 강해》(서울: 강현, 2014), 305~306, 316~328.
- 국수미, 《나는 직장에서 디지털 노마드로 일한다》(서울: 라온북, 2018).
- 김동일, 《학습전략 프로그램》(서울: 학지사, 2005).
- 김선 외, 《학습부진아의 이해와 교육》(서울: 학지사, 2001), 228.
- 문성식·김이진·김연경·김민주, 《다문화가정의 이해: 결혼이민가정의 가정폭력, 자녀왕따, 학습부진》(서울: 이담북스, 2012), 209.
- 박기현, 《차이나는 유대인 엄마의 교육법: 자녀교육은 유대인 엄마처럼》(서울: 메이트북스, 2019).
- 박영훈·이동수, 《디지털 노마드를 위한 구글 애드워즈 마케팅》(서울: 경향PB, 2018).
- 변영계·강태용, 《학습기술》(서울: 학지사, 2007).
- 유성은, 《성공하는 10대의 시간관리와 공부 방법》(서울: 평단, 2008).
- 지성희, 《생각하는 수업, 하브루타: 아이를 강하고 특별하게 키우는 유대인 생각법》(서울: 위닝북스, 2019).
- 진성수·양동일, 《유대인 하브루타 경제교육: 꼬마 버핏은 어떻게 경제를 공부했을까》(서울: 매경출판, 2014).
- 현용수, 《자녀들아, 돈은 이렇게 벌고 이렇게 써라: 유대인 아버지의 경제교육》(서울: 동아일보사, 2007).
- 한국청소년개발원, 《청소년 환경론》(서울: 교육과학사, 2004), 159~182.
- Arbona, C., "The development of academic achievement in school-aged children: Precursors to career development," in S. D. Brown&R. W. Lent(Eds.), *Handbook of counselling psychology*(3rd ed.,)(New York: John Wiley and Sons, 2000), 270~309.
- Holmbeck, G. N., C. Colder, W. Shapera, V. Westhoven, L. Kenealy&A. L. Updegrove, "Working with adolescents: Guides from developmental psychology," in P. C. Kendall(Ed.), *Child&adolescent therapy: Cognitive-Behavioral Procedures*(2nd ed.,)(New York: Guilford Press, 2000), 334~385.
- McLanhan, S., "Parent absence or poverty: Which matters more?", in *Consequences of Growing Up Poor*, G. Duncan and J. Brooks-Gunn(Eds.)(New York: Russell Sage Foundation, 1997), 35~48.

3. 정기간행물

- 권은경, 〈학습부진 학생의 자기조절학습 요인이 학습동기에 미치는 영향〉, 《한국디지털정책학회지논문집》16(3)(2018), 114.
- 구인회, 〈경제적 상실과 소득 수준이 청소년의 교육성취에 미치는 영향〉, 《한국사회복지학》53(2003a), 7~29.
- 구인회, 〈가족 배경이 청소년의 교육성취에 미치는 영향: 가족구조와 가족 소득, 빈곤의 영향을 중심으로〉, 《사회복지연구》22(2003b), 5~32.
- 구인회·김정은, 〈대학 진학에서의 계층격차: 가족 소득의 역할〉, 《사회복지정책》42(3)(2015), 27~49.
- 권문화, 〈다문화영역 이중언어 교육연구 동향 분석〉, 《학습자중심교과교육연구》19(5)(학습자중심교과교육학회, 2019), 931~959.
- 김경근, 〈한국사회 교육격차의 실태 및 결정 요인〉, 《교육사회학연구》15(3)(2005), 1~27.
- 김경식·안우환, 〈가족 내 사회적 자본을 통한 학부모의 교육열 탐구〉, 《중등교육연구》5(1)(2005), 29~50.
- 김경희·임은영·신진아, 〈학업성취도 평가결과에 나타난 초·중학생의 정의적 특성에 대한 종단 분석과 예측〉, 《교육평가연구》26(5)(2013), 90.

- 김기헌·방하남, 〈고등교육 진학에 있어 가족 배경의 영향과 성별격차: 한국과 일본의 경우〉, 《한국사회학》 39(5)(2005), 119~153.
- 김기헌, 〈청소년 사교육 이용실태 및 효과에 대한 종단분석〉, 《한국청소년개발원 연구 보고서》 (2007), 1~101.
- 김기헌·신인철, 〈생애 초기 교육기회와 불평등: 취학 전 교육 및 보육경험의 사회계층 간 격차〉, 《교육사회학연구》 21(4)(2011), 29~55.
- 김명순·김길숙·손승희·유정은·이민주·이윤선·조항린·한찬희, 〈저소득 일반가정 영유아의 언어능력에 영향을 미치는 언어 관련 놀잇감 및 부모–자녀 관계 관련 변인 연구〉, 《아동학회지》 31(4)(2010), 61~74.
- 김성경, 〈청소년의 진로 정체감에 영향을 미치는 사회자본의 경로모형 연구〉, 《한국아동복지학》 51(2015), 23~46.
- 김성식, 〈학생 배경에 따른 대학 진학 기회의 차이〉, 《아시아교육연구》 9(2)(2008), 27~47.
- 김승경, 〈다문화청소년 종단조사 및 정책 방안 연구 I : 다문화청소년의 학교생활 적응에 관한 연구〉, 《연구보고 13–R12–1)(서울: 한국청소년연구원, 2013), 111~112.
- 김영빈·김태은, 〈학습부진 초등학생의 동기 향상을 위한 집단상담 프로그램의 효과 분석〉, 《교원교육》 29(4)(2013), 91.
- 김영희, 〈저소득층 어머니의 자녀교육 참여와 자녀의 학교적응〉, 《대한가정학회지》 39(1)(2001), 179~190.
- 김영희, 〈저소득층 청소년의 학교생활 적응에 관한 연구: 어머니의 자녀교육 참여의 매개 역할을 중심으로〉, 《한국지역사회생활과학지》 13(1)(2002), 1~14.
- 김영채, 〈학업 수행과 결합되어 있는 동기 및 학습전략 변인〉, 《계명행동과학》 6(1)(1990), 15~38.
- 김위정·남궁지영, 〈자율형 공·사립고등학교의 성과 분석〉, 《교육평가연구》 27(2)(2014), 491~511.
- 김오남, 〈결혼이민 여성과 가족을 위한 사회복지 개입〉, 《사회복지》 175(2007), 25.
- 김의정·김예화·유현주, 〈다문화가정 학생과 학습부진/학습장애 학생의 사회과 교수·학습에 관한 일반 초등교사의 인식을 알아보기 위한 연구〉, 《학습장애 연구》 9(2)(2012), 37~38.
- 김정란, 〈가족폭력 노출 실태 분석을 통한 피해아동의 심리사회적 적응력 향상 방안 연구〉, 《한국가족관계학회지》 8(2)(2003), 1~23.
- 김종렬, 〈부모와 교사의 자율성 지지, 내재적 미래목표와 수업 참여 간의 구조적 관계 분석〉, 《초등교육연구》 21(1)(2012), 147~167.
- 김지혜, 〈중고등학령기의 다문화가정 청소년의 자아존중감 연구〉, 《한국글로벌문화학회지》 2(2)(2012), 72~100.
- 김태현·김경자, 〈기혼 남녀의 원가족 경험과 자아분화가 가족체계 기능에 미치는 영향〉, 《가족과 문화》 16(1)(2004), 3~35.
- 김혜련·최윤정, 〈아버지의 음주 문제와 자녀의 적응 부모 역할의 매개 효과를 중심으로〉, 《한국아동복지학》 16(2003), 37~69.
- 김현주·이병훈, 〈자녀의 학업성취에 미치는 가족 배경, 사회자본 및 문화자본의 영향〉, 《한국인구학》 30(1)(2007), 125~148.
- 김현주·이혜경, 〈청소년의 학교생활 부적응에 관한 연구 경향 분석〉, 《한국 청소년환경시설학회》 5(2) (2007), 29~42.
- 도제우·영용칠, 〈행동 조절 촉진전략을 반영한 학습플래너가 자기조절학습 기능 향상에 미치는 효과〉, 《사고개발》 72(2011), 1~17.
- 류방란·김성식, 〈저소득층 학생의 학교 적응, 수업태도, 학업성취에 대한 사회적 자본의 영향 분석〉, 《한국교육》 44(2·3)(2017), 99.
- 류정순, 〈계층 간 사교육비 지출 불평등의 시계열 분석〉, 《한국사회정책》 제5집 제1호(1998), 194~229.
- 박경호·김지수·양희준, 〈교육격차의 재탐색〉, 《교육개발》 45(5)(세종: 한국교육개발원, 2018), 35.

다문화가정의 교육전략은 따로 있다

- 박성희·최은영, 〈부모의 양육태도가 청소년의 자아존중감, 학습동기 및 삶의 만족도에 미치는 영향: 소득계층 차이를 중심으로〉, 《청소년복지연구》 18(4)(2016), 251~274.
- 박태영·은선경, 〈다문화가족의 가족치료 사례연구: 일본인 아내와 한국인 남편의 부부치료〉, 《한국가족복지학》 30(2010), 167~196.
- 박태영·박소영, 〈가정폭력에 대한 부부치료 사례분석: 가정폭력 쉼터에 거주하는 부인을 대상으로〉, 《한국가정관리학회지》 28(5)(2010), 75~88.
- 박태영·신원정, 〈음주 문제를 가진 성인 자녀에 대한 가족치료 사례연구〉, 《한국가족치료학회지》 19(2)(2012), 63~92.
- 박현정·상경아·강주연, 〈사교육이 중학생의 학업성취에 미치는 효과〉, 《교육평가연구》 제21집 제4호(2008), 107~127.
- 박상철·윤희원·조영달, 〈우리나라 다문화가정의 자녀교육 실태조사 연구〉, 《교육연구와 실천》 71(2007), 1~60.
- 박선화·임해미·최지선·김성여, 〈초·중학생의 수학 자기주도학습 실태 분석〉, 《학습자중심교과교육연구》 15(9)(학습자중심교과교육학회, 2015), 109~135.
- 박수민·이광상, 〈국가 수준 학업성취도 평가결과와 연계한 서답형 답안 반응 유형 분석: 2015년 고등학교 수학과 국가 수준 학업성취도 평가 중심으로〉, 《교육과정평가연구》 20(2)(2017), 95~96.
- 박영훈·이동수, 《디지털 노마드를 위한 구글 애드워즈 마케팅》 (서울: 경향PB, 2018).
- 박유린·권도하, 〈다문화아동과 일반 아동의 작업기억 및 음운인식 능력 비교연구〉, 《한국산학기술학회논문지》 13(11)(2012), 5025~5032.
- 박은정·이유리·이성훈, 〈부모의 소득계층별 청소년의 사회자본이 진로 정체감에 미치는 영향: 중학교 3학년을 중심으로〉, 《청소년학연구》 23(5)(2016), 237~263.
- 박현숙·장은희·유명숙·구현영, 〈청소년의 흡연, 자아존중감, 적개심 및 우울과의 관련성 분석〉, 《상담학연구》 6(4)(한국상담학회, 2005), 1321~1333.
- 방하남·김기헌, 〈기회와 불평등: 고등교육 기회에 있어서 사회계층 간 불평등 분석〉, 《한국사회학》 36(3)(2002), 193~222.
- 방하남·김기헌, 〈한국사회의 교육계층화: 연령코호트 간 변화와 학력 단계별 차이〉, 《한국사회학》 37(4)(2003), 31~65.
- 소진광, 〈사회적 자본 형성을 위한 지역사회 개발논리〉, 《지역사회개발연구》 24(1)(1999), 33.
- 손진희·김안구, 〈가정환경, 자아개념, 자기학습량과 학업성취의 관계〉, 《아시아교육연구》 7(1)(2006), 235~265.
- 손연아·신수지·손은정, 〈중학생의 진로 정체감에 영향을 주는 변인 연구〉, 《진로교육연구》 27(1)(2014), 109~125.
- 신명호, 〈교육과 빈곤 탈출: 저소득층 청소년의 학력 저하 현상을 중심으로〉, 《도시연구》 9(2004), 9~65.
- 신수영·김경근, 〈가정 배경이 직업 포부에 미치는 영향: 가족 내 사회자본의 역할을 중심으로〉, 《한국교육학연구》 18(1)(2012), 121~141.
- 신임선·장윤옥, 〈커리어포트폴리오형 및 교사 주도형 진로 탐색 프로그램이 중학생의 진로 성숙도와 진로 정체감에 미치는 효과〉, 《한국가정과교육학회 학술대회》 2012(1)(2012), 122.
- 신선인, 〈가정폭력 노출 경험이 아동 청소년 비행에 미치는 영향에 대한 메타분석〉, 《한국가족복지학》 23(2008), 163~182.
- 신현숙·박용재·박주희·류정희, 〈교사 보고형 초등학교 학교 적응 행동평정 척도의 개발과 타당도 검증〉, 《한국심리학회지: 학교》 3(2)(2006), 1~26.
- 안선정·이현철·임지영, 〈다문화가정 청소년의 부모 자녀 갈등, 또래관계, 학교생활 적응이 삶의 만족도에 미치는 영향: 자아존중감의 매개 효과를 중심으로〉, 《한국가정관리학회지》 31(2)(2013), 77~91.
- 안성호, 〈다중언어 능력은 글로벌 시대 최대의 자원〉, 《Overseas Koreans Times》 통권 제250호(해외교포문제연구소, 2015), 39~43.

· 안우환, 〈가정의 사회적 자본이 아동의 학업성취에 미치는 효과 분석〉, 《한국교육》 30(3)(2003), 161~184.
· 양애경·조호제, 〈자기주도적 학습과 학업성취도 간의 관계〉, 《韓國敎育論壇》 8(3)(2009), 61~82.
· 오경자·문경주, 〈빈곤 가정 청소년의 심리사회적 적응 가족 위험 요인의 부모 자녀 관계의 매개 효과 검증〉, 《한국심리학회지: 임상》 2(1)(2006), 59~76.
· 오석영·임정만, 〈중학생 진학 진로 인식 분석: 서울 지역 중학생 희망 고교 계열별 비교〉, 《아시아교육연구》 13(4)(2012), 275~296.
· 오승환·김광혁, 〈가족 빈곤이 고교 진학 유형에 미치는 영향〉, 《사회과학연구》 28(4)(2011), 1~20.
· 오성배, 〈코시안(Kosian) 아동의 성장과 환경에 관한 사례연구〉, 《한국교육》 32(3)(2005), 61~83.
· 오성배, 〈국제결혼 가정 자녀의 교육기회 실태와 대안 모색〉, 《인간연구》 12(가톨릭대학교 인간학연구소, 2007), 33~56.
· 유지연·윤경순·황혜정, 〈저소득층 아동의 인지 양식과 자아개념에 따른 기초학력에 관한 연구〉, 《한국아동교육학회》 24(4)(2015), 45~68.
· 윤현선, 〈사회경제적 배경이 청소년의 학업성취에 영향을 미치는 과정 사회적 자본 이론과 가족 매개모델의 비교 검증〉, 《청소년연구》 13(3)(2006), 107~135.
· 윤형호·김성준, 〈부의 대물림? 가계 소득과 사교육이 자녀 소득에 미치는 영향〉, 《한국행정논집》 21(1)(2009), 49~68.
· 윤소정·전보라·김회용, 〈학습플래너를 활용한 중등학교 기반 시간관리 학습 컨설팅의 적용 및 효과〉, 《열린교육연구》 20(4)(2012), 239.
· 이경화·고진영, 〈유아기에 성인 초기의 자아개념 특성에 관한 탐색 연구〉, 《한국교육심리학회》 17(1)(2003), 257~279.
· 이상록·조은미, 〈아동보육 지원의 확충과 소득계층 간 양육 불평등〉, 《사회과학연구》 32(1)(2016), 141~169.
· 이세용, 〈사회적 관계와 청소년의 심리사회적 발달에 관한 연구〉, 《가족과 문화》 10(2)(1998), 41~71.
· 이순형·신양재·김영주, 〈빈곤 가정 아동의 환경지각 연구〉, 《아동학회지》 12(1)(1991), 113~128.
· 이주섭, 〈초등학교 3학년의 읽기·쓰기 기초학력에 대한 분석: 2002 국가 수준 기초학력 진단평가 결과를 중심으로〉, 《독서연구》 11(1)(2004), 301~326.
· 이진석, 〈해체 다문화가족의 안정적 정착을 위한 정책 방안에 관한 연구: 부산 지역 이혼 베트남 여성 결혼이민자 심층면접을 중심으로〉, 《인문사회 21》 9(3)(아시아문화학술원, 2018. 6), 771~784.
· 임정아·이인수, 〈청소년기의 가족 건강성과 학교 적응 연구〉, 《아동교육》 15(2)(2006), 37~62.
· 임현정·시기자·김성은, 〈중학생의 자존감, 자기통제 및 학업성취도의 종단적 변화〉, 《학습자중심교과교육연구》 25(3)(2016), 315~335.
· 임현정·시기자·김성은, 〈학생 학업성취 변화의 영향 요인 탐색〉, 《교육평가연구》 29(2016), 125~145.
· 장상수·손병선, 〈가족 배경이 학업 성적에 미치는 영향〉, 《한국사회복지학》 39(4)(2005), 198~230.
· 장인실, 〈한국 다문화교육정책의 방향〉, 《교육개발》 제45집 제5호(한국교육개발원, 2018), 27.
· 장희숙·김예성, 〈가정폭력 행위자의 유형: 이론에 따른 세 하위 유형의 검증〉, 《한국사회복지학》 56(3)(2004), 303~325.
· 전은정·임현정·성태제, 〈고교 유형별 진학에 대한 가정 배경 및 개인 특성의 영향〉, 《교육학연구》 53(1)(2015), 1~27.
· 정미라·곽은순·윤장숙, 〈저소득층과 일반 계층 아동의 양육실태 비교〉, 《열린유아교육연구》 12(4)(2007), 347~369.
· 정익중, 〈초중고 사교육비의 사회계층적 예측 요인과 성적에 미치는 영향〉, 《한국아동복지학》 35(2011), 73~99.
· 정희선·조민아, 〈부모-자녀 의사소통과 학교생활 적응의 관계: 정서 조절 전략 매개효과〉, 《청소년학연구》 21(12)(2014), 153~182.

- 조남억, 〈청소년기의 사회적 신뢰 형성에 관한 연구: 청소년 집단활동 참여를 중심으로〉, 《한국사회연구》 12(1)(2009), 137~162.
- 조윤서, 〈대학 명성이 임금에 미치는 영향 분석: 상위권 대학을 중심으로〉, 《교육재정경제연구》 22(1)(한국교육재정경제학회, 2013), 185~209.
- 조혜영, 〈사교육 시간, 개인공부 시간, 학교수업 참여도의 실태 및 주관적 학업 성적 향상 효과〉, 《한국교육》 32(4)(2005), 29~56.
- 조혜영·서덕희·권순희, 〈다문화가정 자녀의 학업 수행에 관한 문화기술적 연구〉, 《교육사회학연구》 18(2)(2008), 105~134.
- 전귀연·배문조, 〈가출행동 빈도에 따른 청소년의 가족 특성 비교〉, 《한국가족복지학》 6(1)(2001), 107~125.
- 진미정·이윤주, 〈어머니의 취업에 따른 영유아기 아동의 생활시간 양태〉, 《Family and Environment Research》 48(6)(2010), 43~56.
- 최인재·오수연, 〈청소년의 학업성취에 영향을 미치는 관련 변인들의 구조적 관계: 부모 지원, 자아존중감 및 학교 적응을 중심으로〉, 《미래청소년학회지》 7(3)(한국청소년정책연구원, 2010), 95~113.
- 최필선·민인식, 〈부모의 교육과 소득 수준이 세대 간 이동성과 기회 불균등에 미치는 영향〉, 《사회과학연구》 22(3)(2015), 31~56.
- 최효식, 〈다문화가정 자녀의 부모와의 관계만족도, 자아존중감, 학교생활 적응 간의 관계: 학교급, 성별, 사회적 차별 경험에 따른 다집단 분석〉, 《학습자 중심 교과교육학회지》 17(2)(2017), 195~217.
- 황혜정, 〈위스타트(We Start) 가정방문 교육 중재 프로그램이 저소득 가정 영아의 발달에 미치는 영향〉, 《Family and Environment Research》 49(3)(2011), 55~66.
- 허은영, 〈방과후학교 자기주도학습 프로그램이 중학생의 자기조절학습 전략, 자기효능감, 학업성취도에 미치는 효과〉, 《중등교육연구》 57(2)(2009), 209~234.
- 현은민·박혜영, 〈시설 보호 아동, 청소년의 자아탄력성과 사회적 적응에 관한 연구〉, 《한국가정관리학회지》 23(1)(2003), 19~29.
- Astone, N. M., S. McLanhan, "Family structure, parental practices and high school completion," *American Sociological Review* 56(3)(1991), 309~320.
- Bong, M., E. M. Skaalvik, "Academic self-concept and self-efficacy: How different are they really?," *Educational Psychology* 27(1)(2003), 1~40.
- Britton, B. K., A. Tesser, "Effect of time management practice on college grades," *Journal of Educational Psychology* 83(3)(1991), 405~410.
- Burges, A. W., C. R. Hartman&A. McComack, "Abused to abuser: Antecedents of socially deviant behaviors," *American Journal of Psychiatry* 144(11)(1987), 1431~1436.
- Cha, K., M. Kim, "Subjective well-being and psychological characteristics among high-school students," *Journal of the Korean Psychology Association*(2002), 203~209.
- Coleman, S., "Family, School, and Social Capital," in L. J. Saha(Ed.), *International Encyclopedia of the Sociology of Education*(1997), 623~625.
- Corno, L., E. B. Mandinach, "The role of cognitive engagement in classroom learning and motivation," *Educational Psychologist* 18(2)(1983), 88~108.
- Davidson, K., J. Norrie, P. Tyrer, A. Gumley, P. Tata, H. Murray&S. Palmer, "The effectiveness of cognitive behavior therapy for borderline personality disorder: results from the border line personality disorder study of cognitive therapy(Boscot) trial," *Journal of Personal Disorders* 20(5)(2006), 450.
- Duckworth A. L., M. E. P. Selligman, "Self-discipline outdoes IQ predicting academic performance in adolescents," *Psychological Science* 16(2005), 939~944.
- Eccles, J. S., "Schools, academic motivation, and stage-environment fit," *Handbook of adolescent psychology* 2(2004), 125~153.

- Emery, R., L. Laumann—Billing, "An overview of the nature, causes and consequences of abusive family relationship," *American Psychologist* 53(1998), 121~135.
- Furnsteinberg Jr, F. F., M. E. Hughes, "Social capital and successful development among at—risk youth," *Journal of Marriage and the Family* 57(3)(1995), 580~592.
- Gottfried, A. E., "Academic intrinsic motivation in young elementary and junior high school students," *Journal of Educational Psychology* 20(1992), 525~538.
- Lee, V. E., R. G. Croninger, "The Elements of Social Capital in the Context of Six High School," *Journal of Socio—Economics* 30(2)(2001), 165~167.
- McLanhan, S., "Parent absence or poverty: Which matter smore?," *in Consequences of Growing Up Poor*, G. Duncan and J. Brooks—Gunn(Eds.)(New York: Russell Sage Foundation, 1997), 35~48.
- McLoyd, V., "Socioeconomic disadvantage and child development," *American Psychologist* 53(2) (1998), 185~204.
- Mischel, W., Y. Shoda&M. L. Rodriguez, "Delay of gratification in children," *Science* 244(1989), 933~938.
- Park, Seong Man, 〈자녀의 다중언어 발달에 관한 캐나다 한인이민 부모의 인식연구〉, 《교육문화연구》 24(4)(인하대학교교육연구소, 2018. 8), 679~706.
- Schunk, D. H. "Self—efficacy and academic motivation," *Educational Psychologist* 26(3–4) (1991), 207~231.
- Techman, J. D., K. Paasch&K. Carver, "Social capital and the generation of human capital," *Social Forces* 75(4)(1997), 1343~1359.
- Vandell D. L., S. E. Hembree, "Peer social status and friendship: Independent contributors to children's social and academic adjustment," *Merrill—Palmer Quarterly* 40(1994), 461~477.

4. 학위논문

- 권지은, 〈부모 및 또래애착, 문제 해결방식과 자아탄력성의 관계〉(상지대학교 석사학위논문, 2002), 13, 27.
- 권양현, 〈고등학생이 지각하는 회복탄력성과 또래관계가 교사관계에 미치는 영향〉(국민대학교 석사학위논문, 2018), 14.
- 김근정, 〈빈곤 지역 가정폭력 경험 아동의 적응행동에 관한 연구: 아동이 지각한 사회적 지지를 중심으로〉(성공회대학교 대학원 석사학위논문, 2004), 52~53, 67~68.
- 김성애, 〈학업성취에 대한 사회자본의 영향 차이 연구: 일반계 고등학교와 실업계 고등학교의 비교〉(중앙대학교 석사학위논문, 2006), 40~42.
- 김주리, 〈고등학생의 시간관리 능력이 시간관리 만족감과 학업성취도에 미치는 영향〉(고려대학교 석사학위논문, 2012).
- 김태희, 〈초등사회과에서 세계시민의식 함양을 위한 프로젝트 학습의 효과〉(서울교육대학교 석사학위논문, 2019), 77~86.
- 김현아, 〈빈곤 아동의 자아개념과 학습 습관이 학업 적응에 미치는 영향에 관한 연구〉(호남대학교 석사학위논문, 2000), 33, 36, 43~44.
- 모화숙, 〈저소득층 아동과 일반 아동 간의 학업성취에 대한 지능, 정서지능, 성격 5요인의 상대적 예측력〉(원광대학교 석사학위논문, 2011), 46~47.
- 박새와, 〈청소년의 문제행동에 영향을 미치는 일상적 스트레스와 자아탄력성, 희망감 및 사회적 지지의 관계〉(이화여자대학교 석사학위논문, 2012), 21.
- 변해진, 〈부모의 긍정적 및 부정적 양육행동과 자아탄력성이 청소년의 학교생활 적응에 미치는 영향〉(이화여자대학교 석사학위논문, 2013), 7.
- 신명주, 〈다문화가정 청소년의 사회환경적 요인이 자아 정체감에 미치는 영향: 사회정체성, 사회 맥락 요

다문화가정의 교육전략은 따로 있다

인, 사회적 지지를 중심으로〉(상지대학교 박사학위논문 2018), 86.
- 신원영, 〈빈곤 청소년의 사회적 자본이 학업성취에 미치는 영향〉(숙명여자대학교 석사학위논문, 2008), 23~24.
- 신지혜, 〈국제결혼이주여성 자녀와 일반 아동의 심리사회적 적응 비교연구〉(이화여자대학교 석사학위논문, 2008), 42~45.
- 신효선, 〈다문화가정 자녀의 생활환경이 학교 부적응에 미치는 영향에 관한 연구〉(대구대학교 석사학위논문, 2008), 61, 65.
- 양미랑, 〈학습전략 프로그램이 저소득층 청소년의 학습전략에 미치는 효과〉(경북대학교 석사학위논문, 2014), 11~12.
- 이나표, 〈청소년의 자기통제력과 시간관리〉(고려대학교 석사학위논문, 2007).
- 이신숙, 〈중학생의 회복탄력성이 학교 적응성에 미치는 영향 연구: 스트레스와 사회적 지지와 조절 효과를 중심으로〉(조선대학교 박사학위논문, 2013), 11~21.
- 이혜경, 〈청소년이 지각하는 가족 건강성과 학교생활 부적응과의 관계〉(중앙대학교 석사학위논문, 2009), 85.
- 장민근, 〈자기주도적 학습을 위한 학습계획 수립 및 시간관리 프로그램 설계 개발〉(한국교원대학교 석사학위논문, 2010).
- 장재경, 〈중학생이 지각한 교사의 자율성 지지가 행복에 미치는 영향: 생애목표의 매개 효과〉(상지대학교 석사학위논문, 2017), 7, 13~14, 29~30.
- 정현영, 〈다문화가정 자녀의 학교생활 적응에 영향을 미치는 요인에 관한 연구: 아시아 여성과 한국 남성의 이중문화 가정 자녀를 중심으로〉(숭실대학교 석사학위논문, 2007), 49, 53, 56~63.
- 하지원, 〈아동이 지각한 가족관계 및 정서 조절 능력이 친구 간 갈등 해결 전략에 미치는 영향〉(숙명여자대학교 석사학위논문, 2004), 16.
- 한정애, 〈다문화가정 초등학생의 학교 적응과정 분석〉(경성대학교 박사학위논문, 2009), 147, 150~153.
- 한현아, 〈가정의 위험 요인, 청소년의 자아탄력성 및 또래관계의 질이 청소년 문제행동에 미치는 영향〉(이화여자대학교 석사학위논문, 2007), 9.
- 홍성임, 〈중학생의 시간관리, 자기효능감 및 학교생활 적응과의 관계〉(충북대학교 석사학위논문, 2004).

5. 신문기사

- 〈고교 서열화로 학종서 특목고에 특혜 준 대학들〉, 《경향신문》(2019. 11. 5).
- 〈고른기회전형 크게 늘듯…교육부 관계자 "국민들이 체감할 정도로 확대"〉, 《한겨레》(2019. 11. 10).
- 〈계층 사다리 복원 손질 앞둔 대입제도…기회균형 선발 확대 전망〉, 《한국경제》(2019. 11. 10).
- 〈"돈만 보고 왔으니 시키는 대로 해"…가정폭력에 우는 이주 여성〉, 《서울신문》(2019. 7. 7).
- 김건희, 〈고3이 제일 공부 안 하는 학년 된 이유〉, 《신동아》(2019. 11. 9).
- 동세호, 〈중고생 기초학력 계속 하락…원인 분석도 못 하는 교육부〉, 《SBS 뉴스》(2019. 3. 28).
- 〈서울은 수능·읍면은 학종 '인서울 대학 통로'〉, 《국민일보》(2019. 11. 6).
- 〈자사고 졸업생 절반 이상이 재수학원 간다〉, 《경향신문》(2019. 7. 6).
- 〈저소득층 합격은 학종이 수능보다 많아〉, 《한겨레》(2019. 11. 5).
- 천관율, 〈'정시 확대'가 가져올 딜레마〉, 《시사 IN》(2019. 11. 11).
- 〈'現 고2 대입' 수시 선발 77.3% 역대 최고지만…교육부 압박에 상위권대는 정시 확대〉, 《동아일보》(2018. 5. 2).
- 〈SKY엔 '금수저'들이 산다…재학생 10명 중 7명이 부유층〉, 《국민일보》(2017. 2. 10).

6. 인터넷 사이트

- 건강보험심사평가원, 의료급여제도,
  https://www.hira.or.kr/dummy.do?pgmid=HIRAA020020000000
- 보건복지부 복지로, 교육급여,
  http://www.bokjiro.go.kr/wellnfo/retrieveGvmtWellInfo.do?wellnfSno=281
- 보건복지부 복지로, 장애인연금 신청하기,
  https://online.bokjiro.go.kr/apl/appl/selectServChoise.do?srvId=SVC00000015
- 보건복지부 복지로, 생계급여,
  http://www.bokjiro.go.kr/wellnfo/retrieveGvmtWellInfo.wellnfSno=141d
- 보건복지부 복지로, 교육급여 신청하기,
  https://online.bokjiro.go.kr/apl/info/aplInfoApplEduView.do
- 보건복지부 복지로 주거급여 지원, 기준 임대료, https://online.bokjiro.go.kr/apl/info/aplInfo ApplLivingView.do
- 보건복지부 아동수당 신청하기, http://www.ihappy.or.kr/
- 통계청, 〈다문화가족 자녀가 한국에서 학교를 다니다 그만둔 이유〉(2016. 8. 17),
  http://kosis.krtHtml/statHtml.do?orgId=154&tblId=DT_MOGE_1001300979&vw_cd=MT_ ZTITLE&list_id/sta=154_11779_30&seqNo=&lang_mode=ko&language=kor&obj_var_id=&itm_ id=&conn_path=MT_ZTITL
- 통계청, 〈다문화가족 자녀의 지난 3개월간 월평균 임금〉(2016. 8. 17).
- 통계청, 〈다문화가족 자녀의 종사상 지위〉(2015).
- 통계청, 〈다문화가족 자녀가 일하면서 느꼈던 어려움(복수 응답)〉(2015).
- 통계청, 〈다문화가족 자녀의 자아존중감〉(2016. 8. 17).
- 통계청, 〈기준 중위소득 추이〉, 〈e-나라지표〉(2018).
- 통계청, 〈다문화가족 자녀의 학교폭력 피해 유형(복수 응답)〉(2016. 8. 17).
- 퀘스트브리지, https://www.questbridge.org/high-school-students/student-resource-center/ preparing-for-college
- 포시재단, https://www.possefoundation.org/recruiting-students/the-nomination-process

다문화가정의 교육전략은 따로 있다

2020년 2월 5일 초판 1쇄 발행
지은이 · 김만호
펴낸이 · 김상현, 최세현 | 경영고문 · 박시형

편집인 · 정법안 | 디자인 · 김지현
마케팅 · 양근모, 권금숙, 양봉호, 최의범, 임지윤, 조히라, 유미정
경영지원 · 김현우, 문경국 | 해외기획 · 우정민, 배혜림 | 디지털콘텐츠 · 김명래
펴낸곳 · 마음서재 | 출판신고 · 2006년 9월 25일 제406-2012-000063호
주소 · 서울시 마포구 월드컵북로 396 누리꿈스퀘어 비즈니스타워 18층
전화 · 02-6712-9800 | 팩스 · 02-6712-9810 이메일 · info@smpk.kr

ⓒ 김만호(저작권자와 맺은 특약에 따라 검인을 생략합니다)
ISBN 979-11-6534-055-1 (03370)

쌤앤파커스(Sam&Parkers)는 독자 여러분의 책에 관한 아이디어와 원고 투고를 설레는 마음으로 기다리고 있습니다. 책으로 엮기를 원하는 아이디어가 있으신 분은 이메일 book@smpk.kr로 간단한 개요와 취지, 연락처 등을 보내주세요. 머뭇거리지 말고 문을 두드리세요. 길이 열립니다.